선생님이 **강력 추**천하는

개념 PLUS 단원평가

사회

3·2

3~4학년군

KB085792

개념 PLUS 단원평가 와 내 교과서 비교하기

단원 찾는 방법

- 내 교과서 출판사명을 확인하고 공부할 범위의 페이지를 확인하세요.
- 다음 표에서 내 교과서의 공부할 페이지와 개념+단원평가 사회 페이지를 비교하면 됩니다.
  예를 들어 아이스크림 미디어 58~81쪽이면 개념+단원평가 50~65쪽을 공부하시면 됩니다.

Search
단원찾기

단원	개념+단원평가	아이스크림 미디어	천재교육	비상교과서	미래엔	비상교육	천재교과서	금성출판사	지학사	동아출판	교학사	김영사
1. ① 우리 고장의 환경과 생활 모습	8~23	8~31	10~33	12~33	10~33	10~31	16~35	12~31	8~27	10~33	10~31	10~29
1. ② 환경에 따른 의식주 생활 모습	24~39	32~51	34~51	34~51	34~51	32~49	36~51	32~47	28~47	34~53	32~49	30~47
2. ① 옛날과 오늘날의 생활 모습	50~65	58~81	58~77	58~79	56~79	58~75	62~81	56~75	54~75	60~79	60~77	54~75
2. ② 옛날과 오늘날의 세시 풍속	66~79	82~101	78~95	80~95	80~97	76~93	82~97	76~91	76~93	80~95	78~95	76~91
3. ① 가족의 구성과 역할 변화	90~105	108~127	102~117	104~121	102~123	102~121	108~127	100~117	100~125	102~121	106~123	98~117
3. ② 다양한 가족이 살아가는 모습	106~117	128~141	118~135	124~141	124~141	122~135	128~139	118~131	126~141	122~137	124~139	118~135

여러분의 꿈을 응원합니다!!!

민들레에게는
하얀 씨앗을 더 멀리 퍼뜨리고 싶은 꿈이 있고,

연어에게는
고향으로 돌아가 알알이 붉은 알을 낳고 싶은 꿈이 있습니다.

여러분도 가지각색의 아름다운 꿈을 가지고 있지요?
꿈을 향한 마음으로
좋은 결과를 위해 힘껏 달려 보아요.

여러분의 아름답고 소중한 꿈을 응원합니다.

구성과 특징

교과서 종합평가
사회 11종 검정 교과서를 완벽 분석한 종합평가를 단원별로 구성하였습니다.

1. 교과서 핵심 요점
교과서 내용을 이해하기 쉽도록 이미지 자료와 함께 꾸몄습니다.

2. 개념을 확인해요
교과서 개념과 관련된 주요 내용을 간단한 문제를 통해 확인할 수 있습니다.

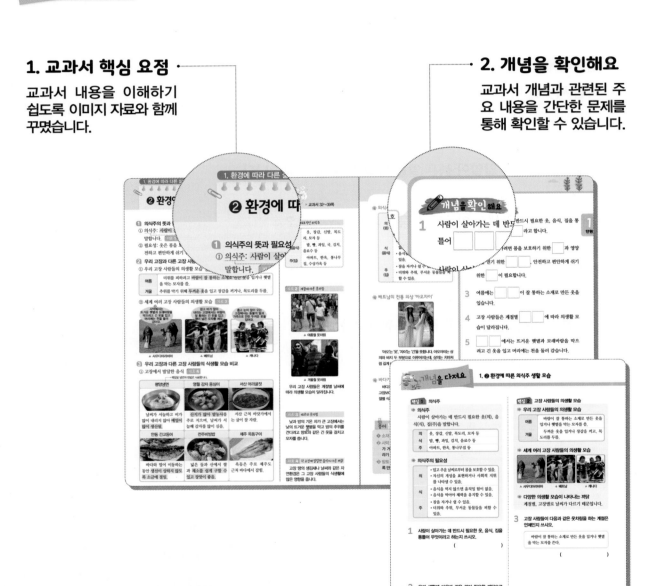

3. 개념을 다져요
꼭 알아야 할 기본 개념이나 원리를 간단한 개념 정리와 함께 문제로 꾸몄습니다.

4. 실력을 쌓아요, 탐구 서술형 평가

기본 개념 문제를 통해 실력을 다지고, 서술형 평가에 대비할 수 있도록 다양한 문제로 구성하였습니다.

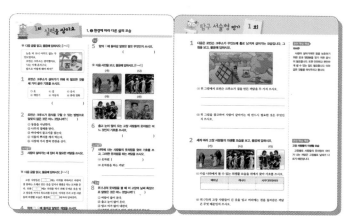

5. 단원 평가 연습 기출 실전

여러 가지 유형의 문제를 단원별로 구성하고, 연습, 기출, 실전으로 난이도를 구분하여 학습 목표를 이룰 수 있도록 하였습니다.

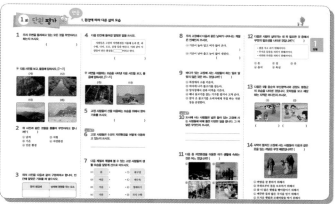

6. 100점 예상문제

핵심만 콕콕 짚은 예상문제로 학교 시험 및 학업 성취도 평가에 대비할 수 있도록 하였습니다.

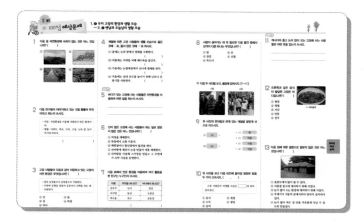

정답과 풀이

별책 부록

스스로 학습할 수 있도록 문제마다 자세한 풀이를 넣었으며 '더 알아볼까요' 코너를 두어 문제를 정확하고 쉽게 이해할 수 있도록 하였습니다.

이 책의 특징

- 교과서 내용을 모두 반영하였습니다.
- 단원 요점을 꼼꼼하게 정리하였습니다.
- 여러 유형의 평가 문제를 통하여 쉽게 학습 목표를 이룰 수 있습니다.
- 권말 부록(100점 예상문제)으로 학교 시험에 완벽하게 대비할 수 있습니다.

차례

3·2

3~4학년군

요점 정리
+ 단원 평가

사회 3-2

3~4 학년군

❶ 우리 고장의 환경과 생활 모습 (1)

❶ 자연환경과 인문 환경 [자료 1]

자연환경	산, 들, 하천, 바다와 같은 땅의 생김새와 날씨에 영향을 주는 눈, 비, 바람, 기온❶ 등
인문 환경	논과 밭, 과수원, 다리, 도로, 공장 등과 같이 사람들이 만든 환경 → 사람들은 고장의 자연환경을 이용해 논과 밭, 과수원, 다리, 도로, 공장 등을 만듭니다.

❷ 고장 사람들이 자연환경을 이용하는 모습

산
공원이나 등산로를 만들어 이용함.

들
농사를 짓거나, 도로와 주택 등을 만듦.

하천
하천의 물을 생활용수와 공업용수로 이용함.

바다
바다에서 물고기를 잡거나 염전을 만들어 소금을 얻음.

→ 주변에 공원을 만들어 이용하기도 합니다.

❸ 계절에 따른 고장 사람들의 생활 모습

① 계절에 따른 생활 모습 [자료 2]
→ 계절에 따라 사람들이 입는 옷이나 먹는 음식 등 생활 모습이 다릅니다.

봄	여름
• 꽃이 핀 곳으로 소풍을 감. • 씨앗을 뿌리고 농사를 준비함.	• 에어컨과 선풍기를 사용함. • 더위를 피해 해수욕을 즐김.
가을	겨울
• 단풍 구경을 감. • 논과 밭에서 곡식이나 열매를 수확함.	• 난로나 온풍기를 사용함. • 스키나 썰매를 탐.

② 계절에 따라 달라지는 기온과 강수량❹ 예 경상북도 포항시 [자료 3]

▲ 평균 기온

▲ 평균 강수량

포항시에서 평균 기온이 가장 높은 달은 7월이고, 평균 강수량이 가장 많은 달도 7월입니다.

• 여름에는 기온이 높아 덥고 비가 많이 옵니다.
• 겨울에는 기온이 낮아 춥고 눈이 내리기도 합니다.
• 봄, 여름, 가을, 겨울의 사계절이 있고 계절에 따라 날씨가 달라집니다.

자료 1 자연환경과 인문 환경

• 대표적인 자연환경

▲ 산   ▲ 눈

• 대표적인 인문 환경

▲ 논   ▲ 도로

자료 2 계절에 따른 생활 모습

▲ 봄   ▲ 여름

▲ 가을   ▲ 겨울

자료 3 그래프를 읽는 방법

• 1단계: 그래프가 무엇을 나타내는지 그래프의 제목을 확인합니다.
• 2단계: 그래프의 가로와 세로가 무엇을 나타내는지 확인합니다.
• 3단계: 그래프에서 눈금 한 칸의 크기가 얼마인지 확인합니다.
• 4단계: 각각의 막대가 나타내는 양이 얼마인지 확인합니다.

계절과 관계된 속담

봄	꽃샘추위에 설늙은이 얼어 죽는다. → 봄철 꽃샘추위가 몹시 매섭다는 뜻임.
여름	오뉴월 소나기는 쇠등을 두고 다툰다. → 같은 지역이라도 한쪽에서는 비가 내리고 다른 쪽에서는 날씨가 맑은 경우를 빗대어 말함.
가을	가을비는 오래가지 않는다. → 가을 장마는 여름 장마와 달리 짧고 강수량이 적다는 뜻임.
겨울	겨울 날씨 좋은 건 못 믿는다. → 겨울 날씨는 변화가 심해 믿기 어렵다는 뜻임.

계절의 구분

우리나라는 증위도에 위치해 봄, 여름, 가을, 겨울의 사계절이 뚜렷하게 나타납니다. 일반적으로 1년을 넷으로 나누어 3~5월은 봄, 6~8월은 여름, 9~11월은 가을, 12~2월은 겨울이라고 합니다.

그래프

조사한 자료를 직선, 막대, 그림 등으로 한눈에 알아볼 수 있도록 나타낸 것을 그래프라고 합니다. 그래프를 이용하면 조사한 자료를 정리해 알아보기 쉽게 나타낼 수 있습니다.

용어 풀이

➊ 기온 공기의 온도를 말함.
➋ 등산로 등산하는 길.
➌ 염전(鹽 소금 염 田 밭 전) 소금을 만들기 위하여 바닷물을 끌어들여 논처럼 만들어 놓은 곳.
➍ 강수량 일정한 곳에 일정 기간 내린 눈, 비 등의 물의 양을 말함.

개념을 확인해요

1단원

1 산, 들, 하천, 바다와 같은 땅의 생김새와 날씨에 영향을 주는 눈, 비, 바람, 기온 등을 ☐☐☐ ☐이라고 합니다.

2 ☐☐☐☐은 논과 밭, 과수원, 다리, 도로, 공장 등과 같이 사람들이 만든 환경을 말합니다.

3 고장 사람들이 공원이나 등산로로 이용하는 자연환경은 ☐입니다.

4 고장 사람들은 ☐에 논과 밭을 만들어 농사를 짓거나, 도로와 주택 등을 만듭니다.

5 고장 사람들은 바다에 ☐☐을 만들어 소금을 얻습니다.

6 ☐☐에는 에어컨과 선풍기를 사용하며, 더위를 피해 해수욕을 즐깁니다.

7 곡식이나 열매를 수확하는 계절은 ☐☐입니다.

8 우리나라는 봄, 여름, 가을, 겨울의 사계절이 있고 계절에 따라 ☐☐가 달라집니다.

9 ☐☐에는 기온이 높아 덥고 비가 많이 옵니다.

10 ☐☐에는 기온이 낮아 춥고 눈이 내리기도 합니다.

❶ 우리 고장의 환경과 생활 모습 (2)

❹ 고장 사람들이 하는 일 [자료 4]

구분	자연환경 및 모습	사람들이 하는 일
바다가 있는 고장	• 주변에 바다가 있음. • 모래사장이 있음. →소규모로 농사를 짓기도 합니다.	• 주로 물고기를 잡거나 김과 미역을 기름. • 해녀들이 바다에 나가서 전복, 멍게 등 해산물을 직접 구함. →물고기를 소비자에게 직접 파는 직판장을 운영하기도 합니다. • 식당이나 숙박 시설을 운영함. • 물고기를 잡는 기구를 팔거나 수리함.
넓은 들이 있는 고장	• 들판이 넓게 펼쳐져 있음. →넓은 들을 논과 밭으로 이용합니다. • 강이나 하천이 보임. • 낮은 산이 있음.	• 주로 곡식과 채소 등을 재배함. • 가축을 기름. • 농기계를 팔거나 수리함. • 농업 기술을 연구하고 알려 줌.
도시	• 높은 건물이 많음. • 도로가 잘 발달되어 있음. →들이 펼쳐진 곳에는 도시가 발달하기도 합니다. • 공장과 아파트가 있음.	• 공장이나 회사에서 일함. • 백화점이나 할인점에서 물건을 판매함. • 음식을 만들어 팔기도 함. • 버스나 택시를 운전함.
산이 많은 고장	• 울창한 숲이 있음. • 길이 좁고 구불구불 함. • 산비탈에는 경사진 밭이나 계단식 논이 있음.	• 경사진 밭이나 계단식 논에서 농사를 지음. • 목장에서 소를 기름. [자료 5] • 숲에서 목재를 얻고 나물이나 약초를 캠. • 꿀을 얻기 위해 벌을 기름. →버섯을 재배하기도 합니다. • 산비탈을 이용해 스키장을 만들고 그 주변에서 식당이나 숙박 시설을 운영함.

❺ 고장 사람들의 여가 생활 모습
→고장 사람들이 하는 일과 여가 생활은 고장의 환경에 따라 달라집니다.

① 여가 생활: 스스로 즐거움을 얻고자 남는 시간에 하는 자유로운 활동을 말합니다.

② 다양한 여가 생활 모습 [자료 6]

자연환경을 이용한 여가 생활	인문 환경을 이용한 여가 생활
• 가족들과 등산을 한다. • 바다에서 물놀이를 한다. • 강에서 래프팅을 한다.	• 영화관에서 영화를 본다. • 가족과 주말에 박물관을 관람한다. • 도서관에서 책을 읽는다.

③ 면담 조사를 통해 우리 고장 사람들의 여가 생활 모습 조사하기

• 면담 조사: 알아보고자 하는 내용을 면담 대상자를 만나 직접 물어보는 것입니다.

• 면담 조사 방법

> 1 면담 내용, 면담할 사람, 조사 기간 등을 계획한다.
> 2 상대방에게 방문 계획과 조사 목적을 알린다.
> 3 사진기, 수첩, 녹음기 등을 미리 준비해 면담을 한다.
> 4 면담 결과를 표나 그래프로 나타내고, 자신의 생각을 정리한다.

[자료 4] 여러 고장의 모습

▲ 바다가 있는 고장

▲ 넓은 들이 있는 고장

▲ 도시

▲ 산이 많은 고장

[자료 5] 산지가 있는 고장에서 계단식 논을 만든 까닭

산에는 비탈진 곳이 많아 농사지을 장소가 충분하지 않기 때문에 경사지를 계단처럼 만들어 이용합니다.

[자료 6] 다양한 여가 생활

▲ 래프팅

▲ 등산

▲ 책 읽기

▲ 영화 감상

넓은 들이 있는 고장에 사는 사람들의 생활 모습

- 농사를 지을 때 일손이 부족해 서로 도와주며 삽니다.
- 고장의 날씨나 자연환경에 따라 가꾸는 작물이나 농사 방법이 달라지므로 사람들의 생활 모습 또한 달라집니다.
- 공동 작업이 많아 사람들 간에 교류가 많습니다.

도시에 사는 사람들이 다양한 일을 하는 까닭

도시에는 많은 시설을 비롯한 인문 환경이 있습니다. 이러한 인문 환경을 활용해 사람들이 매우 다양한 일을 합니다.

면담할 때 주의할 점

- 면담을 하기 전에 주제에 맞는 질문을 미리 준비합니다.
- 예의 바르게 질문하고, 상대방의 답변을 잘 듣고 정리합니다.
- 녹음을 할 때는 반드시 상대방의 동의를 얻습니다.
- 면담이 끝나고 나면 감사의 인사를 드립니다.

용어 풀이

⑤ **모래사장** 강가나 바닷가에 있는 넓고 큰 모래벌판.

⑥ **숙박** 여관이나 호텔 따위에서 잠을 자고 머무름.

⑦ **여가**(餘 남을 **여** 暇 겨를 **가**) 일이 없어 남는 시간.

개념을 확인해요

11 [ ][ ] 가 있는 고장에 사는 사람들은 주로 물고기를 잡거나 김과 미역을 기르는 일을 합니다.

12 논과 밭이 있는 고장의 사람들은 주로 [ ][ ] 과 [ ][ ] 등을 재배합니다.

13 [ ][ ] 에 사는 사람들은 공장이나 회사에서 일하기도 하고 물건이나 음식을 팔기도 합니다.

14 산이 많은 고장의 사람들은 [ ][ ] 에서 소를 기르고 버섯을 재배합니다.

15 산에는 비탈진 곳이 많아 농사지을 장소가 충분하지 않기 때문에 [ ][ ][ ][ ] 을 만들어 농사를 짓습니다.

16 스스로 즐거움을 얻고자 남는 시간에 하는 자유로운 활동을 [ ][ ][ ][ ] 이라고 합니다.

17 [ ][ ][ ] 을 이용한 여가 생활에는 등산, 낚시 등이 있습니다.

18 박물관 관람, 영화 감상, 공원 산책은 [ ][ ][ ][ ] 을 이용한 여가 생활입니다.

19 알아보고자 하는 내용을 대상자를 만나 직접 물어보는 것을 [ ][ ] 조사라고 합니다.

20 고장 사람들이 하는 일과 여가 생활은 고장의 [ ][ ] 에 따라 달라집니다.

핵심 1 자연환경과 인문 환경

🌼 **자연환경과 인문 환경**

자연환경	산, 들, 하천, 바다와 같은 땅의 생김 새와 날씨에 영향을 주는 눈, 비, 바람, 기온 등
인문 환경	논과 밭, 과수원, 다리, 도로, 공장 등과 같이 사람들이 만든 환경

🌼 **자연환경을 이용하는 모습**

산	공원이나 등산로를 만들어 이용함.
들	농사를 짓거나, 도로와 주택 등을 만듦.
하천	하천의 물은 생활용수와 공업용수로 이용함.
바다	바다에서 물고기를 잡거나 염전을 만들어 소금을 얻음.

1 자연환경과 인문 환경에 속하는 것을 찾아 선으로 이으시오.

(1) 자연환경 •

(2) 인문 환경 •

• ㉠ 눈

• ㉡ 도로

• ㉢ 하천

• ㉣ 논, 밭

2 고장 사람들이 들을 이용하는 모습을 두 가지 고르시오. (,   )

① 염전   ② 도로
③ 스키장   ④ 등산로
⑤ 논과 밭

핵심 2 계절에 따른 고장 사람들의 생활 모습

🌼 **우리나라 계절의 특징**

• 봄, 여름, 가을, 겨울의 사계절이 있고 계절에 따라 날씨가 달라집니다.
• 여름에는 기온이 높아 덥고 비가 많이 옵니다.
• 겨울에는 기온이 낮아 춥고 눈이 내리기도 합니다.

🌼 **계절에 따른 생활 모습**

봄	• 주변의 산이나 공원으로 꽃구경을 감. • 씨앗을 뿌리고 농사를 준비함.
여름	• 얇은 옷을 입음. • 에어컨과 선풍기를 사용함. • 더위를 피해 해수욕을 즐김.
가을	• 단풍 구경을 감. • 논과 밭에서 곡식이나 열매를 수확함.
겨울	• 두꺼운 옷을 입음. • 난로나 온풍기를 사용함. • 스키나 썰매를 탐.

3 우리나라 계절의 특징에 대한 설명으로 옳은 것은 ○표, 옳지 않은 것은 ×표 하시오.

(1) 봄, 여름, 가을, 겨울의 날씨가 같다.
(   )

(2) 여름에는 기온이 높아 덥고 비가 많이 온다.
(   )

(3) 겨울에는 기온이 낮아 춥고 눈이 내리기도 한다. (   )

4 오른쪽과 같은 모습을 볼 수 있는 계절은 언제인지 쓰시오.

(   )

핵심 3 고장 사람들이 하는 일

바다가 있는 고장	넓은 들이 있는 고장
• 주로 물고기를 잡거나 김과 미역을 기름. • 해녀들이 바다에 나가서 전복, 멍게 등 해산물을 직접 구함.	• 주로 곡식과 채소 등을 재배함. • 가축을 기르는 일을 함. • 농기계를 팔거나 수리하는 일을 함
도시	산이 많은 고장
• 공장이나 회사에서 일함. • 백화점이나 할인점에서 물건을 판매하거나 음식을 만들어 팔기도 함. • 버스나 택시를 운전함.	• 경사진 밭이나 계단식 논에서 농사를 지음. • 목장에서 소를 기름. • 나물이나 약초를 캠. • 꿀을 얻기 위해 벌을 기름

5 다음과 같은 고장에 사는 사람들이 주로 하는 일은 어느 것입니까? (   )

① 목장에서 소 키우기
② 곡식과 채소 재배하기
③ 백화점에서 물건 팔기
④ 공장이나 회사에서 일하기
⑤ 물고기를 잡거나 김, 미역 기르기

6 산이 많은 고장에서 볼 수 있는 오른쪽과 같은 논을 무엇이라고 하는지 쓰시오.

(   )

핵심 4 고장 사람들의 여가 생활 모습

🌸 **여가 생활**
　스스로 즐거움을 얻고자 남는 시간에 하는 자유로운 활동을 말합니다.

🌸 **다양한 여가 생활 모습**

▲ 등산　　　　　　　▲ 영화 감상

자연환경을 이용한 여가 생활	등산하기, 강에서 낚시하기, 바다에서 물놀이하기, 강에서 래프팅하기, 숲에서 캠핑하기 등
인문 환경을 이용한 여가 생활	박물관 관람하기, 영화관에서 영화 감상하기, 놀이공원에서 놀이 기구 타기, 공원에서 산책하기 등

7 여가 생활을 하는 모습과 거리가 먼 친구는 누구입니까? (   )

① 우진: 할머니와 공원에서 산책을 했어.
② 상민: 지난 주말에 가족과 캠핑을 갔어.
③ 유라: 친구와 영화관에 가서 영화를 봤어.
④ 준수: 아버지와 함께 강에서 낚시를 했어.
⑤ 슬기: 수업이 끝나고 영어 학원에 가서 영어 공부를 했어.

8 여가 생활의 종류가 나머지 넷과 다른 하나는 어느 것입니까? (   )

① 박물관 관람하기
② 강에서 래프팅하기
③ 도서관에서 책 읽기
④ 운동장에서 축구하기
⑤ 야구장에서 야구 관람하기

❋ 다음 자료를 보고, 물음에 답하시오. [1~2]

(가)   (나)   (다)

▲ 눈   ▲ 비   ▲ 산

(라)   (마)   (바)

▲ 하천   ▲ 우박   ▲ 바다

1 위 (가)~(바)와 같은 것들을 통틀어 무엇이라고 하는지 쓰시오.

(   )

2 위에서 땅의 생김새와 관련 있는 것을 모두 골라 기호를 쓰시오.

(   )

3 인문 환경에 속하는 것끼리 바르게 짝지어진 것은 어느 것입니까? (   )

① 기온, 도로   ② 하천, 공장
③ 바다, 아파트   ④ 바람, 과수원
⑤ 논과 밭, 다리

4 고장 사람들이 다음과 같이 이용하는 자연환경은 어느 것입니까? (   )

> 공원이나 등산로를 만들어 이용한다.

① 산   ② 들
③ 강   ④ 하천
⑤ 바다

5 들을 이용하는 모습으로 알맞지 않은 것은 어느 것입니까? (   )

①    ②

③    ④

6 바다에 다음과 같은 시설을 만들어 이용하는 까닭은 무엇 때문입니까? (   )

① 농사를 짓기 위해서
② 소금을 얻기 위해서
③ 물고기를 잡기 위해서
④ 김이나 굴을 얻기 위해서
⑤ 여가 생활을 즐기기 위해서

7 다음 중 여름에 볼 수 있는 생활 모습은 무엇인지 두 가지 고르시오. (,   )

① 스키를 탄다.
② 얇은 옷을 입는다.
③ 난로나 온풍기를 사용한다.
④ 에어컨과 선풍기를 사용한다.
⑤ 꽃이 핀 곳으로 소풍을 간다.

❀ 다음 신문 기사를 읽고, 물음에 답하시오. [8~9]

┌─────────────────────────────────────┐
│ ○○신문   20△△년 △△월 △△일 │
│   울긋불긋 오색 단풍, 이번 주 절정   │
│   올해도 아름다운 단풍의 계절이 찾아왔습니다. 전국의 │
│ 산들은 알록달록한 고운 빛으로 물들었습니다.   │
│   단풍이 절정에 이르면서 ○○산을 찾는 등산객들의 발 │
│ 길이 끊이지 않고 있습니다. 이번 주말에는 단풍과 관련 │
│ 된 다양한 행사가 열린다고 합니다.   │
└─────────────────────────────────────┘

8 위의 신문 기사는 어느 계절의 모습을 나타낸 것 인지 쓰시오.

(   )

9 8번 답의 계절에 볼 수 있는 고장 사람들의 생활 모습으로 알맞은 것은 어느 것입니까? (   )

① 꽃구경을 하는 사람들이 많다.
② 더위를 피해 해수욕을 즐긴다.
③ 눈썰매장에서 신나게 썰매를 탄다.
④ 두꺼운 외투를 입고 부츠를 신는다.
⑤ 논과 밭에서 곡식이나 열매를 수확한다.

❀ 다음 그래프를 보고, 물음에 답하시오. [10~11]

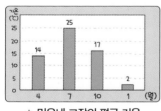

▲ 민우네 고장의 평균 기온   ▲ 민우네 고장의 평균 강수량

10 민우네 고장에서 기온이 가장 높은 달과 강수량이 가장 많은 달은 언제인지 쓰시오.

(1) 기온이 가장 높은 달: (   )
(2) 강수량이 가장 많은 달: (   )

11 민우네 고장의 계절 특징을 설명한 것으로 바르지 않은 것은 어느 것입니까? (   )

① 사계절이 있다.
② 계절에 따라 날씨가 달라진다.
③ 여름에는 기온이 높아 덥고 비가 많이 온다.
④ 겨울에는 기온이 낮아 춥고 눈이 내리기도 한다.
⑤ 계절에 따른 기온과 강수량의 차이가 거의 없다.

12 다음 고장에 사는 사람들이 하는 일로 알맞지 않 은 것은 어느 것입니까? (   )

① 바다에서 물고기를 잡는다.
② 꿀을 얻기 위해 벌을 기른다.
③ 물고기를 잡는 기구를 팔거나 수리한다.
④ 펜션과 같은 숙소를 마련해 관광객들에게 빌 려준다.
⑤ 해녀들이 바다에 나가서 전복, 멍게 등 해산 물을 직접 구한다.

13 다음과 같은 자연환경을 지닌 고장의 사람들이 주 로 하는 일은 어느 것입니까? (   )

┌─────────────────────────────────────┐
│ • 낮은 산이 있다.   │
│ • 강이나 하천이 보인다.   │
│ • 들판이 넓게 펼쳐져 있다.   │
└─────────────────────────────────────┘

① 버섯 재배하기
② 김이나 미역 기르기
③ 공장에서 물건 만들기
④ 숲에서 목재 생산하기
⑤ 논과 밭에서 곡식과 채소 재배하기

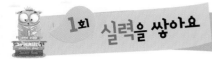

14 도시에 대한 설명으로 바르지 <u>않은</u> 것은 어느 것입니까? (   )

① 높은 건물들이 많다.
② 많은 사람이 살고 있다.
③ 들이 펼쳐진 곳에 발달한다.
④ 공장이나 회사에서 일하는 사람들이 많다.
⑤ 도시에 사는 사람들은 대부분 비슷한 일을 한다.

서술형
15 산이 많은 고장에서는 계단처럼 생긴 논을 많이 볼 수 있습니다. 그 까닭은 무엇인지 쓰시오.

_____

_____

중요
16 산이 많은 고장에서 많이 볼 수 있는 시설은 어느 것입니까? (   )

①
②
③
④

17 다음 중 여가 생활과 거리가 <u>먼</u> 것은 어느 것입니까? (   )

① 독서
② 산책
③ 시험 공부
④ 음악 감상
⑤ 박물관 관람

18 다음 중 자연환경을 이용한 여가 생활을 모두 찾아 기호를 쓰시오.

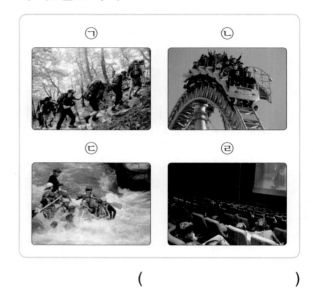

(   )

19 면담 조사를 통해 고장 사람들이 즐기는 여가 생활을 조사하려고 합니다. 순서대로 기호를 쓰시오.

> ㉠ 상대방에게 방문 계획과 조사 목적을 알린다.
> ㉡ 면담 내용, 면담할 사람, 조사 기간 등을 계획한다.
> ㉢ 사진기, 수첩, 녹음기 등을 미리 준비해 면담을 한다.
> ㉣ 면담 결과를 표나 그래프로 나타내고, 자신의 생각을 정리한다.

(   )

서술형
20 내가 주로 하는 여가 생활은 무엇이고, 어떤 환경을 이용한 것인지 쓰시오.

_____

_____

1 환경에 대한 설명으로 바르지 <u>않은</u> 것은 어느 것입니까? (　　　)

① 우리 주변을 둘러싸고 있는 모든 것을 말한다.
② 눈, 비, 바람, 우박 등은 환경이라고 할 수 없다.
③ 사람들은 자연환경을 이용해 생활에 편리한 시설을 만든다.
④ 인간이 만들지 않은 자연 그대로의 것을 자연환경이라고 한다.
⑤ 논과 밭, 아파트와 같이 사람들이 만든 환경을 인문 환경이라고 한다.

주의

2 다음 자연환경 중 땅의 생김새에 해당하지 <u>않는</u> 것은 어느 것입니까? (　　　)

① 산　　　　　② 들
③ 기온　　　　④ 하천
⑤ 바다

3 다음은 자연환경과 인문 환경 중 어디에 속하는지 쓰시오.

(　　　　　　　　)

중요

4 고장 사람들이 산을 이용하는 모습으로 알맞은 것을 두 가지 고르시오. (　　　,　　　)

① 공원을 만든다.
② 아파트를 짓는다.
③ 물고기를 잡는다.
④ 등산로를 만든다.
⑤ 논에서 벼농사를 짓는다.

5 다음 이용 모습과 관련 있는 자연환경은 무엇입니까? (　　　)

• 논과 밭으로 만들어 농사를 짓는다.
• 사람들이 살 수 있는 주택을 만든다.
• 다른 고장과 연결하는 도로를 만든다.

① 산　　　　　② 들
③ 강　　　　　④ 하천
⑤ 바다

중요

6 다음 빈칸에 공통으로 들어갈 말을 쓰시오.

• 고장 사람들은 [　　　] 주변에 공원을 만들어 운동이나 산책을 한다.
• [　　　]의 물을 생활용수나 공업용수로 이용한다.

(　　　　　　　　)

7 고장 사람들이 바다를 이용하는 모습을 나타낸 것은 어느 것입니까? (　　　)

① 　　②

③ 　　④

❋ 다음 사진을 보고, 물음에 답하시오. [8~10]

(가)   (나)

(다)   (라)

8 다음 내용과 관련 있는 계절은 언제인지 기호를 쓰시오.

> 오늘은 가족들과 ○○ 벚꽃 축제에 다녀왔다. 아침에 비가 내려 쌀쌀한 기온을 보였지만 절정에 이른 벚꽃을 보려는 사람들로 꽃 축제장은 몹시 붐볐다. 음악 공연, 불꽃놀이 등이 다채롭게 진행되었는데, 모처럼 가족들과 즐거운 시간을 보내 행복했다.

(   )

중요

9 위의 (라) 계절에 볼 수 있는 생활 모습이 <u>아닌</u> 것은 어느 것입니까? (   )

① 두꺼운 옷을 입는다.
② 스키나 썰매를 탄다.
③ 바다에서 해수욕을 즐긴다.
④ 난로나 온풍기를 사용한다.
⑤ 추위를 이겨내려고 따뜻한 음식을 먹는다.

 서술형

10 위 사진과 같이 계절별로 사람들의 생활 모습이 달라지는 까닭은 무엇 때문인지 쓰시오.

_____

11 그래프를 읽을 때 가장 먼저 해야 할 일은 무엇인지 기호를 쓰시오.

> ㉠ 각각의 막대가 나타내는 양이 얼마인지 확인한다.
> ㉡ 그래프가 무엇을 나타내는지 제목을 확인한다.
> ㉢ 그래프에서 눈금 한 칸의 크기가 얼마인지 확인한다.
> ㉣ 그래프의 가로와 세로가 무엇을 나타내는지 확인한다.

(   )

중요

12 다음 ㉠, ㉡에 들어갈 알맞은 계절을 쓰시오.

> 우리나라는 [㉠]에는 기온이 높아 덥고 비가 많이 오고, [㉡]에는 기온이 낮아 춥고 눈이 내리기도 한다.

㉠: (   ) ㉡: (   )

주의

13 다음과 같은 자연환경을 지닌 고장의 사람들이 주로 하는 일은 어느 것입니까? (   )

> • 주변에 바다가 있다.
> • 모래사장이 있다.

① 가축을 기른다.
② 버섯을 재배한다.
③ 논농사를 짓는다.
④ 공장이나 회사에서 일한다.
⑤ 물고기를 잡거나 김과 미역을 기른다.

❀ 다음 사진을 보고, 물음에 답하시오. [14~16]

(가)

(나)

(다)

(라)

14 다음과 같은 일을 주로 하는 고장을 위에서 찾아 기호를 쓰시오.

> • 주로 곡식과 채소 등을 재배한다.
> • 넓은 들을 논과 밭으로 이용한다.
> • 농기계를 팔거나 수리하는 일을 한다.

(   )

15 위의 (다) 고장에 사는 사람들이 주로 하는 일이 <u>아닌</u> 것은 어느 것입니까? (   )

① 음식을 만들어 팔기
② 목장에서 소 키우기
③ 공장에서 물건 만들기
④ 버스나 택시 운전하기
⑤ 백화점에서 물건 판매하기

서술형

16 위의 (라) 고장에서 볼 수 있는 인문 환경을 한 가지 쓰고, 그 인문 환경을 이용해서 어떤 일을 하는지 쓰시오.

(1) 인문 환경: (   )

(2) 하는 일: _____

_____

❀ 다음 대화를 읽고, 물음에 답하시오. [17~18]

> 민우: 얘들아, 그동안 잘 있었어?
> 주원: 민우야, 오랜만이다. 너희들은 여름 방학을 어떻게 보냈어?
> 민우: 친구들과 나는 근처 바닷가에 자주 가서 물놀이를 했어.
> 주원: 우와, 정말 재미있었겠다. 우리 고장에는 산이 많아서 나는 가족과 자주 등산을 했어.
> 서영: 다들 즐거웠겠네. 나는 가까운 영화관에 가서 영화를 봤어.

17 위의 세 친구 중 산을 이용하여 여가 생활을 즐긴 사람은 누구인지 쓰시오.

(   )

서술형

18 위의 세 친구 중 서영이의 여가 생활은 어떤 특징이 있는지 쓰시오.

_____

_____

19 인문 환경을 이용한 여가 생활이 <u>아닌</u> 것은 어느 것입니까? (   )

① 숲에서 캠핑하기
② 박물관 관람하기
③ 공원에서 산책하기
④ 볼링장에서 볼링 치기
⑤ 놀이공원에서 놀이 기구 타기

20 고장 사람들의 여가 생활 모습을 면담 조사할 때 주의할 점이 <u>아닌</u> 것은 어느 것입니까? (   )

① 질문은 예의 바르게 한다.
② 상대방의 동의 없이 녹음한다.
③ 면담을 하러 갈 때는 옷을 단정히 입는다.
④ 면담이 끝나고 나면 감사의 인사를 드린다.
⑤ 면담 전에 주제에 맞는 질문을 미리 준비한다.

1 다음 사진을 보고, 물음에 답하시오.

(가) ▲ 산   (나) ▲ 도로   (다) ▲ 아파트

(라) ▲ 바다   (마) ▲ 눈   (바) ▲ 논

(1) 위 사진을 자연환경과 인문 환경으로 구분하여 기호를 쓰시오.
　① 자연환경: (　　　　　　　　)　② 인문 환경: (　　　　　　　　)

(2) (1)의 답을 참고하여 자연환경과 인문 환경의 차이점은 무엇인지 쓰시오.

_____

_____

2 유라네 고장의 위성 사진을 보고, 유라네 고장 사람들은 땅을 어떻게 생활에 이용하고 있는지 쓰시오.

_____

_____

관련 핵심 개념

자연환경과 인문 환경

　산, 들, 하천, 바다와 같은 땅의 생김새와 날씨에 영향을 주는 눈, 비, 바람, 기온 등을 자연환경이라고 하고, 논과 밭, 과수원, 다리, 도로, 공장 등과 같이 사람들이 만든 환경을 인문 환경이라고 합니다.

관련 핵심 개념

자연환경을 이용하는 모습

· 산: 공원이나 등산로를 만들어 이용합니다.
· 들: 농사를 짓거나, 도로와 주택 등을 만듭니다.
· 하천: 하천 주변에 공원을 만들어 운동이나 산책을 합니다.
· 바다: 바다에서 물고기를 잡거나 염전을 만들어 소금을 얻습니다.

3 다음 그래프를 보고, 물음에 답하시오.

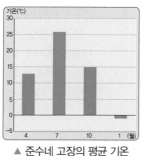
▲ 준수네 고장의 평균 기온

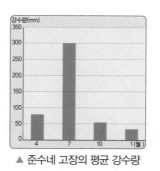
▲ 준수네 고장의 평균 강수량

(1) 위의 그래프를 보고, 다음 빈칸에 알맞은 말을 쓰시오.

① 준수네 고장에서 기온이 가장 높은 달은 (   )월이다.

② 준수네 고장에서 강수량이 가장 적은 달은 (   )월이다.

(2) 위 그래프를 보고, 알 수 있는 준수네 고장의 계절 특징을 쓰시오.

_____

_____

관련 핵심 개념 ▶

그래프 읽는 방법

• 1단계: 그래프가 무엇을 나타내는지 그래프의 제목을 확인합니다.

• 2단계: 그래프의 가로와 세로가 무엇을 나타내는지 확인합니다.

• 3단계: 그래프에서 눈금 한 칸의 크기가 얼마인지 확인합니다.

• 4단계: 각각의 막대가 나타내는 양이 얼마인지 확인합니다.

1 단원

4 여러 고장의 모습을 보고, 물음에 답하시오.

| (가) | (나) | (다) | (라) |

(1) 위 (가)~(라) 고장 사람들이 주로 하는 일은 무엇인지 쓰시오.

(가)	
(나)	
(다)	
(라)	

(2) 각 고장마다 사람들이 하는 일이 다른 까닭은 무엇인지 쓰시오.

_____

관련 핵심 개념 ▶

고장 사람들이 하는 일

• 고장 사람들은 그 고장의 자연환경과 인문 환경을 이용한 일을 합니다.

• 고장 사람들의 하는 일이나 생활 모습은 그 고장의 환경과 밀접한 관계가 있습니다.

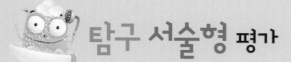
1 고장의 모습을 나타낸 다음 사진을 보고, 물음에 답하시오.

(1) 위 사진에 나타난 모습을 자연환경과 인문 환경으로 구분해 보시오.
　① 자연환경: (　　　　　　　　)　② 인문 환경: (　　　　　　　)

(2) 위 고장에 사는 사람들이 자연환경을 이용하는 모습을 예를 들어 쓰시오.

_____

_____

> **관련 핵심 개념**
>
> **자연환경을 이용하는 모습**
>
> 　고장 사람들은 산과 들, 하천과 바다를 이용하며 살아갑니다. 또 자연환경을 이용하여 생활에 편리한 시설을 만들기도 합니다.

2 다음 신문 기사를 보고, 물음에 답하시오.

> △△ 신문　　　　　　　　20○○년 ○월 ○일
>
> #### '폭염 절정' 강원 동해안 해수욕장에 163만 명 몰려
>
> 　지난 주말 낮 기온이 35도 이상 치솟는 폭염이 기승을 부리면서 강원도 해수욕장에도 무더위를 식히려는 피서 인파가 이틀 동안 무려 163만 명 가까이 몰려들었다. 피서객들은 바다에 뛰어들어 물놀이를 즐기거나 수상 놀이기구를 타고 바다 위를 달리며 더위를 잊었다. 폭염의 기세가 당분간 계속될 것으로 예상됨에 따라 동해안을 찾는 사람들의 행렬도 줄을 이을 전망이다.

(1) 위 신문 기사는 어느 계절의 모습을 나타낸 것인지 쓰시오.

　　　　　　　　　　　(　　　　　　　　　　　)

(2) 위 신문 기사에 나타난 계절에 볼 수 있는 사람들의 생활 모습을 두 가지 쓰시오.

_____

_____

> **관련 핵심 개념**
>
> **계절에 따른 생활 모습**
>
> • 봄에는 꽃구경을 하는 사람들이 많습니다.
> • 여름에는 더위를 피해 해수욕을 합니다.
> • 가을에는 논과 밭에서 곡식이나 열매를 수확합니다.
> • 겨울에는 눈썰매장에서 썰매를 탑니다.

3 다음 도시의 모습을 보고, 물음에 답하시오.

(1) 위 사진의 도시에서 볼 수 있는 모습은 무엇인지 쓰시오.

_____

_____

(2) 위와 같은 도시에 사는 사람들이 하는 일은 무엇인지 쓰시오.

_____

_____

_____

4 다양한 여가 생활 모습을 나타낸 다음 사진을 보고, 물음에 답하시오.

(가) ▲ 등산　(나) ▲ 영화 감상　(다) ▲ 낚시
(라) ▲ 컴퓨터 게임　(마) ▲ 래프팅　(바) ▲ 축구

(1) 인문 환경을 이용한 여가 생활을 모두 찾아 기호를 쓰시오.

(   )

(2) 위 사진을 참고하여 여가 생활의 뜻은 무엇인지 쓰시오.

_____

_____

❷ 환경에 따른 의식주 생활 모습 (1)

❶ 의식주의 뜻과 필요성

① 의식주: 사람이 살아가는 데 반드시 필요한 옷(의), 음식(식), 집(주)을
말합니다. 자료 1 • 의식주는 사람이 살아가는 데 가장 기본적이고 필수적인 요소입니다.

② 필요성: 옷은 몸을 보호하기 위해, 음식은 영양분을 얻기 위해, 집은 안
전하고 편안하게 쉬기 위해 필요합니다.

❷ 우리 고장과 다른 고장 사람들의 의생활 모습 비교

① 우리 고장 사람들의 의생활 모습 자료 2

여름	더위를 피하려고 바람이 잘 통하는 소재로 만든 옷을 입거나 햇볕을 막는 모자를 씀.
겨울	추위를 막기 위해 두꺼운 옷을 입고 장갑을 끼거나, 목도리를 두름.

② 세계 여러 고장 사람들의 의생활 모습 자료 3

사막에서는 뜨거운 햇볕과 모래바람을 막으려고 긴 옷을 입고 머리에는 천을 둘러 감아요.

덥고 비가 많이 내리는 고장에서는 바람이 잘 통하는 긴 옷을 입고 챙이 넓은 모자를 써요.

춥고 눈이 많이 오는 고장에서는 동물의 털과 가죽으로 만든 두꺼운 옷을 입어요.

▲ 사우디아라비아

▲ 베트남

▲ 캐나다

❸ 우리 고장과 다른 고장 사람들의 식생활 모습 비교

① 고장에서 발달한 음식 자료 4

┌ 메밀을 냉면의 면발로 사용합니다.

평양냉면	영월 감자 옹심이	서산 어리굴젓

날씨가 서늘하고 비가 많이 내리지 않는 평양에서는 메밀을 많이 재배함.	산지가 많고 날씨가 서늘한 영월에서는 감자를 많이 심음.	서산 근처 바닷가에서는 굴이 잘 자라서 어리굴젓을 많이 담금.
안동 간고등어	전주비빔밥	제주 옥돔구이
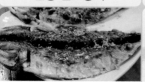		
고등어를 운반하는 동안 고등어에 소금을 뿌려서 상하지 않게 함.	넓은 들과 산에서 쌀과 채소를 쉽게 구할 수 있고, 장맛도 좋음.	옥돔은 제주 근처 바다에서 많이 잡혀 제주도에서는 옥돔구이가 발달함.

자료 1 대표적인 의식주

의(옷)	옷, 장갑, 신발, 목도리, 모자 등
식(음식)	밥, 빵, 과일, 국, 김치, 음료수 등
주(집)	아파트, 한옥, 통나무집, 수상 가옥 등

자료 2 계절에 따른 옷차림

▲ 여름철 옷차림

▲ 겨울철 옷차림

우리 고장 사람들은 계절별 날씨에 따라 의생활 모습이 달라집니다.

자료 3 페루의 옷차림

낮과 밤의 기온 차가 큰 고장에서는 낮의 뜨거운 햇볕을 막고 밤의 추위를 견디려고 망토와 같은 긴 옷을 걸치고 모자를 씁니다.

자료 4 각 고장에 발달한 음식이 다른 까닭

고장 땅의 생김새나 날씨와 같은 자연환경은 그 고장 사람들의 식생활에 많은 영향을 줍니다.

♣ 의식주의 필요성

의 (옷)	• 덥거나 추운 날씨로부터 몸을 보호할 수 있음. • 자신의 개성을 표현하거나 사회적 지위를 나타낼 수도 있음.
식 (음식)	• 음식을 먹지 않으면 움직일 힘이 없음. • 음식을 먹어야 체력을 유지할 수 있음.
주 (집)	• 잠을 자거나 쉴 수 있음. • 더위와 추위, 무서운 동물들을 피할 수 있음.

♣ 베트남의 전통 의상 '아오자이'

'아오'는 '옷', '자이'는 '긴'을 뜻합니다. 아오자이는 상의와 바지 두 부분으로 이루어지는데, 상의는 치마처럼 길게 내려오며 좌우가 양 갈래로 갈라져 있습니다.

♣ 바다가 있는 고장 사람들의 식생활 모습

바다가 가까이 있기 때문에 산지나 평야에 가까운 고장보다 해산물을 구하기 쉽고, 가을 전어와 같은 계절별 식재료를 이용한 음식이 발달했습니다.

용어 풀이

❶ 소재 어떤 것을 만드는 데 바탕이 되는 재료.
❷ 사막(沙 모래 사 漠 넓은 막) 일 년 내내 비가 거의 오지 않아 물이 부족하여 식물이 자라기 어려운 땅.
❸ 망토 소매가 없이 어깨 위로 걸쳐 둘러 입도록 만든 외투.

✏️ 개념을 확인해요

1 사람이 살아가는 데 반드시 필요한 옷, 음식, 집을 통틀어 ☐☐☐ 라고 합니다.

2 사람이 살아가려면 몸을 보호하기 위한 ☐과 영양분을 얻기 위한 ☐☐, 안전하고 편안하게 쉬기 위한 ☐이 필요합니다.

3 여름에는 ☐☐이 잘 통하는 소재로 만든 옷을 입습니다.

4 고장 사람들은 계절별 ☐☐에 따라 의생활 모습이 달라집니다.

5 ☐☐에서는 뜨거운 햇볕과 모래바람을 막으려고 긴 옷을 입고 머리에는 천을 둘러 감습니다.

6 춥고 눈이 많이 오는 고장에서는 동물의 ☐과 가죽으로 만든 두꺼운 옷을 입습니다.

7 날씨가 서늘하고 비가 많이 내리지 않아 메밀이 많이 생산되는 평양의 대표적인 음식은 ☐☐ 입니다.

8 ☐☐가 많고 날씨가 서늘한 강원도 영월은 감자를 많이 심기 때문에 감자 옹심이가 유명합니다.

9 바다로 둘러싸인 고장에서는 ☐☐을 이용한 음식이 많습니다.

10 고장의 ☐☐☐☐은 그 고장 사람들의 식생활에 많은 영향을 줍니다.

❷ 환경에 따른 의식주 생활 모습 (2)

② 세계 여러 고장의 자연환경과 식생활

• 산지에서 소를 키우는 낙농업이 발달했기 때문입니다.

날씨가 덥고 습한 고장	바다로 둘러싸인 고장	산지가 있는 고장
열대 과일을 이용한 음식이 많음.	생선을 이용한 음식이 많음.	치즈를 이용한 음식이 많음.

4 우리 고장과 다른 고장 사람들의 주생활 모습 비교

① 우리 고장 사람들의 주생활 모습: 주로 아파트나 연립 주택, 단독 주택에서 생활합니다. 자료 5

② 다른 고장 사람들의 주생활 모습

터돋움집	우데기집	너와집

여름철 홍수로 집이 물에 잠길 위험이 있는 고장에서는 땅 위에 터를 돋우어 높은 곳에 집을 지었음.	겨울철에 눈이 많이 오는 고장에서는 눈이 많이 와도 집 안을 자유롭게 다닐 수 있도록 우데기를 만들었음. 자료 6	나무를 쉽게 구할 수 있는 고장에서는 나뭇조각으로 지붕을 얹은 집을 지었음.

③ 세계 여러 고장 사람들의 주생활 모습 자료 7

이즈바(러시아)	동굴집(터키)

추운 고장에 사는 사람들은 주변 숲에서 쉽게 구할 수 있는 통나무로 집을 지었음. • 날씨가 추워 나무가 곧게 자라기 때문에 그 나무로 집을 지을 수 있었습니다.	화산 폭발이 있었던 고장에서는 화산 폭발로 만들어진 단단하지 않은 바위의 속을 파서 집을 지었음.

④ 고장의 계절과 날씨, 땅의 생김새 등은 고장 사람들의 주생활에 영향을 줍니다.

⑤ 우리 고장과 다른 고장 사람들의 주생활 모습 비교하기

• 비슷한 점: 고장에서 쉽게 구할 수 있는 재료로 집을 짓는 점은 비슷합니다.

• 다른 점: 자연환경에 따라 집의 형태가 다릅니다.

자료 5 | 우리 고장에서 볼 수 있는 다양한 집

▲ 아파트

▲ 연립 주택

▲ 한옥

▲ 단독 주택

• 논농사가 활발하지 않아 짚을 구하기 어려운 산간 지역에서는 집의 지붕을 얹기 위해 주변에서 쉽게 구할 수 있는 나무를 사용하였습니다.

자료 6 | 우데기

집에 눈이 들어오는 것을 막으려고 지붕의 끝에서부터 땅까지 내린 벽을 말합니다. 울릉도는 바람이 많이 불고 눈이 많이 내리기 때문에 본채 바깥쪽에 따로 우데기를 설치합니다. 우데기는 여름에 햇볕을 막아 집을 시원하게 하고 겨울에는 눈과 차가운 바람을 막아 주며, 농작물을 저장하는 역할도 합니다.

자료 7 | 수상 가옥

물 위에 지은 집인 수상 가옥은 열대 기후 지역에서 발달한 주거 형태입니다. 사방에 창을 내어 통풍을 통해 더위를 피하도록 하고 집 안에 방과 주방 등이 있습니다.

아파트

한 채의 큰 건물 안에 독립된 여러 세대가 살 수 있게 만들어진 공동 주택으로, 사람들이 많이 모여 사는 도시에서 쉽게 볼 수 있습니다.

통나무집

러시아에서 발달한 주거 형태로, 옛날에 러시아인들은 전통적으로 이즈바라고 불리는 통나무집에서 살았습니다. 자작나무와 같은 목재를 주로 이용하며 사우나와 같은 시설을 갖추기도 해 핀란드와 같은 북부 유럽에서는 사우나 문화가 발달하기도 했습니다.

고장마다 주거 형태가 다른 까닭

날씨(기후), 땅의 생김새(지형)에 따라 자연환경을 이용하거나 극복하는 모습이 다르기 때문입니다.

환경에 따른 의식주 생활 모습을 여러 가지 방법으로 나타내기

- 환경에 따른 주생활 모습을 작은 책으로 만듭니다.
- 환경에 따라 다른 사람들의 의생활 모습을 그림으로 그려 봅니다.
- 우리 고장 사람들의 식생활 모습을 역할극으로 나타내 봅니다.

용어 풀이

❹ **연립 주택** 한 건물 안에서 여러 가구가 각각 독립된 주거 생활을 할 수 있도록 지은 공동 주택으로, 아파트보다 작음.

❺ **홍수**(洪 넓을 홍 水 물 수) 비가 많이 와서 강이나 하천이 불어나 주변 지역에 피해를 입히는 자연재해.

❻ **터** 집이나 건물을 지었거나 지을 자리.

✏️ 개념을 확인해요

11 고장에 사는 사람의 수가 늘어날수록 □□ □ 와 같이 한 곳에 많은 사람들이 모여 살 수 있는 집을 짓는 것이 좋습니다.

12 터돋움집은 여름철 □□ 로 집이 물에 잠길 위험이 있는 고장에서 볼 수 있습니다.

13 □□□ 는 집에 눈이 들어오는 것을 막으려고 지붕의 끝에서부터 땅까지 내린 벽을 말합니다.

14 □□ 은 나뭇조각으로 지붕을 얹은 집으로, 산간 지역에서 볼 수 있습니다.

15 러시아의 이즈바는 주변 숲에서 쉽게 구할 수 있는 □□□ 로 지은 집입니다.

16 터키의 동굴집은 □□ 폭발로 만들어진 단단하지 않은 바위의 속을 파서 지은 집입니다.

17 물 위에 지은 집인 □□□□ 은 날씨가 더운 열대 기후 지역에서 볼 수 있습니다.

18 고장에서 쉽게 구할 수 있는 □□ 로 집을 짓는 점은 어느 고장이나 비슷합니다.

19 고장의 □□□□ 에 따라 집의 형태가 달라집니다.

20 환경에 따라 달라지는 고장 사람들의 의식주 생활 모습을 □□ 으로 그려 표현할 수 있습니다.

핵심 1 의식주

✿ **의식주**

　사람이 살아가는 데 반드시 필요한 옷(의), 음식(식), 집(주)을 말합니다.

의	옷, 장갑, 신발, 목도리, 모자 등
식	밥, 빵, 과일, 김치, 음료수 등
주	아파트, 한옥, 통나무집 등

✿ **의식주의 필요성**

의	• 덥고 추운 날씨로부터 몸을 보호할 수 있음. • 자신의 개성을 표현하거나 사회적 지위를 나타낼 수 있음.
식	• 음식을 먹지 않으면 움직일 힘이 없음. • 음식을 먹어야 체력을 유지할 수 있음.
주	• 잠을 자거나 쉴 수 있음. • 더위와 추위, 무서운 동물들을 피할 수 있음.

1 사람이 살아가는 데 반드시 필요한 옷, 음식, 집을 통틀어 무엇이라고 하는지 쓰시오.

(　　　　　　　　)

2 우리 생활에 다음과 같은 것이 필요한 까닭으로 가장 알맞은 것은 어느 것입니까? (　　)

① 체력을 유지하기 위해서
② 잠을 자거나 쉬기 위해서
③ 자신의 개성을 표현하기 위해서
④ 안전하고 편안하게 생활하기 위해서
⑤ 더위나 추위로부터 몸을 보호하기 위해서

핵심 2 고장 사람들의 의생활 모습

✿ **우리 고장 사람들의 의생활 모습**

여름	바람이 잘 통하는 소재로 만든 옷을 입거나 햇볕을 막는 모자를 씀.
겨울	두꺼운 옷을 입거나 장갑을 끼고, 목도리를 두름.

✿ **세계 여러 고장 사람들의 의생활 모습**

▲ 사우디아라비아　　▲ 베트남　　▲ 캐나다

✿ **다양한 의생활 모습이 나타나는 까닭**

　계절별, 고장별로 날씨가 다르기 때문입니다.

3 고장 사람들이 다음과 같은 옷차림을 하는 계절은 언제인지 쓰시오.

　바람이 잘 통하는 소재로 만든 옷을 입거나 햇볕을 막는 모자를 쓴다.

(　　　　　　　　)

4 오른쪽과 같은 옷차림을 주로 볼 수 있는 고장은 어디입니까? (　　)

① 산이 많은 고장
② 사막에 있는 고장
③ 춥고 눈이 많이 오는 고장
④ 덥고 비가 많이 내리는 고장
⑤ 넓은 들이 펼쳐져 있는 고장

핵심 3 고장 사람들의 식생활 모습

🌸 각 고장에 발달한 음식

▲ 평양냉면

▲ 감자 옹심이

▲ 어리굴젓

▲ 간고등어

▲ 전주비빔밥

▲ 옥돔구이

🌸 식생활 모습이 다양하게 나타나는 까닭

고장의 땅의 생김새나 날씨와 같은 자연환경이 다르기 때문입니다.

5 다음 중에서 평양의 대표적인 음식은 무엇입니까? (   )

①
②
③
④

6 다음 빈칸에 들어갈 알맞은 말을 쓰시오.

> 고장의 땅의 생김새나 날씨와 같은 [   ]은 그 고장 사람들의 식생활에 많은 영향을 준다.

(   )

핵심 4 다른 고장 사람들의 주생활 모습

▲ 터돋움집

여름철 홍수로 집이 물에 잠길 위험이 있는 고장에서는 땅 위에 터를 돋우어 높은 곳에 집을 지음.

▲ 우데기집

겨울철 눈이 많이 오는 고장에서는 눈이 많이 와도 집 안을 자유롭게 다닐 수 있게 우데기와 같은 벽을 만듦.

▲ 너와집

나무를 쉽게 구할 수 있는 지역의 고장에서는 나뭇조각으로 지붕을 얹은 집을 지음.

7 울릉도에서 다음과 같은 집을 지은 까닭은 무엇입니까? (   )

① 홍수가 자주 일어나기 때문에
② 겨울에 눈이 많이 오기 때문에
③ 화산 폭발이 자주 발생하기 때문에
④ 여름에 덥고 비가 많이 내리기 때문에
⑤ 날씨가 추워서 나무가 곧게 자라기 때문에

8 산간 지역에서는 나뭇조각으로 지붕을 얹은 너와집을 지었습니다. 그 까닭은 주변에서 무엇을 쉽게 구할 수 있었기 때문인지 쓰시오.

(   )

❀ 다음 글을 읽고, 물음에 답하시오. [1~2]

> 눈을 떠 보니 아무도 없는 무인도였어요.
> 로빈슨 크루소는 생각했어요.
> '나는 이제 혼자구나.
> 앞으로 어떻게 해야 하지?'

1 로빈슨 크루소가 살아가기 위해 꼭 필요한 것을 세 가지 골라 기호를 쓰시오.

㉠ 옷	㉡ 집	㉢ 음식
㉣ 게임기	㉤ 자동차	㉥ 휴대 전화

( )

2 로빈슨 크루소가 음식을 구할 수 있는 방법으로 알맞지 <u>않은</u> 것은 어느 것입니까? ( )

① 동물을 사냥한다.
② 나무의 열매를 딴다.
③ 바다에서 물고기를 잡는다.
④ 식물의 뿌리를 캐서 먹는다.
⑤ 시장에 가서 쌀과 반찬을 산다.

🖐서술형

3 사람이 살아가는 데 집이 꼭 필요한 까닭을 쓰시오.

_____

❀ 다음 글을 읽고, 물음에 답하시오. [4~5]

> 고장 사람들은 ㉠ 에는 더위를 피하려고 바람이 잘 통하는 소재로 만든 옷을 입거나 햇볕을 막는 모자를 쓴다. 또한 ㉡ 에는 추위를 막기 위해 두꺼운 옷을 입고 장갑을 끼거나 목도리를 두른다. 이처럼 우리 고장 사람들의 의생활 모습은 계절과 ㉢ 에 따라 달라진다.

4 위의 ㉠, ㉡에 들어갈 알맞은 계절을 쓰시오.

㉠: ( ) ㉡: ( )

주요

5 앞의 ㉢에 들어갈 알맞은 말은 무엇인지 쓰시오.

( )

❀ 다음 사진을 보고, 물음에 답하시오. [6~8]

(가) 　　(나)

(다) 　　(라)

6 춥고 눈이 많이 오는 고장 사람들의 옷차림은 어느 것인지 기호를 쓰시오.

( )

🖐서술형

7 사막에 사는 사람들의 옷차림을 찾아 기호를 쓰고, 그러한 옷차림을 하는 까닭을 쓰시오.

(1) 옷차림: ( )

(2) 옷차림을 하는 까닭:

_____

주의

8 위 (나)의 옷차림을 볼 때 이 고장의 날씨 특징으로 알맞은 것은 어느 것입니까? ( )

① 바람이 많이 분다.
② 춥고 눈이 많이 온다.
③ 덥고 비가 많이 내린다.
④ 날씨가 서늘하고 비가 거의 내리지 않는다.
⑤ 봄, 여름, 가을, 겨울의 사계절이 뚜렷하다.

❀ 각 고장에서 발달한 음식을 정리한 다음 자료를 보고, 물음에 답하시오. [9~11]

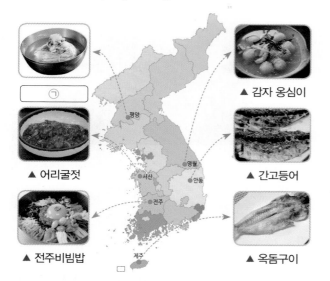

▲ 감자 옹심이
▲ 어리굴젓
▲ 간고등어
▲ 전주비빔밥
▲ 옥돔구이

9 다음 글을 읽고, 위 자료의 ㉠에 들어갈 알맞은 음식을 쓰시오.

> 날씨가 서늘하고 비가 많이 내리지 않는 평양에서는 메밀을 많이 생산하고, 이 메밀로 면발을 만든다.

(   )

 주의

10 위 자료를 보고, 바닷가에서 발달한 음식을 두 가지 찾아 쓰시오.

(,   )

중요

11 영월에서 감자 옹심이가 발달한 까닭은 무엇인지 두 가지 고르시오. (,   )

① 바닷가에 위치하기 때문에
② 산지가 많아 밭농사를 주로 짓기 때문에
③ 날씨가 서늘해 감자를 많이 심기 때문에
④ 영월 사람들이 특히 감자를 좋아하기 때문에
⑤ 주변의 넓은 들에서 쌀과 채소를 쉽게 구할 수 있기 때문에

12 날씨가 덥고 습한 고장에 발달한 음식을 모두 골라 기호를 쓰시오.

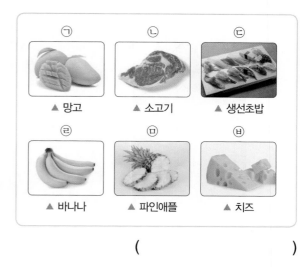

▲ 망고
▲ 소고기
▲ 생선초밥
▲ 바나나
▲ 파인애플
▲ 치즈

(   )

13 소를 많이 키우는 산지가 있는 고장 사람들이 많이 먹는 음식은 어느 것입니까? (   )

① 감자를 이용한 음식
② 생선을 이용한 음식
③ 치즈를 이용한 음식
④ 과일을 이용한 음식
⑤ 밀가루를 이용한 음식

중요

14 고장 사람들의 식생활 모습에 큰 영향을 미치는 것은 무엇인지 두 가지 고르시오. (,   )

① 날씨
② 인구
③ 땅의 생김새
④ 음식의 가격
⑤ 주민들의 성격

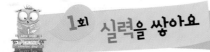

15 우리나라에서 보기 <u>어려운</u> 집은 어느 것입니까?
( )

①
②

③
④

서술형

16 다음과 같이 땅 위에 터를 돋우어 높은 곳에 집을 지은 까닭은 무엇인지 쓰시오.

_____

_____

17 울릉도에서 볼 수 있는 다음 집에서 눈이 집 안으로 들어오는 것을 막기 위해 설치한 것은 무엇인지 쓰시오

( )

 중요

18 산이 많은 고장에서 볼 수 있는 다음 집의 지붕을 만든 재료로 무엇입니까? ( )

① 짚   ② 돌
③ 기와   ④ 철판
⑤ 나뭇조각

19 터키에 있는 고장 사람들이 다음과 같은 동굴집을 지을 수 있었던 까닭은 무엇입니까? ( )

① 홍수가 잦았기 때문에
② 화산 폭발이 있었기 때문에
③ 겨울에 눈이 많이 오기 때문에
④ 집 짓는 기술이 발달했기 때문에
⑤ 날씨가 추워 나무가 곧게 자라기 때문에

20 오른쪽 자료는 우리 고장의 의식주 생활 모습을 어떤 방법으로 소개한 것입니까? ( )

① 그림 그리기
② 신문 만들기
③ 작은 책 만들기
④ 역할극으로 만들기
⑤ 노랫말 바꾸어 부르기

1 내가 로빈슨 크루소라면 무인도에서 살아가기 위해서 무엇이 꼭 필요할지 생각하여 세 가지 쓰시오.

(   )

2 다음 표의 빈칸에 알맞은 내용을 써 넣으시오.

의	㉠
㉡ ( )	밥, 빵, 과일, 김치, 음료수 등
㉢ ( )	아파트, 한옥, 통나무집 등

3 다음은 '의식주' 중에서 무엇이 필요한 까닭을 설명한 것인지 쓰시오.

> • 더위나 추위, 벌레 등으로부터 몸을 보호할 수 있다.
> • 자신의 개성을 표현하거나 사회적 지위를 나타낼 수도 있다.

(   )

🖊서술형

4 다음 그림과 같이 같은 시기에도 고장별로 사람들의 옷차림에 차이가 나는 까닭은 무엇인지 쓰시오.

▲ 부산광역시(9월 중순)   ▲ 강원도 평창군(9월 중순)

_____

_____

5 다음 중 여름철 옷차림으로 알맞은 것을 두 가지 고르시오. (,   )

① 장갑을 낀다.
② 목도리를 두른다.
③ 두꺼운 옷을 입는다.
④ 햇볕을 막는 모자를 쓴다.
⑤ 바람이 잘 통하는 소재로 만든 옷을 입는다.

중요*

6 다음 중 사막에 사는 사람들의 옷차림으로 알맞은 것은 어느 것입니까? (   )

①    ②

③    ④

주의

7 춥고 눈이 많이 오는 고장 사람들의 옷차림으로 알맞지 않은 것은 어느 것입니까? (   )

① 두꺼운 외투를 입는다.
② 가죽으로 만든 옷을 입는다.
③ 동물의 털로 만든 옷을 입는다.
④ 발목까지 감싸는 부츠를 신는다.
⑤ 바람이 잘 통하는 긴 옷을 입는다.

8 다음 빈칸에 들어갈 알맞은 말을 쓰시오.

> 낮과 밤의 기온 차가 큰 고장에서는 낮의 뜨거운 햇볕을 막고 밤의 추위를 견디려고 [   ]와 같은 긴 옷을 걸치고 모자를 쓴다.

(   )

9 가족의 식탁에 있는 음식의 재료는 주로 어디에서 얻을 수 있는 것입니까? (   )

① 논   ② 밭   ③ 산
④ 숲   ⑤ 바다

중요

10 비빔밥이 전주의 대표적인 음식이 된 까닭을 두 가지 고르시오. (,   )

① 장맛이 좋기 때문에
② 관광객들이 비빔밥을 많이 찾기 때문에
③ 날씨가 서늘해 감자를 많이 심기 때문에
④ 바다가 있어 해산물을 구하기 쉽기 때문에
⑤ 넓은 들과 산에서 쌀과 채소를 쉽게 구할 수 있기 때문에

중요

11 다음 글의 안동에서 발달한 음식을 쓰시오.

> 안동은 바다와 멀리 떨어져 있어 고등어를 먹기 위해서는 영덕 강구항에서 운송해 와야 했다. 안동으로 운송하기까지는 이틀이 걸렸는데, 냉동 시설이 없던 시절에는 생선이 상하지 않도록 소금에 절였다.

(   )

12 다음과 같은 음식이 발달한 고장은 어디입니까?
(   )

▲ 감자 옹심이

① 평양   ② 영월
③ 서산   ④ 전주
⑤ 제주도

서술형

13 세계 여러 고장의 자연 환경과 그곳 사람들의 식생활 모습을 정리한 다음 글을 읽고, 알 수 있는 사실은 무엇인지 쓰시오.

> • 날씨가 덥고 습한 고장에는 파인애플, 바나나, 망고와 같은 열대 과일을 이용한 음식이 많다.
> • 바다로 둘러싸인 고장에는 생선을 이용한 음식이 많다.
> • 산지가 있는 고장은 젖소를 많이 키워 여러 종류의 치즈를 이용한 음식이 많다.

_____

_____

주의

14 고장에 사람들이 계속 몰려든다면 어떤 형태의 집을 짓는 것이 가장 좋습니까? (   )

① 한옥   ② 아파트
③ 수상 가옥   ④ 전원 주택
⑤ 단독 주택

🍁 다음 집을 보고, 물음에 답하시오. [15~19]

(가)

▲ 터돋움집

(나)

▲ 우데기집

(다)

▲ 이즈바

(라)

▲ 너와집

15 여름철 홍수로 집이 물에 잠길 위험이 있는 고장에서 볼 수 있는 집은 무엇인지 기호를 쓰시오.

( )

16 위 (나)의 집에서는 우데기를 볼 수 있습니다. 이 것을 설치한 까닭은 무엇입니까? ( )

① 도둑의 침입을 막기 위해서
② 화산 폭발에 대비하기 위해서
③ 일 년 내내 덥고 비가 많이 오기 때문에
④ 눈이 집 안으로 들어오는 것을 막기 위해서
⑤ 논농사가 활발하지 않아 짚을 구하기 어렵기 때문에

17 위 (다)의 집을 지을 때 이용한 주재료는 무엇입니까? ( )

① 짚   ② 흙
③ 돌   ④ 시멘트
⑤ 통나무

18 앞의 (라)와 같은 집을 볼 수 있는 고장은 어디입니까? ( )

① 바다가 있는 고장
② 산지에 있는 고장
③ 넓은 들이 펼쳐진 고장
④ 겨울에 눈이 많이 오는 고장
⑤ 많은 사람이 모여 사는 고장

🖐 서술형

19 앞의 사진을 보고, 고장 사람들의 주생활 모습은 어떤 점이 비슷하고 어떤 점이 다른지 쓰시오.

(1) 비슷한 점:
_____
_____
_____

(2) 다른 점:
_____
_____
_____

20 환경에 따라 달라지는 고장 사람들의 의식주 생활 모습을 표현하는 방법으로 알맞지 <u>않은</u> 것은 어느 것입니까? ( )

① 그림 그리기
② 역할극 만들기
③ 작은 책 만들기
④ 백과사전 만들기
⑤ 노랫말 바꾸어 부르기

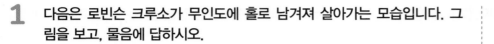
1 다음은 로빈슨 크루소가 무인도에 홀로 남겨져 살아가는 모습입니다. 그림을 보고, 물음에 답하시오.

(1) 위 그림에서 로빈슨 크루소가 집을 만든 까닭을 두 가지 쓰시오.

_____

_____

(2) 위 그림을 참고하여 사람이 살아가는 데 반드시 필요한 것은 무엇인지 쓰시오.

_____

2 세계 여러 고장 사람들의 의생활 모습을 보고, 물음에 답하시오.

(가)　　　　　　(나)　　　　　　(다)

(1) 다음 나라에서 볼 수 있는 의생활 모습을 위에서 찾아 기호를 쓰시오.

베트남	캐나다	사우디아라비아

(2) 위 (가)의 고장 사람들이 긴 옷을 입고 머리에는 천을 둘러감은 까닭은 무엇 때문인지 쓰시오.

_____

_____

3 각 고장을 대표하는 음식을 나타낸 다음 자료를 보고, 물음에 답하시오.

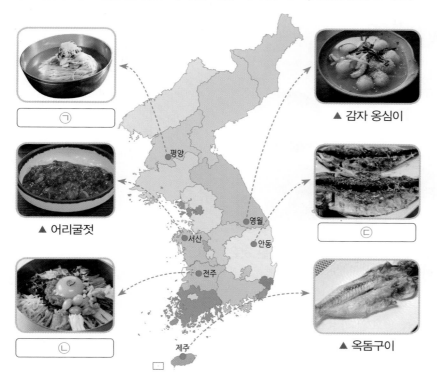

▲ 감자 옹심이

▲ 어리굴젓

▲ 옥돔구이

관련 핵심 개념

고장 사람들의 식생활 모습이 다양한 까닭

  고장의 땅의 생김새나 날씨와 같은 자연환경이 그 고장 사람들의 식생활에 많은 영향을 주기 때문입니다.

1
단원

(1) 위의 ㉠~㉢에 들어갈 알맞은 음식의 이름을 쓰시오.

㉠	㉡	㉢

(2) 강원도 영월에서 감자 옹심이와 같은 음식이 발달한 까닭을 쓰시오.

_____

_____

_____

(3) 위 자료와 같이 각 고장에서 발달한 음식이 서로 다른 까닭은 무엇인지 쓰시오.

_____

_____

_____

탐구 서술형 평가 2회

1 다음 물건을 보고, 물음에 답하시오.

(1) 위 물건들 중 의생활과 관련된 것은 ○표, 식생활과 관련된 것은 △표, 주생활과 관련된 것은 □표 하시오.

(2) 위와 같은 물건이 우리 생활에 꼭 필요한 까닭을 쓰시오.

_____

2 고장 사람들의 옷차림을 나타낸 다음 사진을 보고, 물음에 답하시오.

▲ 여름철 옷차림　　▲ 겨울철 옷차림

(1) 고장 사람들의 여름철 옷차림과 겨울철 옷차림의 특징을 쓰시오.

| 여름철 옷차림 | |
| 겨울철 옷차림 | |

(2) 위와 같이 계절에 따라 사람들의 옷차림이 달라지는 까닭을 쓰시오.

_____

3 다음은 세계 여러 고장의 자연환경과 식생활 모습을 나타낸 것입니다. 그림을 보고, 물음에 답하시오.

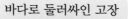

ㅣㅡ | 바다로 둘러싸인 고장 | 산지가 있는 고장

(1) 위 그림의 ㉠에 들어갈 고장은 어디인지 쓰시오.

(   )

(2) 바다로 둘러싸인 고장에서 발달한 음식이 무엇인지 쓰고 그 음식이 발달한 까닭도 함께 쓰시오.

_____

(3) 산지가 있는 고장에서 발달한 음식이 무엇인지 쓰고 그 음식이 발달한 까닭도 함께 쓰시오.

_____

4 다음 두 집을 보고, 물음에 답하시오.

▲ 너와집   ▲ 이즈바

(1) 위 두 집의 공통점은 무엇인지 찾아 쓰시오.

_____

(2) 위와 같은 집을 지은 까닭을 고장의 자연환경과 관련지어 쓰시오.

① 너와집: _____

② 이즈바: _____

관련 핵심 개념 ▶

세계 여러 고장의 자연환경과 식생활

• 날씨가 덥고 습한 고장: 파인애플, 바나나, 망고와 같은 열대 과일을 이용한 음식이 많습니다.

• 바다로 둘러싸인 고장: 생선을 이용한 음식이 많습니다.

• 산지가 있는 고장: 여러 종류의 치즈를 이용한 음식이 많습니다.

1 단원

관련 핵심 개념 ▶

다른 고장 사람들의 주생활 모습

• 너와집: 나무를 쉽게 구할 수 있는 지역의 고장에서는 나뭇조각으로 지붕을 얹은 집을 짓습니다.

• 이즈바(러시아): 추운 고장에 사는 사람들은 주변 숲에서 쉽게 구할 수 있는 통나무로 집을 짓습니다.

1 우리 주변을 둘러싸고 있는 모든 것을 무엇이라고 하는지 쓰시오.

(   )

❀ 다음 사진을 보고, 물음에 답하시오. [2~3]

(가)   (나)

(다)   (라)

2 위 사진과 같은 것들을 통틀어 무엇이라고 합니까? (   )

① 날씨   ② 지형
③ 기온   ④ 자연환경
⑤ 인문 환경

3 위의 사진을 다음과 같이 구분하려고 합니다. 빈칸에 알맞은 기호를 써 넣으시오.

땅의 생김새	날씨에 영향을 주는 요소

4 다음 빈칸에 들어갈 알맞은 말을 쓰시오.

> 사람들은 고장의 자연환경을 이용해 논과 밭, 과수원, 다리, 도로, 공장 등을 만든다. 이와 같이 사람들이 만든 환경을 □□□이라고 한다.

(   )

❀ 자연을 이용하는 모습을 나타낸 다음 사진을 보고, 물음에 답하시오. [5~6]

(가)   (나)

5 고장 사람들이 산을 이용하는 모습을 위에서 찾아 기호를 쓰시오.

(   )

서술형

6 고장 사람들은 (나)의 자연환경을 어떻게 이용하고 있는지 쓰시오.

_____

7 다음 계절과 고장 사람들의 생활 모습을 알맞게 선으로 이으시오.

(1) 봄   •   • ㉠ 꽃구경

(2) 여름   •   • ㉡ 해수욕

(3) 가을   •   • ㉢ 썰매타기

(4) 겨울   •   • ㉣ 곡식 수확

8 우리 고장에서 다음과 같은 날씨가 나타나는 계절은 언제인지 쓰시오.

(1) 기온이 높아 덥고 비가 많이 온다.

(   )

(2) 기온이 낮아 춥고 눈이 많이 내린다.

(   )

9 바다가 있는 고장에 사는 사람들이 하는 일로 알맞지 **않은** 것은 어느 것입니까? (   )

① 목장에서 소를 키운다.
② 바다에 나가 물고기를 잡는다.
③ 양식장에서 김과 미역을 기른다.
④ 배나 물고기를 잡는 기구를 팔거나 고쳐 준다.
⑤ 잡아 온 물고기를 소비자에게 직접 파는 직판장을 운영한다.

서술형

10 도시에 사는 사람들은 넓은 들이 있는 고장에 사는 사람들에 비해 훨씬 다양한 일을 합니다. 그 까닭은 무엇인지 쓰시오.

_____

_____

11 다음 중 자연환경을 이용한 여가 생활에 속하는 것은 어느 것입니까? (   )

①    ②

③    ④

12 다음은 사람이 살아가는 데 꼭 필요한 것 중에서 무엇의 필요성을 나타낸 것입니까? (   )

• 잠을 자고 쉬기 위해서이다
• 무서운 동물을 피하기 위해서이다.
• 더위와 추위를 피하기 위해서이다.

① 돈   ② 집   ③ 옷
④ 음식   ⑤ 욕심

13 다음은 9월 중순의 부산광역시와 강원도 평창군의 모습을 나타낸 것입니다. 옷차림을 보고 해당하는 지역은 어디인지 쓰시오.

(1)   (2)

(   ) (   )

14 사막이 펼쳐진 고장에 사는 사람들이 다음과 같은 옷을 입는 까닭은 무엇 때문입니까? (   )

① 바람을 잘 통하기 위해서
② 추위로부터 몸을 보호하기 위해서
③ 좀 더 많은 햇볕을 받아들이기 위해서
④ 깨끗한 물과 많은 곡식을 얻기 위해서
⑤ 뜨거운 햇빛과 모래바람을 막기 위해서

15 다음 의생활과 가장 관계 깊은 고장은 어디입니까? (　　　)

① 온천이 있는 고장
② 춥고 눈이 많이 오는 고장
③ 낮과 밤의 기온차가 큰 고장
④ 덥고 비가 많이 내리는 고장
⑤ 동서남북이 바다로 둘러싸인 고장

16 우리나라의 각 고장과 발달한 음식이 바르지 <u>않게</u> 짝지어진 것은 어느 것입니까? (　　　)

① 평양–냉면
② 전주–비빔밥
③ 제주–어리굴젓
④ 안동–간고등어
⑤ 영월–감자 옹심이

17 다음 ㉠, ㉡에 들어갈 알맞은 말을 쓰시오.

- 날씨가 덥고 습한 고장에서는 　㉠　을 이용한 음식이 발달했는데 이는 고장의 날씨가 영향을 끼쳤기 때문이다.
- 바다로 둘러싸인 섬 지역에서는 　㉡　을 이용한 음식이 발달했는데 이는 해산물이 많이 잡히기 때문이다.

㉠: (　　　　　　) ㉡: (　　　　　　)

🌸 다음 집을 보고, 물음에 답하시오. [18~19]

(가)　　　　　　　(나)

18 위의 (가)와 같은 집을 짓게 된 까닭과 관계 깊은 자연 현상은 무엇입니까? (　　　)

① 눈　　　　　② 홍수
③ 가뭄　　　　④ 우박
⑤ 화산 폭발

서술형

19 위 (나)의 집에서는 지붕의 끝에서부터 땅까지 내린 우데기를 볼 수 있습니다. 집에 우데기를 설치한 까닭은 무엇 때문인지 쓰시오.

_____

_____

20 다음 빈칸에 들어갈 알맞은 말을 쓰시오.

화산 폭발이 있었던 고장에서는 화산 폭발로 만들어진 단단하지 않은 　　　　　의 속을 파서 집을 지었다.

(　　　　　　　　)

🌸 다음 사진을 보고, 물음에 답하시오. [1~2]

(가)  (나)  (다)

(라)  (마)  (바)

1 위 (가)~(바)을 자연환경과 인문 환경으로 구분하여 기호를 쓰시오.

자연환경	인문 환경

2 위 1번의 구분을 참고하여 자연환경과 인문 환경의 특징은 무엇인지 쓰시오.

(1) 자연환경:

_____

_____

(2) 인문 환경:

_____

_____

3 고장 사람들이 하천을 이용하는 모습으로 알맞은 것은 어느 것입니까? (   )

① 공장이나 아파트를 세운다.
② 공원이나 등산로를 만들어 이용한다.
③ 농사를 짓거나, 도로와 주택 등을 만든다.
④ 하천의 물을 생활용수, 공업용수로 이용한다.
⑤ 물고기를 잡거나 염전을 만들어 소금을 얻는다.

4 다음 빈칸에 들어갈 알맞은 계절을 쓰시오.

> 올해도 아름다운 단풍의 계절이 찾아왔다. 전국의 산들은 알록달록한 고운 빛으로 물들었다. 단풍이 절정에 이르면서 산을 찾는 등산객들의 발길이 끊이지 않고 있다. 이번 주말에 단풍 나들이를 나간다면 [   ]을 느낄 수 있을 것이다.

(   )

🌸 다음 모습을 보고, 물음에 답하시오. [5~7]

5 위와 같은 고장 사람들의 생활 모습을 볼 수 있는 계절은 언제인지 쓰시오.

(   )

6 위 5번 답의 계절과 관련이 없는 것은 어느 것입니까? (   )

① 썰매   ② 물놀이
③ 선풍기   ④ 에어컨
⑤ 얇은 옷

서술형

7 위와 같은 모습을 볼 수 있는 계절의 날씨 특징은 무엇인지 쓰시오.

_____

_____

8 다음에서 설명하고 있는 것은 무엇인지 쓰시오.

> • 조사한 자료를 직선, 막대, 그림 등으로 한눈에 알아볼 수 있도록 나타낸 것이다.
> • 이것을 사용하면 조사한 자료를 정리해 알아보기 쉽게 나타낼 수 있다.

( )

9 오른쪽 고장에 사는 사람들이 주로 하는 일을 두 가지 고르시오.

(,)

① 논에서 벼농사를 짓는다.
② 김이나 굴 등을 양식한다.
③ 목장에서 소나 양을 기른다.
④ 백화점이나 할인점에서 물건을 판다.
⑤ 농기계를 팔거나 수리하는 일을 한다.

10 산이 많은 고장에서 볼 수 있는 인문 환경과 거리가 먼 것은 어느 것입니까? ( )

① 염전 ② 목장
③ 스키장 ④ 캠핑장
⑤ 계단식 논

11 다음에서 인문 환경을 이용한 여가 생활을 모두 찾아 기호를 쓰시오.

> ㉠ 주말에 도서관에서 책을 읽었다.
> ㉡ 아버지와 함께 강에서 낚시를 했다.
> ㉢ 바닷가에서 친구들과 물놀이를 했다.
> ㉣ 어제 저녁에 가족과 함께 야구장에서 야구 관람을 했다.

( )

12 우리 고장 사람들의 여가 생활 모습을 면담을 통해 조사하려고 합니다. 순서에 맞게 기호를 쓰시오.

> ㉠ 사진기, 수첩, 녹음기 등을 미리 준비해 면담한다.
> ㉡ 면담 내용, 면담할 사람, 조사 기간 등을 계획한다.
> ㉢ 상대방에게 방문 계획을 알리고 조사 목적을 밝힌다.
> ㉣ 면담 결과를 표나 그래프로 나타내고 자신의 생각을 정리한다.

( )

🌸 다음 물건을 보고, 물음에 답하시오. [13~14]

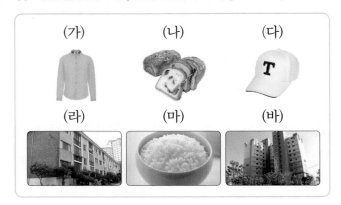

(가) (나) (다)
(라) (마) (바)

13 사람들이 살아가는 데 꼭 필요한 위와 같은 물건을 통틀어 무엇이라고 하는지 쓰시오.

( )

14 다음 빈칸에 들어갈 수 있는 물건을 위에서 찾아 기호를 쓰시오.

> 사람이 살아가려면 몸을 보호하기 위한 옷과 영양분을 얻기 위한 [ ]이 필요하다. 또한 안전하고 편하게 쉴 수 있는 집도 필요하다.

( )

15 다음 계절과 알맞은 옷차림을 바르게 선으로 이으시오.

(1) 여름 •

(2) 겨울 •

• ㉠

• ㉡

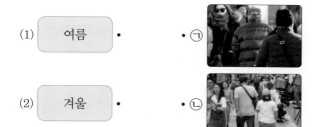

❀ 세계 각 고장의 의생활 모습을 나타낸 다음 사진을 보고, 물음에 답하시오. [16~17]

(가)   (나)

(다)   (라)

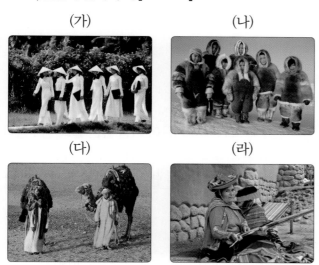

16 다음 고장에서 입는 옷을 위에서 찾아 기호를 쓰시오.

(1) 춥고 눈이 많이 오는 고장   (   )

(2) 덥고 비가 많이 내리는 고장   (   )

(3) 낮과 밤의 기온차가 큰 고장   (   )

서술형

17 세계 각 고장의 의생활 모습을 보고 알 수 있는 사실은 무엇인지 쓰시오.

_____

_____

18 다음 빈칸에 들어갈 알맞은 재료는 어느 것입니까? (   )

평양 냉면

날씨가 서늘하고 비가 많이 내리지 않는 평양에서는 ☐☐☐을 많이 재배하고, 이 것으로 면발을 만든다.

① 꿀   ② 옥돔
③ 메밀   ④ 수박
⑤ 버섯

19 터돋움집을 지을 때 땅을 높여서 지었던 까닭은 무엇입니까? (   )

① 주변 땅을 내려다보기 위해서
② 눈이 집 안으로 들어오는 것을 막기 위해서
③ 비가 집 안으로 들어오는 것을 막기 위해서
④ 전쟁이나 싸움에서 적이 쳐들어오는 것을 막기 위해서
⑤ 여름철 홍수로 물에 잠길 위험이 있는 집을 보호하기 위해서

20 다음은 강원도의 산간 지역에서 볼 수 있었던 너와집입니다. 이 집의 지붕을 얹기 위해서 사용한 것은 무엇인지 쓰시오.

(   )

1 다음 중 자연환경에 속하지 <u>않는</u> 것은 어느 것입니까? (   )

2 고장 사람들이 자연환경을 이용하는 모습으로 알맞지 <u>않은</u> 것은 어느 것입니까? (   )

① 바다에 나가 물고기를 잡는다.
② 산은 등산로를 만들어 이용한다.
③ 하천은 염전을 만들어 소금을 얻는다.
④ 들은 농사를 짓거나, 도로나 주택 등을 만든다.
⑤ 해안은 해변길을 만들어 주변 동식물을 소개한다.

3 계절에 따라 달라지는 고장 사람들의 생활 모습을 정리한 것입니다. 빈곳에 알맞은 계절을 써 넣으시오.

(1)	(2)
논과 밭에서 곡식이나 열매를 수확한다.	눈썰매장에서 신나게 썰매를 탄다.

※ 민우네 고장의 평균 기온과 평균 강수량을 나타낸 다음 그래프를 보고, 물음에 답하시오. [4~6]

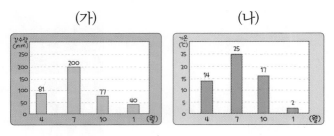

4 위에서 민우네 고장의 평균 기온과 평균 강수량을 나타낸 그래프는 무엇인지 기호를 쓰시오.

(1) 민우네 고장의 평균 기온   (   )
(2) 민우네 고장의 평균 강수량 (   )

5 민우네 고장에서 기온이 가장 높은 달과 강수량이 가장 많은 달은 언제입니까? (   )

	기온이 가장 높은 달	강수량이 가장 많은 달
①	1월	1월
②	7월	7월
③	1월	7월
④	4월	10월
⑤	10월	7월

서술형

6 위의 그래프를 보고, 알 수 있는 민우네 고장의 계절 특징은 무엇인지 쓰시오.

_____

_____

_____

7 고장 사람들이 다음과 같은 일을 하는 모습을 볼 수 있는 곳은 어디입니까? (   )

① 도시
② 산이 많은 고장
③ 바다가 있는 고장
④ 넓은 들이 있는 고장
⑤ 논과 밭이 있는 고장

8 다음 빈칸에 들어갈 알맞은 말을 쓰시오.

> 고장마다 사람들이 하는 일은 다양하다. 사람들이 하는 일이나 생활 모습은 그 고장의 [   ]과 밀접한 관계가 있다.

(   )

9 다음 여가 생활 중 종류가 <u>다른</u> 하나는 무엇입니까? (   )

① 숲에서 캠핑을 한다.
② 강에서 래프팅을 한다.
③ 하천에서 낚시를 한다.
④ 바다에서 물놀이를 한다.
⑤ 놀이공원에서 놀이 기구를 탄다.

서술형

10 면담 조사를 통해 고장 사람들이 즐기는 여가 생활 모습을 조사하려고 합니다. 면담을 할 때 주의할 점은 무엇인지 쓰시오.

_____

11 무인도에 남겨진 로빈슨 크루소가 잠을 자고 쉬기 위해 만든 것은 무엇입니까? (   )

① 집
② 옷
③ 책
④ 음식
⑤ 주먹도끼

12 다음 물건들은 의생활, 식생활, 주생활 중 무엇과 관련이 있는지 쓰시오.

(   )

13 다음과 같은 옷차림을 볼 수 있는 계절은 언제인지 쓰시오.

> 추위를 막기 위해 두꺼운 옷을 입고 장갑을 끼고 목도리를 두르기도 한다.

(   )

14 오른쪽의 전통 의상과 관계 깊은 나라는 어디인지 쓰시오.

(   )

📝서술형

15 다음과 같은 환경에서 살아가는 고장 사람들의 의생활 모습은 무엇인지 쓰시오.

_____

🌸 고장에 발달한 음식을 정리한 다음 표를 보고, 물음에 답하시오. [16~17]

고장	음식	발달한 까닭
㉠		날씨가 서늘하고 비가 많이 내리지 않아 메밀이 많이 생산된다.
전주		㉡ _____

16 위 표의 ㉠에 들어갈 고장은 어디인지 쓰시오.

(   )

17 위 표의 ㉡에 들어갈 내용을 바르게 말한 친구는 누구입니까? (   )

① 보라: 근처 바닷가에서 굴이 자라기 때문이야.
② 나은: 주변 바다에서 옥돔이 잡히기 때문이야.
③ 준수: 산지가 많아 밭농사로 감자를 많이 심기 때문이지.
④ 태민: 넓은 들과 산에서 쌀과 채소를 쉽게 구할 수 있기 때문이야.
⑤ 소희: 바다와 멀어 이동하는 동안 생선이 상하지 않도록 소금에 절였기 때문이지.

18 다음 고장과 고장에서 많이 볼 수 있는 음식을 알맞게 선으로 이으시오.

(1)	(2)

·	·

㉠	㉡

·	·

19 울릉도에서 볼 수 있는 다음 집과 관계 <u>없는</u> 것은 무엇입니까? (   )

① 눈   ② 겨울
③ 기와   ④ 우데기
⑤ 찬바람

20 열대 기후 지역에 사는 사람들이 물 위에 집을 지어서 살았던 까닭으로 알맞은 것은 어느 것입니까? (   )

① 세금을 내지 않기 위해서
② 더위와 해충을 피하기 위해서
③ 지붕을 만들 필요가 없기 때문에
④ 집을 지을 때 나무가 필요하기 않기 때문에
⑤ 다른 고장으로 쉽게 이동할 수 있기 때문에

생활 지수에는 어떤 것이 있을까?

신문의 날씨란을 보면 오른쪽과 같은 생활 지수를 볼 수 있습니다. 불조심 지수, 공해 지수, 외출 지수, 세탁 지수 등 우리 생활과 관련된 내용으로 꾸며져 있는데요. 생활 지수에 대해 좀 더 알아볼까요?

▲ 신문 날씨란의 생활 지수

일기 예보는 기상청에서 여러 가지 기상 자료를 분석하여 작성하는 것입니다. 따라서 모두 객관적인 수치로 되어 있으므로 바로 날씨를 판단하기가 쉽지 않습니다. 예를 들어 오늘의 강수 확률이 40%라고 하면, 오늘 자동차 세차를 해도 괜찮을지 판단하기가 쉽지 않습니다. 따라서 기상청의 기상 정보 형태를 바꾸어 생활에서 활용하기 쉽도록 지수 형태로 발표한 것이 생활 지수입니다. 봄철에 발표되는 생활 지수에는 황사 영향 지수, 산불 위험 지수 등이 있고, 여름철에는 불쾌지수, 식중독 지수, 열지수, 부패 지수 등이 있습니다. 가을철에는 산불 위험 지수가 있고 겨울철에는 체감 온도, 동파 가능성 등을 지수 형태로 발표합니다.

대표적인 생활 지수를 자세히 살펴볼까요?

봄철에 다가오는 반갑지 않은 손님에는 황사가 있습니다. 황사 영향 지수는 이런 황사가 우리 생활에 미치는 영향의 정도를 나타낸 것입니다. 황사 영향 지수가 높아지면 황사가 실내로 들어오지 못하도록 창문을 점검하고 마스크나 공기 정화기 등을 준비하며, 호흡기 질환이 있는 사람들은 야외 활동을 자제합니다.

▲ 황사가 발생한 모습

여름에 발표되는 대표적인 생활 지수에는 불쾌지수가 있습니다. 불쾌지수는 날씨에 따라 사람들이 불쾌감을 느끼는 정도를 기온과 습도를 이용하여 나타낸 것입니다. 불쾌지수가 80 이상이 되면 대부분의 사람이 불쾌감을 느끼게 된다고 합니다.

이밖에도 여러 가지 생활 지수를 기상청 누리집에서 확인할 수 있습니다. 각자 우리 지역의 생활 지수를 찾아보고 생활에 활용해 보는 것은 어떨까요?

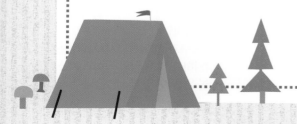

❶ 옛날과 오늘날의 생활 모습 (1)

❶ 자연에서 얻은 도구를 사용하던 옛날의 생활 모습

① 돌을 깨뜨려서 도구를 만들어 사용하던 시대의 생활 모습

• 옛날 사람들은 자연에서 얻은 돌과 나무 등을 생활 도구로 사용했습니다.

• 동물의 가죽이나 풀잎으로 옷을 만들어 입었습니다.

• 열매를 따거나 동물을 사냥해 먹을거리를 얻었습니다.

• 날카롭게 깨뜨린 돌로 주먹 도끼를 만들어 사용했습니다.

• 추위를 피하거나 짐승들의 공격을 막기 위해 주로 동굴이나 바위 그늘에서 살았습니다.

② 돌을 갈아서 도구를 만들어 사용하던 시대의 생활 모습

• 사람들은 먹을거리가 풍부한 강가나 해안가에 모여 살기 시작했습니다.

• 강에서 물고기와 조개를 잡아먹고, 가축을 기르며 농사를 지었습니다.

• 사람들은 흙으로 그릇을 만들었으며, 돌이나 동물의 뼈를 다듬어 더 좋은 도구를 만들어 사용했습니다. 자료 1

③ 자연에서 얻은 도구를 사용하던 사람들의 생활 모습 엿보기

• 옛날 사람들의 생활 모습은 박물관이나 유적지에서 엿볼 수 있습니다.

• 박물관이나 유적지를 견학하면 좋은 점

– 실제 유물의 생생한 모습을 볼 수 있습니다.

– 옛날 사람들의 생활 모습을 더 자세하게 알 수 있습니다.

– 박물관이나 유적지에서 진행하는 다양한 체험 활동에 참여할 수 있습니다.

❷ 새로운 도구를 만들어 사용하던 옛날의 생활 모습 자료 2

① 청동으로 도구를 만들던 시대의 생활 모습: 청동은 귀하고 다루기 어려워서 무기나 장신구, 제사를 지내는 도구를 만드는데 주로 쓰였습니다.

• 일상생활에서나 농사를 지을 때는 여전히 돌과 나무로 만든 도구를 사용했습니다.

② 사람들은 점차 청동보다 훨씬 단단한 철로 도구를 만들기 시작했습니다.

③ 철로 도구를 만들던 시대의 생활 모습: 철로 만든 농사 도구를 사용하면서 농업은 크게 발달했고, 철로 만든 무기를 가진 사람들은 전쟁에서 쉽게 이길 수 있었습니다.

• 주로 장식용 도구로 사용하던 청동과 달리 철은 생활 도구와 무기로 널리 사용되었습니다.

• 농사를 짓기 시작한 사람들은 돌을 나무와 연결하거나 날카롭게 갈아 농사 도구로 사용했습니다.

❸ 농사 도구의 변화로 달라진 사람들의 생활 모습 자료 3

① 농사 도구의 재료가 돌에서 철로 바뀐 덕분에 한 사람이 농사지을 수 있는 논밭의 넓이가 커졌고 수확하는 곡식의 양이 늘어났습니다.

② 사람들은 소를 이용한 농사 도구를 사용하면서 힘을 덜 들이고 논이나 밭을 갈 수 있게 되었습니다.

③ 오늘날에는 농기계를 사용해서 훨씬 편리하게 농사를 지을 수 있습니다.

자료 1 생활 도구의 발달

▲ 음식을 담았던 빗살무늬 토기

▲ 동물의 뼈로 만든 낚시 도구

자료 2 청동으로 만든 물건

▲ 농사짓는 모습이 새겨진 농경문 청동기

농사짓는 모습과 항아리에 무언가를 담고 있는 인물이 사실적으로 묘사되어 있습니다.

▲ 거친무늬 청동 거울

▲ 비파형 동검

하늘에 제사를 지내는 일을 하던 제사장이 사용하던 물건입니다.

자료 3 농사를 짓는 도구의 변화

• 땅을 가는 도구의 발달: 돌괭이 → 철로 만든 괭이 → 쟁기 → 트랙터

• 곡식을 수확하는 도구의 발달: 반달 돌칼 → 철로 만든 낫 → 탈곡기 → 수확기(콤바인)

• 농사 도구가 발달하면서 사람들은 더 다양하고 많은 양의 곡식과 채소, 과일을 얻을 수 있게 되었습니다.

돌을 깨뜨려서 만든 도구의 쓰임새

주먹도끼	손에 쥐고 쓸 수 있는 도끼의 형태로, 동물을 사냥하거나 털과 가죽을 분리할 때 사용함.
긁개	동물을 사냥한 다음, 가죽을 벗겨 이를 손질하는 데 사용함.
찍개	나무를 자르거나 사냥할 때 사용함.
뚜르개	가죽에 구멍을 뚫거나 옷감을 만들 때 사용함.

철로 만든 농사 도구가 돌로 만든 농사 도구보다 좋은 점

• 돌보다 단단하고 날카롭습니다.
• 농사를 지을 때 힘이 덜 듭니다.
• 더 많은 양의 곡식을 거둘 수 있습니다.
• 용도에 따라 필요한 모양의 농사 도구를 다양하게 만들 수 있습니다.

용어 풀이

❶ 가축(家 집 가 畜 짐승 축) 집에서 기르는 소, 말, 돼지, 닭, 개 등의 짐승.
❷ 청동(靑 푸를 청 銅 구리 동) 구리와 주석을 섞어 단단하게 만든 금속.
❸ 장신구(裝 꾸밀 장 身 몸 신 具 갖출 구) 몸치장을 하는 데 쓰는 반지, 귀고리, 노리개, 목걸이, 팔찌, 비녀 등의 물건.

개념을 확인해요

2단원

1 옛날 사람들은 □□에서 얻은 돌과 나무 등을 도구로 사용했습니다.

2 □□□□는 동물을 사냥하거나 털과 가죽을 분리할 때 사용한 도구입니다.

3 사람들이 강가나 해안가에 모여 살기 시작하면서 근처의 땅을 일구어 □□를 짓고 가축을 길렀습니다.

4 옛날 사람들은 흙으로 □□을 만들어 음식을 담아 두었습니다.

5 옛날 사람들의 생활 모습은 오늘날에는 박물관이나 □□□에서 엿볼 수 있습니다.

6 구리와 주석을 섞어 만든 □□은 무기나 장신구, 제사를 지내는 도구를 만드는 데 주로 쓰였습니다.

7 거친무늬 청동 거울이나 비파형 동검은 하늘에 제사를 지냈던 □□□이 사용하던 물건입니다.

8 청동보다 훨씬 단단한 □은 농사 도구와 무기로 널리 사용되었습니다.

9 □□□□가 발달하면서 논밭의 넓이가 커졌고 수확하는 곡식의 양이 늘어났습니다.

10 사람들은 □를 이용한 농사 도구를 만들어 힘을 덜 들이고도 논이나 밭을 갈 수 있게 되었습니다.

❶ 옛날과 오늘날의 생활 모습 (2)

④ 음식과 옷을 만드는 도구의 변화로 달라진 사람들의 생활 모습

① 음식을 만드는 도구의 발달 자료 4 ─음식을 만드는 도구가 발달하면서 사람들은 음식을 편리하고 다양하게 만들어 먹을 수 있게 되었습니다.

▲ 토기   ▲ 시루   ▲ 가마솥   ▲ 전기밥솥

② 옷을 만드는 도구의 발달 자료 5 ─실과 옷감을 만드는 도구가 발달하면서 사람들은 다양한 종류의 옷을 쉽고 빠르게 만들 수 있게 되었습니다.

가락바퀴		베틀		방직기
가락바퀴로 식물의 줄기를 꼬아서 실을 만들었음.	➡	베틀에 실을 올려 놓고 서로 엮어서 옷감을 만들었음.	➡	기계를 이용해 다양한 옷감을 빠르고 편리하게 만들 수 있게 되었음.

└재봉틀을 이용해 빠르고 정확하게 바느질을 할 수 있게 되었습니다.

⑤ 사람들이 사는 집의 모습 변화 자료 6

동굴이나 바위 그늘	먹을 것을 찾아 옮겨 다녔기 동굴이나 바위 그늘에 살면서 추위와 더위, 동물의 위협으로부터 몸을 보호했음.
움집	농사를 짓기 시작하면서 사람들은 한곳에 모여 자리를 잡고 살았는데, 사람들은 땅을 파고 기둥을 세우고 비바람을 막으려고 그 위에 풀과 짚을 덮어 움집을 만들었음.
귀틀집	통나무를 네모 모양으로 쌓고, 쌓아 올린 통나무 사이에 진흙을 발라서 움집보다 크고 튼튼하게 만들었음.
초가집	주로 농사를 짓던 사람들이 나무와 흙으로 만들었으며, 한 해 농사가 끝나면 볏짚을 새로 엮어 지붕을 덮었음.
기와집	흙을 구워 만든 기와로 지붕을 덮었음.
아파트	시멘트와 철근으로 지은 집으로, 여러 층으로 나누어 높게 짓기 때문에 좁은 땅에도 많은 사람들이 함께 살 수 있음.

└기와는 썩지 않아 지붕을 바꾸지 않고 오래 살 수 있었습니다.

⑥ 집의 변화로 달라진 사람들의 생활 모습

움집	• 하나의 방에서 도구를 손질하고 음식을 만들어 먹었음. • 한 공간에서 잠을 자고 집 가운데에 불을 피워 따뜻하게 지냈음.
초가집	• 화장실은 집과 멀리 떨어져 있었음. • 넓은 마당에서는 동물을 기르거나 농사와 관련된 여러 일을 했음.
기와집	• 안채와 사랑채 등으로 구성되었음. • 안채에서는 주로 여자들이 생활했으며, 사랑채에서는 남자들이 머물며 글공부를 하거나 찾아온 손님들을 맞이했음.
아파트	• 거실과 주방이 연결되어 있고 화장실이 집 안에 있음. • 온 가족이 같이 식사를 준비하고 거실에서 이야기를 나눔.

자료 4 음식을 만드는 도구

토기	물과 조개를 넣고 끓여 따뜻한 국물이 있는 음식을 만들었음.
시루	바닥의 구멍에서 올라오는 뜨거운 김으로 생선이나 떡을 쪄서 먹었음.
가마솥	철로 만든 무거운 솥뚜껑을 덮어 쌀을 골고루 익혀 먹었음.
전기밥솥	쉽고 빠르게 밥을 지어 먹을 수 있음.

자료 5 옷을 만드는 도구

▲ 가락바퀴   ▲ 베틀

▲ 방직기

자료 6 여러 가지 집의 좋은 점

초가집	• 마루가 있어서 여름에는 시원하게 지낼 수 있음. • 방이 땅과 떨어져 있어 땅의 습기와 차가움을 피할 수 있음.
기와집	• 기와는 썩지 않아 오랫동안 지붕을 바꾸지 않고 살 수 있음. • 기와는 불에 타지 않고 튼튼함.
아파트	• 철근과 시멘트로 만들어 튼튼함. • 높이 지어서 좁은 땅에도 많은 사람이 모여 살 수 있음.

🌸 온돌

- 온돌은 방바닥 아래에 넓은 돌(구들장)을 여러 개 놓고 이 돌을 따뜻하게 데우는 우리나라 전통의 난방 방법입니다.
- 아궁이에 땔감을 넣고 불을 피우면 뜨거운 열기가 방 아래의 통로로 옮겨가면서 구들장을 데워 방이 따뜻해집니다.
- 아궁이에서 나오는 열이 통로에 오랫동안 머물 수 있도록 만들어져 열에너지를 절약할 수 있습니다.
- 연기가 굴뚝으로 빠져나가기 때문에 방 안의 공기를 깨끗하게 유지할 수 있습니다.
- 오늘날의 난방 장치인 보일러도 온돌의 원리를 이용한 것입니다.

🌸 뒷간

- 옛날 사람들은 화장실을 뒷간이라고 불렀습니다.
- 주로 농사를 짓고 살았던 우리 조상들에게 뒷간은 곡식을 잘 자라게 해 줄 거름을 만드는 중요한 장소였습니다.
- 똥과 오줌을 보고 난 뒤 짚, 쌀겨, 톱밥 등을 그 위에 뿌려 놓고 오랜 시간 동안 썩게 두면 나쁜 세균은 죽고 좋은 세균만 남아 거름으로 사용할 수 있었습니다.
- 제주도와 지리산의 깊은 산골에서는 사람의 똥을 사료로 주어 돼지를 키우기도 했습니다.

📎 용어 풀이

④ 방직기(紡 길쌈 방 織 짤 직 機 틀 기) 실을 뽑아서 천을 짜 내는 기계를 통틀어 이르는 말.

⑤ 철근(鐵 쇠 철 筋 힘줄 근) 콘크리트 속에 묻어서 콘크리트를 보강하기 위하여 쓰는 막대 모양의 철재.

✏️ 개념을 확인해요

11 옛날 사람들은 □□에 물과 조개를 넣고 끓여 국물이 있는 음식을 만들었습니다.

12 □□를 이용하면 뜨거운 김으로 생선이나 떡을 쪄서 먹을 수 있습니다.

13 오늘날에는 □□□□을 사용해 쉽고 빠르게 밥을 지어 먹습니다.

14 □□□를 이용하면서 다양한 옷감을 빠르고 편리하게 만들 수 있게 되었습니다.

15 □□은 땅을 파서 기둥을 세우고 그 위에 풀과 짚을 덮어 만들었습니다.

16 □□□은 통나무를 네모 모양으로 쌓고, 통나무 사이에 진흙을 발라서 만든 집입니다.

17 □□□은 한 해 농사가 끝나면 볏짚을 새로 엮어 지붕을 덮었습니다.

18 우리 조상들은 □□을 사용해 추운 겨울을 따뜻하게 보낼 수 있었습니다.

19 □□□의 안채에서는 주로 여자들이 생활했습니다.

20 □□□는 거실과 주방이 연결되어 있고 화장실이 집 안에 있어 생활하기 편리합니다.

핵심 1 옛날에 살았던 사람들의 생활 모습

❀ **자연에서 얻은 도구를 이용하던 시대**

① 돌을 깨뜨리거나 갈아서 도구를 만들었습니다.

② 열매를 따고 도구로 사냥을 하거나 낚시를 하여 먹을거리를 구했습니다.

③ 시간이 흐른 뒤에 돌로 만든 도구로 농사를 지어 곡식을 얻었습니다.

④ 동굴이나 바위 그늘에 살다가 나중에는 강가나 해안가에 모여 살았습니다.

❀ **새로운 도구를 만들어 사용하던 시대**

① 청동은 귀하고 다루기 어려워서 무기나 장신구, 제사를 지내는 도구를 만드는 데 주로 쓰였습니다.

② 농사를 지을 때나 일상생활에서는 여전히 돌과 나무로 만든 도구를 사용했습니다.

③ 철로 만든 농사 도구를 사용하면서 농업은 크게 발달했습니다.

1 오른쪽과 같은 도구를 이용하던 시대의 생활 모습으로 알맞지 않은 것은 어느 것입니까?

(　　　)

① 열매를 따 먹었다.

② 강가나 해안가에 모여 살았다.

③ 동굴이나 바위 그늘에서 살았다.

④ 동물을 사냥해 먹을거리를 구했다.

⑤ 동물 가죽으로 옷을 만들어 입었다.

2 철로 만든 도구를 사용하면서 달라진 점은 어느 것입니까? (　　　)

① 전쟁을 하지 않게 되었다.

② 농사를 짓기가 어려워졌다.

③ 제사를 지낼 수 있게 되었다.

④ 다양한 장신구를 만들어 착용하였다.

⑤ 더 많은 양의 곡식을 거둘 수 있게 되었다.

핵심 2 농사 도구의 변화로 달라진 생활 모습

❀ **농사 도구의 발달 과정**

땅을 가는 도구	돌괭이 → 철로 만든 괭이 → 쟁기 → 트랙터
곡식을 수확하는 도구	반달 돌칼 → 철로 만든 낫 → 탈곡기 → 수확기(콤바인)

❀ **농사 도구의 발달로 달라진 생활 모습**

① 한 사람이 농사지을 수 있는 논밭의 넓이가 커졌고 수확하는 곡식의 양이 늘어났습니다.

② 오늘날에는 농기계를 사용해서 훨씬 편리하게 농사를 지을 수 있습니다.

③ 다양하고 많은 양의 곡식과 채소, 과일을 얻을 수 있게 되었습니다.

3 농사를 짓기 시작한 사람들이 땅을 갈기 위해서 처음 사용한 도구는 무엇입니까? (　　　)

① 　　②

③ 　　④

4 농사 도구의 발달이 생활에 미친 영향으로 알맞지 않은 것은 어느 것입니까? (　　　)

① 수확하는 곡식의 양이 늘어났다.

② 한 사람이 농사짓는 땅이 넓어졌다.

③ 농사짓는 사람들의 수가 크게 증가하였다.

④ 이전보다 편리하게 농사를 지을 수 있게 되었다.

⑤ 다양하고 많은 곡식과 채소, 과일을 얻을 수 있게 되었다.

핵심 3 음식과 옷을 만드는 도구의 변화

음식을 만드는 도구의 발달 과정

토기	물과 조개를 넣고 끓여 따뜻한 국물이 있는 음식을 만들었음.
시루	바닥의 구멍에서 올라오는 뜨거운 김으로 생선이나 떡을 쪄서 먹었음.
가마솥	철로 만든 무거운 뚜껑이 솥 안의 뜨거운 김을 빠져나가지 못하게 하기 때문에 쌀이 골고루 익을 수 있었음.
전기밥솥	전기를 연결해서 쉽고 빠르게 밥을 지어 먹을 수 있음.

옷을 만드는 도구의 발달 과정

▲ 가락바퀴   ▲ 베틀   ▲ 방직기

5 음식을 만들기 위해 사용하는 도구가 <u>아닌</u> 것은 어느 것입니까? (   )

① ② ③ ④

6 기계를 이용해서 다양한 옷감을 빠르고 편리하게 만들 수 있는 도구는 어느 것입니까? (   )

① 베틀   ② 물레
③ 괭이   ④ 방직기
⑤ 세탁기

핵심 4 집의 변화

▲ 동굴, 바위 그늘   ▲ 움집
▲ 귀틀집   ▲ 초가집
▲ 기와집   ▲ 아파트

7 다음 중 사람들이 가장 처음에 살았던 곳은 어디입니까? (   )

① 움집   ② 동굴
③ 기와집   ④ 초가집
⑤ 귀틀집

8 오른쪽 집을 짓는 방법으로 알맞은 것은 어느 것입니까?
(   )

① 시멘트와 철근으로 지었다.
② 흙을 구워 만든 기와로 지붕을 덮었다.
③ 땅을 파고 기둥을 세운 후 풀과 짚을 덮었다.
④ 나무와 흙으로 만들고 볏짚으로 지붕을 덮었다.
⑤ 통나무를 네모 모양으로 쌓고 통나무 사이에 진흙을 발랐다.

❋ 오른쪽 사진을 보고, 물음에 답하시오. [1~2]

1 옛날에 사람들이 손에 쥐고 사용했던 오른쪽 도구의 이름은 무엇인지 쓰시오.

(　　　　　　　)

2 위의 도구를 만든 방법으로 알맞은 것은 어느 것입니까? (　　)

① 흙을 빚어서 만들었다.
② 돌을 갈아서 만들었다.
③ 철을 녹여서 만들었다.
④ 나무를 잘라서 만들었다.
⑤ 돌을 깨뜨려서 만들었다.

3 자연에서 얻은 돌과 나무를 생활 도구로 사용하던 시대에 살았던 사람들이 입었던 옷을 두 가지 고르시오. (　 , 　)

① 철로 만든 갑옷
② 풀잎으로 만든 옷
③ 청동으로 만든 옷
④ 동물의 가죽으로 만든 옷
⑤ 식물의 줄기에서 얻은 실로 짠 옷

4 사람들이 강가나 해안가에 모여 살기 시작할 무렵에 먹을거리를 구했던 모습과 거리가 먼 것은 어느 것입니까? (　　)

① 조개를 삶아 먹었다.
② 가축을 길러 잡아먹었다.
③ 농사를 지어 곡식을 얻었다.
④ 식물의 뿌리를 캐서 먹었다.
⑤ 낚시 도구로 물고기를 잡아먹었다.

❋ 다음 글을 읽고, 물음에 답하시오. [5~6]

> 오늘날에는 ㉠ 옛날 사람들의 생활 모습을 엿볼 수 있는 유적지나 박물관이 많이 있다. 그곳을 찾아가면 ＿＿＿＿＿
> ＿＿＿＿＿＿＿＿＿＿＿＿＿＿＿＿＿＿＿＿＿＿

5 위의 ㉠에 속하는 곳은 어디인지 두 군데 고르시오.
(　 , 　)

① 서울 암사동 유적
② 강릉 소리 박물관
③ 대전 화폐 박물관
④ 국립 어린이 과학관
⑤ 연천 전곡 선사 박물관

주의

6 위의 빈 곳에 들어갈 내용으로 알맞지 <u>않은</u> 것은 어느 것입니까? (　　)

① 옛날 사람들의 사냥 활동을 체험해 볼 수 있다.
② 옛날 사람들이 살았던 집과 생활 모습을 알 수 있다.
③ 옛날 사람들이 직접 쓴 글과 그림을 살펴볼 수 있다.
④ 옛날 사람들이 사용했던 토기를 직접 만들어 볼 수 있다.
⑤ 옛날 사람들이 음식을 먹었던 방법과 입었던 옷을 알 수 있다.

서술형

7 옛날 사람들 생활 모습을 엿보기 위해 박물관이나 유적지를 견학하면 어떤 점이 좋은지 쓰시오.

＿＿＿＿＿＿＿＿＿＿＿＿＿＿＿＿＿＿＿＿＿

＿＿＿＿＿＿＿＿＿＿＿＿＿＿＿＿＿＿＿＿＿

8 우리 조상들이 도구를 만들기 위해 처음으로 사용했던 금속은 어느 것입니까? (　　)

① 철　　　　　② 납
③ 금　　　　　④ 청동
⑤ 알루미늄

주의

9 오른쪽 도구의 쓰임새로 가장 알맞은 것은 어느 것입니까? (　　)

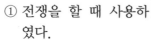

① 전쟁을 할 때 사용하였다.
② 농사를 지을 때 사용하였다.
③ 제사를 지낼 때 사용하였다.
④ 음식을 만들 때 사용하였다.
⑤ 동물을 키울 때 사용하였다.

10 돌로 만든 농사 도구에 비해 철로 만든 농사 도구의 좋은 점이 아닌 것은 어느 것입니까? (　　)

① 단단하고 날카롭다.
② 농사를 지을 때 힘이 더 든다.
③ 다양한 농사 도구를 만들 수 있다.
④ 더 많은 양의 곡식을 거둘 수 있다.
⑤ 쓰임새에 따라 필요한 모양을 만들 수 있다.

11 농사를 짓기 시작한 사람들이 곡식을 수확하기 위해 처음 사용했던 오른쪽 도구의 이름을 쓰시오.

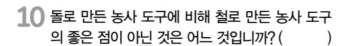

(　　　　　　　　)

12 처음으로 농사를 짓기 시작한 사람들이 사용했던 오른쪽 농사 도구는 무엇입니까? (　　)

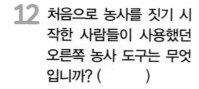

① 낫
② 쟁기
③ 트랙터
④ 돌괭이
⑤ 수확기(콤바인)

서술형

13 농사 도구가 발달하면서 사람들의 생활 모습은 어떻게 변했는지 쓰시오.

_____

_____

중요

14 사람들이 음식을 만들기 위해 가장 처음으로 사용했던 도구는 어느 것입니까? (　　)

① 　　　　②

③ 　　　　④

15 옛날 사람들이 오른쪽 도구를 이용해서 했던 일은 어느 것입니까? ( )

① 추수를 했다.
② 낚시를 했다.
③ 실을 만들었다.
④ 옷감을 만들었다.
⑤ 음식을 쪄서 먹었다.

중요*

16 옛날 사람들이 동굴이나 바위 그늘에 살았던 까닭으로 알맞은 것은 어느 것입니까? ( )

① 동물을 키웠기 때문에
② 제사를 지냈기 때문에
③ 이동 생활을 했기 때문에
④ 농사를 짓기 시작했기 때문에
⑤ 좁은 땅에 많은 사람들이 모여 살았기 때문에

17 움집을 만드는 방법으로 알맞은 것은 어느 것입니까? ( )

① 시멘트와 철근으로 짓는다.
② 흙을 구워 만든 기와로 지붕을 덮는다.
③ 땅을 파서 기둥을 세우고 그 위에 풀과 짚을 덮는다.
④ 나무와 흙으로 만들고 볏짚으로 지붕을 덮어 만든다.
⑤ 통나무를 네모 모양으로 쌓고 통나무 사이에 진흙을 발라 만든다.

주의

18 다음 두 집을 설명한 것으로 알맞지 **않은** 것은 어느 것입니까? ( )

⊙  ⓒ

① ⊙은 벽이 통나무로 되어 있다.
② ⓒ은 벽이 나무와 흙으로 되어 있다.
③ ⓒ은 문을 나무와 한지를 이용해 만들었다.
④ ⊙에는 마루가 없지만 ⓒ에는 마루가 있다.
⑤ ⓒ은 하나의 방에서 도구를 손질하고 음식을 만들어 먹었다.

19 다음에서 설명하는 것은 무엇인지 쓰시오.

• 방바닥 아래에 넓은 돌(구들장)을 여러 개 놓고 이 돌을 따뜻하게 데우는 난방 방법이다.
• 아궁이에 땔감을 넣고 불을 피우면 뜨거운 열기가 방 아래의 통로로 옮겨 가면서 구들장을 데워서 방을 따뜻하게 만들어 준다.

( )

20 다음 중 아파트에 대한 설명으로 알맞지 **않은** 것은 어느 것입니까? ( )

① 거실과 주방이 연결되어 있다.
② 철근과 시멘트로 만들어 튼튼하다.
③ 좁은 땅에 많은 사람이 살 수 있다.
④ 화장실이 집 밖에 있어서 위생적이다.
⑤ 아파트 안에 있는 여러 가지 편의 시설을 이용할 수 있어 편리하다.

1 다음 시대의 생활 모습으로 알맞은 것은 어느 것입니까? ( )

① 가축을 기르며 농사를 지었다.
② 불에 직접 음식을 구워 먹었다.
③ 동굴이나 바위 그늘에서 살았다.
④ 베틀로 옷감을 짜 옷을 만들어 입었다.
⑤ 열매를 따거나 동물을 사냥해 먹을거리를 얻었다.

서술형

2 청동을 사용하기 시작한 후에도 농사를 지을 때나 일상생활에서는 여전히 돌과 나무로 만든 도구를 사용했던 까닭을 쓰시오.

_____

_____

주의

3 다음 빈칸에 들어갈 알맞은 말을 쓰시오.

청동 검이나 청동 거울은 하늘에 제사를 지내는 일을 하던 ☐☐☐이 사용하던 도구이다.

( )

4 농업이 크게 발달하게 된 것은 어떤 농사 도구를 사용했기 때문입니까? ( )

① 돌로 만든 농사 도구
② 철로 만든 농사 도구
③ 흙으로 만든 농사 도구
④ 나무로 만든 농사 도구
⑤ 청동으로 만든 농사 도구

🌸 다음 도구를 보고, 물음에 답하시오. [5~6]

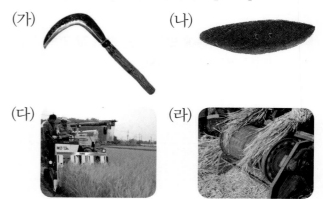

(가) (나)

(다) (라)

5 곡식을 수확하는 도구가 발달해 온 순서대로 기호를 쓰시오

( )

중요

6 위와 같이 농사 도구가 발달하면서 변화된 사람들의 생활 모습으로 알맞은 것은 어느 것입니까?

( )

① 음식을 편리하게 만들 수 있게 되었다.
② 옷을 쉽고 빠르게 만들 수 있게 되었다.
③ 다양한 종류의 옷을 만들 수 있게 되었다.
④ 다양한 음식을 만들어 먹을 수 있게 되었다.
⑤ 많은 곡식과 채소, 과일을 얻을 수 있게 되었다.

✿ 음식을 만드는 도구의 발달 과정을 보고, 물음에 답하시오. [7~8]

> 직접 불에 구움 → 토기 → ☐ → ㉠ 가마솥 → 전기밥솥

7 위의 빈칸에 들어갈 알맞은 도구의 이름을 쓰시오.

(   )

서술형

8 위 ㉠의 가마솥에 밥을 하면 밥이 잘 익습니다. 그 까닭은 무엇인지 쓰시오.

_____

_____

_____

 중요

9 옷을 만들기 위해서 우리 조상들이 처음으로 사용한 도구는 어느 것입니까? (   )

①    ②

③    ④

서술형

10 실과 옷감을 만드는 도구가 발달하면서 사람들의 생활 모습은 어떻게 달라졌는지 쓰시오.

_____

_____

11 다음에서 설명하는 것은 무엇인지 쓰시오.

> 땅을 파지 않고 통나무를 네모 모양으로 쌓고, 쌓아올린 통나무 사이에 진흙을 발랐다.

(   )

✿ 다음 두 집을 보고 물음에 답하시오. [12~13]

(가)   (나)

12 위의 (가), (나) 중에서 주로 농사를 짓던 사람들이 살았던 집은 무엇인지 기호를 쓰시오.

(   )

13 위의 (나) 집은 (가) 집에 비해 어떤 점이 좋습니까? (   )

① 방이 땅과 떨어져 있다.
② 마루가 있어서 여름에 시원하다.
③ 지붕이 썩기 때문에 친환경적이다.
④ 오랫동안 지붕을 바꾸지 않고 살 수 있다.
⑤ 해마다 지붕을 새로 덮기 때문에 깨끗하다.

14 여러 층으로 나누어 높게 지었기 때문에 좁은 땅에도 많은 사람이 함께 살 수 있는 집은 무엇인지 쓰시오.

(   )

15 아궁이에 불을 피우면 뜨거운 열기가 방 아래의 통로로 옮겨 가면서 구들장을 데워 방을 따뜻하게 데우는 우리나라의 전통적인 난방 방법은 무엇인지 쓰시오.

(   )

16 위 **15**번 답의 좋은 점을 두 가지 고르시오.

(,   )

① 구들장이 금방 식는다.
② 땔감이 많이 필요하다.
③ 열에너지를 절약할 수 있다.
④ 여름에는 시원하게 지낼 수 있다.
⑤ 방 안의 공기가 깨끗하게 유지된다.

중요

17 하루의 생활을 기록한 다음 글에 등장하는 사람들이 살았던 집은 무엇인지 보 기 에서 찾아 쓰시오.

> 오늘은 아버지와 집 뒤편에 있는 땅을 갈아서 밭을 만들기로 했다. 아버지께서는 어젯밤 늦게까지 돌을 뾰족하게 갈아서 돌괭이를 만드셨다. 어머니께서는 빗살무늬 토기 안에 맛있는 조개와 채소를 넣고 삶아 아침을 준비하셨다.

보 기

• 움집   • 기와집
• 아파트   • 초가집

(   )

주의

18 다음 집에 사는 사람들의 생활 모습에 대한 설명으로 알맞지 <u>않은</u> 것은 어느 것입니까? (   )

① 안채와 사랑채를 볼 수 있다.
② 넓은 마당에서 동물을 길렀다.
③ 사랑채에서는 남자들이 머물렀다.
④ 안채에서는 주로 여자들이 생활했다.
⑤ 집안일을 하는 하인이 머무르는 방도 있었다.

19 아파트에 사는 사람들의 생활 모습으로 알맞은 것은 어느 것입니까? (   )

① 넓은 마당에서 동물을 기른다.
② 집안일은 하인들이 맡아서 한다.
③ 온 가족이 같이 식사 준비를 한다.
④ 여자들은 대부분 안채에서 생활한다.
⑤ 온 가족이 하나의 방에서 함께 생활한다.

20 옛날 사람들은 화장실을 무엇이라고 불렀습니까?

(   )

① 온돌   ② 마루
③ 헛간   ④ 뒷간
⑤ 사랑채

1 자연에서 얻은 도구를 사용하던 옛날의 생활 모습을 보고, 물음에 답하시오.

<table>
<tr><td>(가)</td><td>(나)</td></tr>
<tr><td></td><td></td></tr>
</table>

(1) 위의 두 그림 중에서 더 오랜 옛날의 생활 모습을 나타낸 것을 찾아 기호를 쓰시오.

(   )

(2) 당시 사람들이 살았던 곳과 그곳에 산 까닭은 무엇인지 쓰시오.

① (가): _____

② (나): _____

2 옛날에 우리 조상들이 사용했던 다음 도구를 보고, 물음에 답하시오.

<table>
<tr><td>(가)</td><td>(나)</td><td>(다)</td></tr>
<tr><td></td><td></td><td></td></tr>
</table>

(1) 위의 (가)~(다) 도구 중 만든 재료가 나머지 둘과 다른 것을 찾아 기호를 쓰고, 그 도구를 만드는 데 사용된 재료도 함께 쓰시오.

(   )

(2) 위 (가)~(다)의 도구를 만드는 데 사용된 재료 중에서 더 나중에 사용된 것은 무엇인지 쓰고, 그 재료로 만든 도구를 사용하면서 사람들의 생활 모습은 어떻게 달라졌는지 쓰시오.

① 더 나중에 사용된 재료: (   )

② 달라진 사람들의 생활 모습: _____

3 사람들이 음식을 만드는 다음 모습을 보고, 물음에 답하시오.

(가)

(나)

(다)

(라)

(1) 위 그림을 보고, 음식을 만드는 도구가 발달된 순서대로 기호를 쓰시오.

(   )

(2) 위 (가)의 도구를 이용해 어떻게 음식을 만들었는지 쓰시오.

_____

_____

4 옛날에 우리 조상들이 살았던 다음 두 집을 보고, 물음에 답하시오.

(가)

(나)

(1) 위 (가), (나) 집의 이름은 무엇인지 쓰시오.
(가): (   )   (나): (   )

(2) (가) 집과 비교했을 때 (나) 집은 어떤 점이 달라졌는지 쓰시오.

_____

_____

1 옛날 사람들의 생활 모습을 나타낸 다음 그림을 보고, 물음에 답하시오.

(1) 오른쪽 사진은 위 시대에 사용했던 도구입니다. 도구의 이름과 쓰임새는 무엇인지 쓰시오.

　① 도구의 이름: (　　　　　　　　　　　)

　② 쓰임새:

　_____

　_____

(2) 위 시대의 사람들은 어떤 옷을 입고 어떤 음식을 먹었는지 쓰시오.

_____

_____

관련 핵심 개념

돌로 도구를 만들어 쓰던 시대의 생활 모습

· 아주 옛날에 살았던 사람들은 자연에서 얻은 돌과 나무 등을 그대로 도구로 사용했습니다.

· 동물의 가죽이나 풀잎으로 만든 옷을 입었고, 열매를 따거나 동물을 사냥해 먹을거리를 얻었으며, 동굴이나 바위 그늘에서 살았습니다.

2 농사 도구의 발달 모습을 나타낸 다음 자료를 보고, 물음에 답하시오.

(1) 위 농사 도구들의 공통적인 쓰임새는 무엇인지 쓰시오.

_____

(2) 위와 같이 농사 도구가 발달하면서 사람들의 생활 모습은 어떻게 달라졌는지 쓰시오.

_____

_____

관련 핵심 개념

농사 도구의 변화

· 땅을 가는 데 사용된 농사 도구는 '돌괭이 → 철로 만든 괭이 → 쟁기 → 트랙터'의 순서로 발달해왔습니다.

· 농사 도구가 발달하면서 사람들은 더 쉽게 농사를 지을 수 있게 되었고, 농사짓는 땅이 넓이가 커졌으며, 더 다양하고 많은 농산물을 얻을 수 있게 되었습니다.

3 옷을 만드는 다음 도구를 보고, 물음에 답하시오.

(가)    (나) 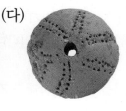   (다)

관련 핵심 개념

옷을 만드는 도구의 발달

• 사람들은 옷을 만들려고 여러 가지 도구를 만들어 사용했습니다.

• 실과 옷감을 만드는 도구가 발달하면서 사람들은 다양한 종류의 옷을 쉽게 빠르게 만들 수 있게 되었습니다.

2 단원

(1) 위의 (가)~(다) 중에서 식물의 줄기를 얇게 뜯고 막대기에 꼬아서 실을 만드는 데 사용한 도구를 찾아 기호를 쓰시오.

(   )

(2) 옷을 만드는 도구가 발달해 온 순서대로 기호를 쓰시오.

(   )

(3) 위의 (나) 도구를 사용해 실과 옷감을 만들 때의 좋은 점을 쓰시오.

_____

_____

4 옛날 사람들이 집에서 생활하는 다음 모습을 보고, 물음에 답하시오.

(가)    (나)    (다)

관련 핵심 개념

집의 변화로 달라진 사람들의 생활 모습

• 집의 모양이 변화하면서 사람들의 생활 모습도 달라졌습니다.

• 초가집에 사는 사람들은 농사를 짓기 위한 활동을 많이 했지만 기와집에 사는 사람들은 집에서 사람들을 만나거나 글공부를 했습니다.

(1) 위 (가)~(다) 집의 이름은 무엇인지 쓰시오.

(가): (   )   (나): (   )   (다): (   )

(2) 옛날 사람들이 살았던 위 (가)~(다)의 집 중에서 어떤 집에 살아 보고 싶은지 생각하여 쓰시오.

저는 [   ] 에서 살아 보고 싶습니다.

왜냐하면 _____

_____

❷ 옛날과 오늘날의 세시 풍속 (1)

1 세시 풍속

→추석과 설날 이외에 우리나라 명절에는 정월 대보름, 한식, 단오, 동지 등이 있습니다.

① 명절: 사람들이 해마다 일정하게 지키어 즐기거나 기념하는 때를 말합니다. 설날과 추석은 우리나라의 대표적인 명절입니다. 자료 1

② 명절에 하는 일
- 명절날 아침에는 조상들께 음식을 올리고 차례를 지냅니다.➊
- 명절에는 다양한 계절 음식으로 차례상을 차리고 음식을 나누어 먹습니다.
  →추석에는 송편을 먹고, 설에는 떡국을 먹습니다.
- 명절에는 멀리 떨어져 사는 친척들이 만나 서로 안부를 나눕니다.

③ 세시 풍속
- 옛날부터 전해 내려오는 생활 습관을 '풍속'이라고 합니다.
- 설날, 추석 등 명절날에 하는 일과 놀이, 먹는 음식, 입는 옷과 같이 해마다 일정한 시기에 되풀이하여 행해 온 고유의 풍속을 '세시 풍속'이라고 합니다.

2 옛날의 세시 풍속

→보름달이 뜨면 생솔가지나 나뭇더미를 쌓아 달집을 짓고 불을 놓아 마을의 안녕과 풍년을 기원하였습니다.

정월 대보름 자료 2	• 음력으로 새해 첫 둥근 보름달이 뜨는 날임.➋ • 풍년을 기원하며 오곡밥을 먹고, 건강을 빌며 부럼을 깨물기도➌ 했음.
한식	• 불을 사용하지 않고 그날에는 찬 음식을 먹는 풍속이 있어 '한식'이라는 이름이 붙여졌음. • 씨를 뿌리는 시기인 한식이 되면 한 해 농사가 잘 되기를 기원하며 조상들의 산소에 성묘를 했음.
단오 자료 3	• 음력 5월 5일로 곧 더위가 시작되는 때임. • 사람들은 여름을 시원하게 지내라는 의미로 서로 부채를 주고받았으며, 그네뛰기와 씨름 등 다양한 놀이를 즐겼음. • 창포물에 머리를 감는 풍속도 있었음. →창포물에 머리를 감으면 머리카락이 건강해지기 때문입니다.
삼복	• 복날에는 더위를 피해 시원한 계곡과 산으로 놀러 가는 풍속이 있었음. →우리 조상들은 여름철 가장 더운 시기를 초복, 중복, 말복으로 나누었습니다. • 닭백숙이나 육개장처럼 영양이 풍부한 음식을 먹으면서 더위를 이겨 냈음.
추석	• 한 해 동안 농사지은 곡식과 과일을 수확하고 조상들께 감사의 의미로 차례를 지내고 성묘를 했음. • 마을 사람들이 모여 줄다리기를 하고, 보름달 아래에서 강강술래를 하며 풍년을 기원했음.
중양절	• 음력 9월 9일 중양절이 되면 단풍이 들고 국화꽃이 핀 산으로 나들이를 갔음. • 서로의 건강을 기원하며 국화 꽃으로 술과 떡을 만들어 먹었음.
동지	• 일 년 중에 밤이 가장 긴 날임. • 나쁜 기운을 쫓는 의미로 팥죽을 만들어 먹었음.

→한 해를 마무리하고 새해를 맞이하는 명절입니다.

자료 1 추석과 설날

추석	• 음력 8월 15일로, 중추절 또는 한가위라고도 함. • 한 해 가꾼 곡식과 과일들이 익어 가는 수확의 시기였음. • 일 년 중 가장 큰 보름달을 맞이하는 시기였으며 가장 풍족하고 즐거운 날이었음.
설날	• 새해의 첫날인 설날에는 한 해 동안 좋은 일이 가득하기를 기원하는 풍속이 많이 있었음. • 차례, 세배, 설빔, 덕담, 복조리 걸기, 야광귀 쫓기, 윷놀이, 널뛰기, 머리카락 태우기 등 다양한 세시 풍속이 있었음.

자료 2 쥐불놀이와 달집태우기

▲ 쥐불놀이

▲ 달집태우기

정월 대보름에는 쥐불놀이와 달집태우기를 하면서 나쁜 기운을 쫓아내고, 새해 소원을 빌었습니다.

자료 3 단오에 하는 일

- 앵두화채를 만들어 먹었습니다.
- 부채를 만들어 서로 나누었습니다.
- 여자들은 창포물에 머리를 감았습니다.
- 그네뛰기와 씨름 등의 놀이를 했습니다.

🌸 쥐불놀이를 했던 까닭

- 쥐불을 놓게 되면 겨울을 지낸 들쥐나 메뚜기, 해충의 번데기, 각종 병해충이 알을 낳는 잡초나 쥐구멍, 해충 서식지를 태워 농사에 도움을 줍니다.
- 태운 잡초의 재는 논밭의 거름이 되고 풀들이 잘 돋아나 논두렁을 보호하는 데 도움이 되며, 전염병을 옮기는 들쥐를 없애기도 합니다.

🌸 추석에 행해진 세시 풍속

- 수확한 곡식과 과일로 조상들에게 감사의 의미를 담아 차례를 지냈습니다.
- 풍요와 건강을 기원하며 송편과 토란국을 만들어 먹었습니다.
- 보름달을 보며 소원을 빌었습니다.

🌸 동지

- 옛날 사람들은 동지를 태양신이 다시 기운을 회복하고 살아나는 날로 믿었기 때문에 작은 설날이라고 부르기도 했습니다.
- 다시 생명이 살아나는 신성한 날로 여긴 만큼 동지에는 사냥이나 고기잡이처럼 살아 있는 생물을 죽이는 일을 하지 않았고, 사람들은 잡귀를 막고자 부적을 쓰고 팥죽을 먹었습니다.

📎 용어 풀이

❶ 차례(茶 차 차 禮 예절 례) 설이나 추석 같은 명절에 조상에게 올리는 제사.

❷ 음력(陰 응달 음 曆 책력 력) 달의 모양 변화를 기준으로 한 달의 날짜를 세는 방법.

❸ 부럼 정월 대보름날 이른 아침에 한 해의 건강을 비는 뜻에서 먹는 땅콩, 밤, 잣, 호두, 은행 등과 같은 딱딱한 열매.

✏️ 개념을 확인해요

1 설날과 추석은 우리나라의 대표적인 ☐☐입니다.

2 옛날부터 전해 내려오는 생활 습관을 ☐☐이라고 합니다.

3 설날, 추석 등 명절날에 하는 일과 놀이, 먹는 음식, 입는 옷과 같이 해마다 일정한 시기에 되풀이하여 행해 온 고유의 풍속을 ☐☐☐☐이라고 합니다.

4 ☐☐☐☐☐은 음력으로 새해 첫 둥근 보름달이 뜨는 날입니다.

5 ☐☐에는 불을 사용하지 않는 풍속이 있었습니다.

6 단오에는 나쁜 기운을 쫓는다는 의미로 ☐☐☐에 머리를 감았습니다.

7 ☐☐에는 더위를 피해 시원한 계곡과 산으로 놀러 가는 풍속이 있었습니다.

8 ☐☐에는 한 해 동안 농사지은 곡식과 과일을 수확하고 조상들께 감사의 의미로 차례를 지냈습니다.

9 사람들은 음력 9월 9일 ☐☐☐이 되면 단풍이 든 산에 올라가 국화로 만든 술과 떡을 먹으며 서로의 건강을 기원했습니다.

10 ☐☐에는 나쁜 기운을 쫓는다는 의미로 팥죽을 만들어 먹었습니다.

❷ 옛날과 오늘날의 세시 풍속 (2)

❸ 옛날과 오늘날의 세시 풍속
· 오늘날에는 농사와 관련된 풍속은 사라진 것이 많고, 설이나 추석같이 큰 명절을 중심으로 하는 세시 풍속만 지켜지고 있습니다.

① 설날의 세시 풍속

옛날	· 윷놀이를 하며 한 해의 운세를 점치기도 했음. · 야광귀에게 빼앗기지 않도록 신발을 방 안에 두었음. · 설빔을 입고 어른들께 세배를 했음. · 복조리를 걸어 두고 복이 들어오기를 빌었음.
오늘날	· 멀리 사는 가족과 친척 들이 모임. · 어른들께 세배를 드림.　· 새해를 맞아 인사를 나누고 서로에게 복을 기원해 주는 것입니다. · 여러 가지 전통 놀이를 체험함.

· 공통점: 옛날과 오늘날 모두 설날에는 차례를 지내고 세배를 하며, 서로의 복을 기원합니다.

· 차이점: 오늘날에는 재미로 윷놀이를 하지만 옛날에는 윷놀이로 한 해의 운세를 점치기도 했습니다.

② 계절마다 나타나는 세시 풍속　[자료 4]　· 옛날 우리 조상들은 주로 농사를 짓고 살았으며, 날씨와 계절의 변화는 농사를 짓는 데 매우 중요했습니다.

겨울	· 나쁜 기운을 몰아내고 새해 복을 받기를 기원했음. · 정월 대보름에는 큰 보름달을 보며 풍년을 빌었음.
봄	한식에는 농사가 잘되기를 기원하며 조상들의 산소에 성묘했음.
여름	· 한 해 농사의 풍년을 기원하며 마을 사람들이 축제를 열었음. · 삼복에는 더운 날씨와 바쁜 농사일을 이겨 낼 수 있도록 영양이 풍부한 음식을 먹었음.
가을	추석에는 추수한 곡식과 과일로 차례를 지내고, 맛있는 음식을 나누어 먹었음.

❹ 옛날부터 전해 내려오는 세시 풍속 체험하기

단오 부채 만들기 [자료 5]	 ① 부채 모양의 흰 종이 두 장을 준비함. ② 부채에 다양한 방법으로 그림을 그려 예쁘게 꾸밈. ③ 부채에 나무젓가락을 붙여 손잡이를 만들어 완성함. ④ 만든 부채를 친구들과 서로 주고받음.
윷놀이하기 [자료 6]	① 윷판을 놓고 편을 나눔. ② 각 편마다 윷말을 네 개씩 나누어 가짐. ③ 윷을 던져 나온 결과에 따라 윷말을 옮김. ④ 네 개의 윷말이 먼저 출발지로 들어오는 편이 이김.

· 상대편의 윷말을 잡거나 윷이나 모가 나오면 한 번 더 던질 수 있습니다.

자료 4 세시 풍속의 변화

· 교통과 통신, 과학의 발달로 직업이 다양해지면서 세시 풍속의 모습이 많이 바뀌었습니다.

· 농사와 관련된 풍속은 많이 사라졌고, 대부분 설날이나 추석과 같은 큰 명절을 중심으로 한 세시 풍속만 이어져 내려오고 있습니다.

· 오늘날에는 계절과 날씨에 상관 없이 다양한 세시 풍속을 언제든지 체험해 볼 수 있습니다.

자료 5 단오 부채와 관련된 세시 풍속

· 옛날에는 무더운 여름의 시작을 알리는 단오에 여름을 건강하게 여름을 보내라는 의미에서 '단오선'이라는 부채를 주고받았습니다.

· 단오 부채를 나누어 주는 풍속은 임금이 단오에 신하들에게 부채를 선물하던 데에서 시작되었습니다.

자료 6 윷놀이와 관련된 세시 풍속

· 윷놀이는 옛날부터 설날과 정월 대보름 사이에 가정이나 마을에서 여럿이 함께 즐기던 놀이입니다.

· 옛날에는 마을 사람들이 함께 윷놀이를 하면서 마을의 평안과 풍년을 빌었습니다.

· 윷놀이는 장소에 크게 영향을 받지 않고 남녀노소 누구나 즐길 수 있습니다.

오늘날 설에 주로 하는 세시 풍속

- 부모님이나 할아버지, 할머니 등 웃어른께 세배를 합니다.
- 가족들과 맛있는 음식을 만들어 먹고 즐거운 시간을 보냅니다.
- 떨어져 지내는 친척들을 만나기 위해 가족들과 고향으로 갑니다.

옛날부터 전해 내려오는 세시 풍속이 시간이 흐르면서 많이 바뀐 까닭

- 오늘날에는 옛날보다 교통과 통신, 과학의 발달로 직업이 다양해졌기 때문입니다.
- 옛날보다 농사를 짓는 사람들이 줄었기 때문에 농사와 관련된 풍속은 사라진 것이 많습니다.
- 오늘날에는 대부분 사람들이 회사나 공장에서 일해서 날씨와 계절의 영향을 적게 받기 때문입니다.
- 계절과 날씨의 영향을 적게 받으면서 계절별로 하던 세시 풍속을 오늘날에는 언제든지 할 수 있기 때문입니다.

용어 풀이

❹ **운세**(運 돌 운 勢 기세 세) 운수나 운명이 다가오는 기세.

❺ **야광귀**(夜 밤 야 光 빛 광 鬼 귀신 귀) 설날 밤에 아이들 신발을 훔쳐 달아난다는 귀신으로 야광귀에게 신발을 빼앗기면 일 년 내내 운이 나쁘다고 믿었음.

❻ **설빔** 설날을 맞이하여 새로 장만해 입는 옷이나 신발.

개념을 확인해요

2단원

11 ◻◻은 옛날부터 오늘날까지 이어져 오는 우리나라 최대의 명절입니다.

12 옛날에는 설날에 ◻◻◻를 하며 한 해의 운세를 점치기도 했습니다.

13 옛날에는 설날에 ◻◻◻를 걸어 놓고 복이 많이 들어오기를 빌었습니다.

14 옛날과 오늘날 모두 설날에는 차례를 지내고 어른들께 ◻◻를 합니다.

15 옛날에는 ◻◻와 관련된 세시 풍속이 계절에 따라 다양했습니다.

16 옛날 우리 조상들은 봄철의 한식에는 농사가 잘되기를 기원하며 조상들의 산소에 ◻◻를 했습니다.

17 오늘날에는 옛날보다 교통과 통신, 과학의 발달로 ◻◻이 다양해지면서 세시 풍속의 모습이 많이 바뀌었습니다.

18 옛날에는 단오에 건강하게 여름을 보내라는 의미에서 '단오선'이라는 ◻◻를 주고받았습니다.

19 ◻◻◻는 설날과 정월 대보름 사이에 가정이나 마을에서 여럿이 함께 즐기던 놀이입니다.

20 윷놀이에서는 네 개의 ◻◻이 먼저 출발지로 들어오는 편이 이깁니다.

핵심 1 명절과 세시 풍속

🌸 **명절**

① 해마다 일정하게 지키어 즐기거나 기념하는 때를 말합니다.

② 설날과 추석은 우리나라의 대표적인 명절입니다.

🌸 **세시 풍속**

① 옛날부터 전해 내려오는 생활 습관을 풍속이라고 합니다.

② 설날, 추석 등 명절날에 하는 일과 놀이, 먹는 음식, 입는 옷과 같이 해마다 일정한 시기에 되풀이하여 행해 온 고유의 풍속을 세시 풍속이라고 합니다.

1 우리나라의 대표적인 명절을 두 가지 고르시오.

(,   )

① 설날   ② 춘절
③ 경칩   ④ 추석
⑤ 추수 감사절

2 설날과 관계 있는 세시 풍속이 <u>아닌</u> 것은 어느 것입니까? (   )

①    ②

③    ④

⑤

핵심 2 옛날 명절의 세시 풍속

정월 대보름	쥐불놀이와 달집태우기를 하며 나쁜 기운을 쫓아내고 새해 소원을 빌었으며, 풍년과 건강을 기원하며 오곡밥을 먹고 부럼을 깨물었음.
한식	찬 음식을 먹고, 한 해 농사가 잘 되기를 기원하며 조상들의 산소에 성묘를 했음.
단오	서로 부채를 주고받으며 그네뛰기와 씨름 등 다양한 놀이를 즐겼음
삼복	닭백숙이나 육개장처럼 영양이 풍부한 음식을 먹으면서 더위를 이겨 냈음.
동지	일 년 중에 밤이 가장 긴 날로, 나쁜 기운을 내쫓는다는 의미로 팥죽을 먹음.

3 정월 대보름의 세시 풍속과 가장 거리가 <u>먼</u> 것은 어느 것입니까? (   )

① 쥐불놀이   ② 성묘하기
③ 달집태우기   ④ 부럼 깨물기
⑤ 오곡밥 먹기

4 다음과 같은 음식을 먹었던 명절은 언제인지 쓰시오.

(1)    (2)

(   )   (   )

(3)    (4)

(   )   (   )

핵심 3 설날의 세시 풍속

🌸 옛날과 오늘날 설날의 세시 풍속

옛날	• 윷놀이를 하며 한 해의 운세를 점치기도 했음. • 야광귀에게 빼앗기지 않도록 신발을 방 안에 두었음. • 설빔을 입고 어른들께 세배를 했음. • 복조리를 걸어 놓고 복이 많이 들어오기를 빌었음.
오늘날	• 어른들께 세배를 드림. • 멀리 사는 가족과 친척들이 모임. • 여러 가지 전통 놀이를 체험함.

🌸 옛날과 오늘날 설날 풍속의 공통점과 차이점

① 공통점: 차례를 지내고 어른들께 세배를 하며, 서로의 복을 기원합니다.

② 차이점: 옛날에는 특별한 의미가 있었던 윷놀이가 오늘날에는 재미있는 놀이로 여겨지고 있습니다.

5 옛날 사람들이 설날에 윷놀이를 했던 까닭으로 알맞은 것은 어느 것입니까? (   )

① 복을 빌기 위해서
② 더위를 팔기 위해서
③ 설빔을 만들기 위해서
④ 운세를 점치기 위해서
⑤ 나쁜 기운을 쫓기 위해서

6 오늘날 설날에 주로 하는 세시 풍속이 <u>아닌</u> 것은 어느 것입니까? (   )

① 신발을 방 안에 둔다.
② 웃어른께 세배를 한다.
③ 전통 놀이를 체험한다.
④ 가족들과 맛있는 음식을 만들어 먹는다.
⑤ 떨어져 지내는 친척들을 만나기 위해 고향으로 간다.

핵심 4 세시 풍속 체험하기

단오 부채 만들기	① 부채 모양의 흰 종이 두 장을 준비함. ② 부채에 다양한 방법으로 그림을 그려 예쁘게 꾸밈. ③ 부채에 나무젓가락을 붙여 손잡이를 만들어 완성함. ④ 만든 부채를 친구들과 서로 주고받음.
윷놀이하기	① 윷판을 놓고 편을 나눔. ② 각 편마다 윷말을 네 개씩 나누어 가짐. ③ 윷을 던져 나온 결과에 따라 윷말을 옮김. ④ 네 개의 윷말이 먼저 출발지로 들어오는 편이 이김.

7 단오 부채 만들기를 할 때 가장 먼저 해야 할 일은 어느 것입니까? (   )

① 만든 부채를 친구들과 주고받는다.
② 부채 모양의 흰 종이 두 장을 준비한다.
③ 부채에 다양한 방법으로 그림을 그려 예쁘게 꾸민다.
④ 부채에 나무젓가락을 붙여 손잡이를 만들어 완성한다.
⑤ 친구와 가위바위보를 하여 서로 부채를 부쳐 주는 놀이를 한다.

8 윷을 던져 오른쪽과 같은 결과가 나오면 윷말은 몇 칸을 움직여야 합니까?
(   )

① 한 칸
② 두 칸
③ 세 칸
④ 네 칸
⑤ 다섯 칸

1 설날과 더불어 우리나라의 대표적인 명절에 속하는 때는 언제입니까? (   )

① 한식
② 단오
③ 추석
④ 동지
⑤ 정월 대보름

❀ 다음 사진을 보고, 물음에 답하시오. [2~3]

2 위의 사진과 같이 명절에 조상에게 올리는 제사를 무엇이라고 하는지 쓰시오.

(   )

3 위와 같은 모습을 볼 수 있는 명절에 하는 일이 <u>아닌</u> 것은 어느 것입니까? (   )

① 깨끗한 새 옷을 입는다.
② 음식을 서로 나누어 먹는다.
③ 다양한 계절 음식을 만든다.
④ 가족들이 모여 대청소를 한다.
⑤ 멀리 떨어져 살고 있는 친척들을 만난다.

4 다음 중 세시 풍속에 속하지 <u>않는</u> 것은 어느 것입니까? (   )

① 입는 옷
② 하는 일
③ 하는 놀이
④ 먹는 음식
⑤ 학교 시험

❀ 다음 사진을 보고, 물음에 답하시오. [5~7]

(가)   (나)

5 위와 같은 세시 풍속을 볼 수 있는 명절은 언제입니까? (   )

① 설날
② 한식
③ 추석
④ 동지
⑤ 정월 대보름

6 위 (가)의 아이들이 하고 있는 세시 풍속은 무엇입니까? (   )

① 달맞이
② 쥐불놀이
③ 달집태우기
④ 오곡밥 먹기
⑤ 부럼 깨물기

📝서술형

7 5번 답의 명절에 위와 같은 세시 풍속을 한 까닭은 무엇인지 쓰시오.

_____

_____

8 '한식'이라는 명절 이름에 담긴 의미로 알맞은 것은 어느 것입니까? (   )

① 날씨가 몹시 춥다.
② 찬 음식을 먹는다.
③ 날씨가 더워지는 때이다.
④ 몸과 마음의 휴식을 취한다.
⑤ 우리나라 고유의 음식을 먹는다.

9 다음 중 단오에 대한 설명으로 알맞지 <u>않은</u> 것은 어느 것입니까? (   )

① 음력 5월 5일이다.
② 부채를 서로 주고받는다.
③ 조상들의 산소에 성묘한다.
④ 곧 더위가 시작되는 때이다.
⑤ 그네뛰기와 씨름 등 다양한 놀이를 즐겼다.

서술형

10 단오에 다음과 같이 창포물에 머리를 감는 까닭은 무엇인지 쓰시오.

_____

_____

11 다음 이야기와 관계 깊은 명절의 이름을 쓰시오.

> • **아빠**: 한 해 동안 농사지은 곡식과 과일을 수확해 차례도 지내고 성묘도 했지.
> • **소은**: 이제 보름달이 뜨면 친구들과 신나게 강강술래 해야겠어요.

(   )

2 단원

12 다음 중 중양절에 행했던 세시 풍속은 어느 것입니까? (   )

① 달력을 주고받았다.
② 그네뛰기와 씨름을 했다.
③ 마을 사람들이 모여 줄다리기를 했다.
④ 더위를 피해 시원한 계곡과 산으로 놀러 갔다.
⑤ 단풍이 물든 산에 올라가 국화로 만든 술과 떡을 먹으며 서로의 건강을 기원했다.

중요

13 동지에 나쁜 기운을 쫓는 의미로 만들어 먹었던 음식은 무엇입니까? (   )

① 떡국   ② 송편
③ 팥죽   ④ 삼계탕
⑤ 오곡밥

14 옛날 설날 밤에 신발을 방 안에 넣어 두었던 까닭은 무엇입니까? (   )

① 한 해의 운세를 점치기 위해서
② 어른들께 새해 인사를 하기 위해서
③ 복이 많이 들어오기를 빌기 위해서
④ 서로에게 복을 기원해 주기 위해서
⑤ 야광귀에게 신발을 빼앗기지 않기 위해서

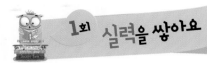

15 옛날과 오늘날의 설날에 나타나는 세시 풍속의 공통점이 <u>아닌</u> 것은 어느 것입니까? (   )

① 세배를 한다.
② 차례를 지낸다.
③ 복을 기원한다.
④ 떡국을 먹는다.
⑤ 윷놀이를 하면서 운세를 점친다.

&주의

16 농사와 관련된 세시 풍속 중 봄과 관계 깊은 것은 어느 것입니까? (   )

① 정월 대보름에는 큰 보름달을 보며 풍년을 빌었다.
② 한 해 농사의 풍년을 기원하며 마을 사람들이 축제를 열었다.
③ 추석에는 감사의 뜻으로 추수한 곡식과 과일로 차례를 지냈다.
④ 한식에는 농사가 잘되기를 기원하며 조상들의 산소에 성묘를 했다.
⑤ 삼복에는 더운 날씨와 바쁜 농사일을 이겨 낼 수 있도록 영양이 풍부한 음식을 먹었다.

중요

17 옛날과 오늘날의 세시 풍속의 모습이 많이 달라진 까닭으로 알맞지 <u>않은</u> 것은 어느 것입니까?

(   )

① 계절과 날씨의 영향을 적게 받기 때문에
② 과학의 발달로 직업이 다양해졌기 때문에
③ 오늘날에는 옛날보다 교통과 통신이 발달했기 때문에
④ 오늘날에는 옛날보다 농사를 짓는 사람들이 많아졌기 때문에
⑤ 오늘날에는 대부분 사람들이 회사나 공장에서 일하기 때문에

❀ 다음 보 기를 보고, 물음에 답하시오. [18~19]

보기

중요

18 위 보 기는 무엇을 만드는 모습을 나타낸 것인지 쓰시오.

(   )

19 위 보 기에서 가장 나중에 해야 하는 과정은 무엇인지 찾아 기호를 쓰시오.

(   )

서술형

20 옛날에 마을 사람들이 모여 다음과 같은 놀이를 했던 까닭을 쓰시오.

_____

_____

1 다음에서 설명하는 것은 무엇인지 쓰시오.

> 설날이나 추석과 같은 명절에 조상들에게 올리는 제사로, 가족 모두가 정성스럽게 음식을 준비해서 지낸다.

(   )

중요

2 우리나라를 대표하는 명절이 <u>아닌</u> 것은 어느 것입니까? (   )

① 설날   ② 춘절
③ 한식   ④ 단오
⑤ 추석

주의

3 추석에 대한 설명으로 알맞지 <u>않은</u> 것은 어느 것입니까? (   )

① 음력 9월 9일이다.
② 일 년 중 가장 큰 보름달이 뜬다.
③ 중추절 또는 한가위라고도 한다.
④ 4대 명절 중에서 가장 풍족하고 즐거운 날이다.
⑤ 조상들께 곡식과 과일을 수확하는 것을 감사드리는 날이다.

4 설날과 관계있는 세시 풍속이 <u>아닌</u> 것은 어느 것입니까? (   )

① 설빔 입기   ② 달집태우기
③ 차례 지내기   ④ 야광귀 쫓기
⑤ 복조리 걸기

5 정월 대보름의 이른 아침에 한 해의 건강을 비는 뜻에서 먹었던 오른쪽 음식은 무엇입니까? (   )

① 부럼   ② 팥죽
③ 떡국   ④ 송편
⑤ 오곡밥

중요

6 정월 대보름에 들판의 잔디와 잡초를 태워 해충을 줄이고, 마을의 안녕과 풍년을 기원하기 위해서 했던 세시 풍속을 두 가지 고르시오. (,   )

① 윷놀이   ② 그네뛰기
③ 쥐불놀이   ④ 연날리기
⑤ 달집태우기

서술형

7 우리 조상들이 한식에 다음과 같이 산소에 성묘를 했던 까닭은 무엇인지 쓰시오.

_____

8 다음 중 단오에 했던 세시 풍속이 <u>아닌</u> 것은 어느 것입니까? (　　　)

① 찬 음식을 먹었다.
② 앵두화채를 만들어 먹었다.
③ 부채를 만들어 서로 나누었다.
④ 여자들은 창포물에 머리를 감았다.
⑤ 그네뛰기와 씨름 등의 놀이를 했다.

중요+

9 우리 조상들이 삼복에 오른쪽과 같은 음식을 먹은 까닭은 무엇입니까? (　　　)

① 풍년을 기원하기 위해서
② 나쁜 기운을 쫓기 위해서
③ 더위를 이겨 내기 위해서
④ 불을 사용하지 않기 위해서
⑤ 머리카락이 건강해지도록 하기 위해서

서술형

10 추석의 세시 풍속에는 무엇이 있었는지 쓰시오.

_____

_____

11 중양절에 볼 수 있는 자연환경으로 알맞은 것을 두 가지 고르시오. (　　,　　)

① 단풍이 든다.
② 국화꽃이 핀다.
③ 새싹이 돋아난다.
④ 더위가 시작된다.
⑤ 일 년 중 가장 큰 보름달이 뜬다.

12 동지의 특징을 바르게 설명한 것은 어느 것입니까? (　　　)

① 일 년 중에 가장 추운 날이다.
② 일 년 중에 낮이 가장 긴 날이다.
③ 일 년 중에 밤이 가장 긴 날이다.
④ 일 년 중에 비가 가장 많이 오는 날이다.
⑤ 일 년 중에 눈이 가장 많이 오는 날이다.

❀ 옛날 설날의 세시 풍속을 나타낸 다음 그림을 보고, 물음에 답하시오. [13~14]

(가)　　　　　　　(나)

13 옛날 설날에는 (가)와 같이 신발을 방 안에 두었습니다. 이것은 누구에게 신발을 빼앗기지 않기 위해서였는지 쓰시오.

(　　　　　　　　　)

중요+

14 옛날 설날에 (나)와 같은 세시 풍속을 행했던 까닭으로 알맞은 것은 어느 것입니까? (　　　)

① 운세를 점치기 위해서
② 풍년을 기원하기 위해서
③ 어른들께 세배를 하기 위해서
④ 복이 많이 들어오기를 빌기 위해서
⑤ 집 안으로 찬바람이 들어오는 것을 막기 위해서

15 옛날과 다르게 오늘날의 설날에만 볼 수 있는 세시 풍속은 어느 것입니까? (　　　)

① 차례를 지낸다.
② 복을 기원한다.
③ 웃어른께 세배를 한다.
④ 가족들과 재미로 윷놀이를 한다.
⑤ 가족들과 맛있는 음식을 만들어 먹는다.

 농사와 관련된 다양한 세시 풍속을 나타낸 다음 그림을 보고, 물음에 답하시오. [16~17]

 (가)　　 (나)

 (다)　　 (라)

16 위의 (가)~(라)는 각각 어느 계절의 세시 풍속을 나타낸 것인지 쓰시오.

(가):(　　　) (나):(　　　)
(다):(　　　) (라):(　　　)

서술형

17 위의 (가)~(라)와 같이 우리 조상들이 계절에 따라 다양한 세시 풍속을 행했던 까닭은 무엇인지 쓰시오.

_____

_____

18 세시 풍속의 변화에 대한 설명입니다. 알맞은 것에 ○표 하시오.

⑴ 농사와 관련된 세시 풍속은 사라진 것이 많다.　(　　　)
⑵ 오늘날에는 계절과 날씨에 따라 즐기는 세시 풍속이 점점 많아지고 있다.　(　　　)
⑶ 교통과 통신, 과학의 발달로 직업이 다양해지면서 세시 풍속의 모습이 많이 바뀌었다.　(　　　)
⑷ 대부분 설날이나 추석과 같은 큰 명절을 중심으로 한 세시 풍속만 이어져 내려오고 있다.　(　　　)

19 다음과 같은 단오 부채를 만들 때 필요한 준비물이 <u>아닌</u> 것은 어느 것입니까? (　　　)

① 풀　　② 풍선
③ 색종이　④ 흰 종이
⑤ 나무젓가락

20 윷놀이를 할 때 한 번 더 던질 수 있는 경우는 언제인지 두 가지 고르시오. (　,　)

① 도나 개가 나왔을 때
② 개나 걸이 나왔을 때
③ 윷이나 모가 나왔을 때
④ 상대편의 윷말을 잡았을 때
⑤ 네 개의 윷말이 먼저 출발지로 들어왔을 때

1 추석에 볼 수 있는 다음 모습을 보고, 물음에 답하시오.

(1) 위의 모습처럼 명절날에 하는 일과 놀이, 먹는 음식, 입는 옷과 같이 해마다 일정한 시기에 되풀이하여 행해 온 고유의 풍속을 무엇이라고 하는지 쓰시오.

(   )

(2) 위의 모습 이외에도 추석에 행하는 세시 풍속에는 무엇이 있는지 쓰시오.

_____

_____

2 다음 그림을 보고, 물음에 답하시오.

(가)   (나)

(1) 위의 (가)와 (나)는 각각 어떤 명절의 세시 풍속을 나타낸 것인지 쓰시오.
(가): (   )   (나): (   )

(2) 위 (가)와 (나)의 세시 풍속에 담긴 의미는 무엇인지 쓰시오.

① (가): _____

② (나): _____

3 우리나라의 명절을 나타낸 다음 보기를 보고, 물음에 답하시오.

보기
㉠ 동지   ㉡ 추석   ㉢ 단오
㉣ 삼복   ㉤ 중양절   ㉥ 정월 대보름

(1) 위 ㉠~㉥의 명절은 어느 계절에 속하는지 구분하여 쓰시오.

봄	여름	가을	겨울

(2) 위 보기의 명절 중에서 하나를 선택한 다음, 자세히 조사하여 다음 표를 완성하시오.

명절: ⬚

① 먹는 음식:
② 하는 일:
③ 하는 놀이:
④ 입는 옷:

(3) 위 ㉠~㉥ 명절의 다양한 세시 풍속을 떠올려 보고, 옛날에 우리 조상들이 계절에 따라 다양한 세시 풍속을 행했던 까닭을 쓰시오.

_____

_____

4 옛날과 오늘날의 설날 세시 풍속을 조사해 보고, 공통점과 차이점은 무엇인지 쓰시오.

공통점	
차이점	

관련 핵심 개념 ▶

계절에 나타나는 세시 풍속

• 옛날 우리 조상들은 주로 농사를 짓고 살았기 때문에 날씨와 계절에 따라 다양한 세시 풍속이 있었습니다.

• 다양한 세시 풍속을 통해 농사가 잘되기를 빌었고, 건강하게 농사를 지을 수 있도록 기원했습니다.

2
단원

관련 핵심 개념 ▶

옛날과 오늘날의 세시 풍속

• 오늘날에는 교통과 통신, 과학의 발달로 직업이 다양해지면서 농사를 중심으로 행해졌던 세시 풍속의 모습이 많이 바뀌었습니다.

• 농사와 관련된 풍속은 사라진 것이 많고, 설날이나 추석과 같은 큰 명절을 중심으로 한 세시 풍속만 지켜지고 있습니다.

1 돌을 깨뜨려서 도구를 만들어 사용했던 옛날 사람들의 생활 모습과 거리가 먼 것은 어느 것입니까? ( )

① 강가나 해안가에 모여 살았다.
② 불에 직접 음식을 구워 먹었다.
③ 동굴이나 바위 그늘에서 살았다.
④ 동물을 사냥해 먹을거리를 얻었다.
⑤ 동물의 가죽이나 풀잎으로 옷을 만들어 입었다.

2 자연에서 얻은 도구를 사용하던 시대에 음식을 담아 두었던 오른쪽 도구의 이름을 쓰시오.

( )

3 옛날 사람들의 생활 모습을 엿볼 수 있는 유적지를 견학했을 때의 좋은 점이 아닌 것은 어느 것입니까? ( )

① 옛날에 살았던 사람들을 직접 만나볼 수 있다.
② 옛날 사람들이 살았던 생활 모습을 알 수 있다.
③ 옛날 사람들의 사냥 활동을 체험해 볼 수 있다.
④ 옛날 사람들이 사용했던 토기를 직접 만들어 볼 수 있다.
⑤ 옛날 사람들이 음식을 먹었던 방법과 입었던 옷을 알 수 있다.

4 청동을 사용하기 시작하면서 바뀐 생활 모습으로 알맞은 것은 어느 것입니까? ( )

① 청동으로 투구, 갑옷, 칼, 창 등을 만들었다.
② 일상생활에서 청동으로 만든 도구가 널리 사용되었다.
③ 제사장이 사용하는 물건은 여전히 돌과 나무로 만들었다.
④ 청동으로 만든 농사 도구를 사용하면서 농업이 크게 발달했다.
⑤ 청동은 무기나 장신구, 제사를 지내는 도구를 만드는 데 주로 쓰였다.

서술형

5 돌이나 청동 대신에 단단한 철을 사용하면서 사람들의 생활 모습은 어떻게 달라졌는지 쓰시오.

_____

_____

_____

6 다음 두 농사 도구의 공통적인 쓰임새로 알맞은 것은 어느 것입니까? ( )

▲ 돌괭이　　　　　▲ 철로 만든 괭이

① 땅을 가는 도구
② 거름을 주는 도구
③ 씨를 뿌리는 도구
④ 잡초를 뽑는 도구
⑤ 곡식을 수확하는 도구

중요

7 다음은 농사짓는 도구의 변화 모습을 설명한 것입니다. 잘못 설명한 부분을 찾아 기호를 쓰시오.

> ㉠ 농사를 짓기 시작한 사람들은 돌을 나무에 연결하거나 날카롭게 갈아 도구로 사용했다. 이후에 ㉡ 농사 도구를 만드는 재료는 돌에서 점차 청동으로 바뀌었고, 다음에는 ㉢ 소를 이용해 농사를 짓다가 ㉣ 오늘날 농부들은 농기계를 사용하여 농사를 짓게 되었다.

( )

🌸 음식을 만드는 도구의 발달 과정을 나타낸 다음 사진을 보고, 물음에 답하시오. [8~9]

(가)

(나)

(다)

(라)

8 음식을 만드는 도구가 발달해 온 순서대로 기호를 쓰시오.

( )

9 다음과 같은 특징을 가진 도구를 위에서 찾아 기호를 쓰시오.

> 철로 만든 무거운 솥뚜껑을 덮으면 솥 안의 뜨거운 김이 빠져나가지 못하기 때문에 쌀이 골고루 익어 맛있는 밥이 된다.

( )

10 실을 올려 놓고 서로 엮어서 옷감을 만들었던 도구는 무엇입니까? ( )

① 베틀
② 재봉틀
③ 방직기
④ 가락바퀴
⑤ 반달 돌칼

11 농사를 짓기 시작한 사람들이 한 곳에 모여 살면서 짓고 살았던 오른쪽 집은 무엇입니까? ( )

① 움집
② 귀틀집
③ 초가집
④ 기와집
⑤ 아파트

🌸 다음 집을 보고, 물음에 답하시오. [12~13]

(가)

(나)

12 위 (가), (나)와 같은 집을 무엇이라고 하는지 쓰시오.

(가): ( ) (나): ( )

서술형

13 (나) 집을 (가) 집과 비교했을 때, 어떤 점이 달라졌는지 쓰시오.

_____

_____

14 기와집에 살았던 사람들의 생활 모습으로 알맞은 것은 어느 것입니까? (   )

① 여자들은 안채에서 생활했다.
② 온 가족이 같이 식사 준비를 했다.
③ 화장실이 집 안에 있어서 편리했다.
④ 넓은 마당에서 농사와 관련된 일을 했다.
⑤ 집 가운데에 불을 피워 음식을 만들어 먹었다.

15 다음에서 설명하는 것은 무엇인지 쓰시오.

> 설이나 추석처럼 해마다 일정하게 지키어 즐기거나 기념하는 날이다.

(   )

16 다음 중 중양절에 먹었던 대표적인 음식은 무엇입니까? (   )

① 떡국   ② 송편
③ 오곡밥   ④ 국화떡
⑤ 삼계탕

17 일 년 중에서 가장 마지막으로 맞이하게 되는 명절은 무엇입니까? (   )

① 설날   ② 단오
③ 동지   ④ 추석
⑤ 정월 대보름

서술형

18 옛날과 오늘날의 설날 세시 풍속 중에서 달라지지 않은 점은 무엇인지 쓰시오.

_____

_____

19 옛날부터 전해 내려오는 세시 풍속이 시간이 흐르면서 많이 바뀐 까닭과 거리가 먼 것은 무엇입니까? (   )

① 옛날보다 교통과 통신이 발달했기 때문에
② 과학 기술의 발달로 직업이 다양해졌기 때문에
③ 옛날보다 농사를 짓는 사람들이 많아졌기 때문에
④ 계절별로 하던 세시 풍속을 오늘날에는 언제든지 할 수 있게 되었기 때문에
⑤ 오늘날에는 대부분의 사람들이 회사나 공장 등에서 일하여 날씨와 계절의 영향을 적게 받기 때문에

20 다음과 같은 놀이를 주로 했던 명절은 언제입니까? (   )

① 설날   ② 단오
③ 한식   ④ 삼복
⑤ 동지

1 옛날 사람들의 생활 모습 중에서 시대가 다른 하나는 어느 것입니까? (   )

① 농사를 짓기 시작했다.
② 풀잎으로 옷을 만들어 입었다.
③ 동굴이나 바위 그늘에서 살았다.
④ 동물을 사냥해 먹을거리를 얻었다.
⑤ 식물의 열매나 뿌리를 채집해 먹었다.

2 오른쪽 도구의 쓰임새로 알맞은 것은 어느 것입니까? (   )

① 음식을 담았던 토기이다.
② 땅을 갈 때 사용한 돌괭이다.
③ 옷감을 만들 때 사용한 가락바퀴이다.
④ 동물을 사냥할 때 사용한 주먹도끼이다.
⑤ 물고기를 잡을 때 사용한 낚시 도구이다.

3 다음은 옛날 사람들이 도구를 만들었던 방법입니다. 오래된 것부터 순서대로 기호를 쓰시오.

> ㉠ 철로 도구를 만들어 사용했다.
> ㉡ 돌을 깨뜨려서 도구를 만들었다.
> ㉢ 청동으로 도구를 만들어 사용했다.
> ㉣ 돌을 갈아 나무에 끼워서 도구로 사용했다.

(   )

4 다음에서 설명하는 금속은 무엇인지 쓰시오.

> • 구리와 주석을 섞어 단단하게 만든 금속이다.
> • 귀하고 다루기 어려워서 주로 무기나 장신구, 제사를 지내는 도구를 만드는 데 주로 쓰였다.

(   )

5 돌 대신에 금속을 도구로 사용하면서 달라진 사람들의 생활 모습이 아닌 것은 어느 것입니까?
(   )

① 농업이 크게 발달했다.
② 사람들이 모여서 제사를 지냈다.
③ 농사보다 사냥을 더 많이 하게 되었다.
④ 튼튼한 무기로 전쟁에서 이길 수 있었다.
⑤ 쓰임새에 따라 다양한 도구를 만들게 되었다.

서술형
6 다음 그림을 보고 철로 만든 도구가 등장하면서 옛날 사람들의 생활 모습은 어떻게 달라졌는지 쓰시오.

_____

_____

7 다음은 곡식을 수확하는 도구의 발달 과정을 나타낸 것입니다. 빈칸에 들어갈 알맞은 도구는 무엇인지 쓰시오.

▲ 철로 만든 낫

▲ 탈곡기　　　　▲ 수확기(콤바인)

(　　　　　　　　)

8 오늘날 사람들이 밥을 지을 때 주로 사용하는 도구는 어느 것입니까? (　　　)

① 토기　　　　　② 시루
③ 가마솥　　　　④ 전기밥솥
⑤ 전자레인지

9 사람들이 다음과 같은 도구를 사용한 까닭으로 알맞은 것은 어느 것입니까? (　　　)

▲ 베틀　　　　　▲ 재봉틀

① 농사를 짓기 위해서
② 음식을 만들기 위해서
③ 곡식을 수확하기 위해서
④ 쉽고 빠르게 이동하기 위해서
⑤ 옷을 쉽고 빠르게 만들기 위해서

10 다음과 같은 모습으로 생활했던 사람들이 살았던 집은 어디인지 쓰시오.

> 이동 생활을 하면서 열매를 따거나 동물을 사냥해 먹을거리를 구했다.

(　　　　　　　　)

11 주로 농사를 짓던 사람들이 주변에서 구하기 쉬운 나무와 흙, 볏짚 등을 이용해 만든 집은 무엇입니까? (　　　)

① 움집　　　　　② 귀틀집
③ 초가집　　　　④ 기와집
⑤ 아파트

12 오른쪽 집의 좋은 점은 무엇입니까? (　　　)

① 방이 동그란 모양이라서 넓었다.
② 시멘트와 철근으로 지어 튼튼하다.
③ 오랫동안 지붕을 바꾸지 않고 살 수 있다.
④ 볏짚으로 지붕을 엮어 불에 탈 걱정이 없다.
⑤ 주변에서 쉽게 구할 수 있는 통나무와 진흙으로 벽을 만들었다.

📝 서술형

13 우리 조상들이 겨울을 따뜻하게 보내기 위해 사용한 온돌의 좋은 점은 무엇인지 쓰시오.

_____

_____

14 시대에 따라 집의 모양이 변화해도 달라지지 <u>않은</u> 점은 무엇입니까? (   )

① 화장실은 집과 멀리 떨어져 있다.
② 온 가족이 같이 식사 준비를 한다.
③ 남자와 여자가 생활하는 공간이 다르다.
④ 집에서 편안하게 휴식을 취하고 잠을 잔다.
⑤ 집 가운데에 불을 피워 음식을 만들어 먹는다.

15 설날이나 추석 같은 명절에 하는 세시 풍속이 아닌 것은 어느 것입니까? (   )

① 다른 나라로 여행을 간다.
② 아침에 조상들께 차례를 지낸다.
③ 한복이나 깨끗한 새 옷을 입는다.
④ 다양한 계절 음식을 만들어 먹는다.
⑤ 멀리 떨어져 살고 있는 친척들을 만난다.

🖋서술형

16 우리 조상들이 삼복에 다음과 같은 음식을 먹었던 까닭을 쓰시오.

_____

_____

17 옛날 설날에 집에 복이 많이 들어오기를 빌면서 걸어 두었던 것은 무엇입니까? (   )

① 연   ② 부채
③ 복조리   ④ 윷가락
⑤ 야광귀

18 다음과 같은 세시 풍속을 볼 수 있었던 계절을 쓰시오.

나쁜 기운을 몰아내고 새해에는 복을 받게 해 주세요.

(   )

19 다음 빈칸에 공동으로 들어갈 말을 쓰시오.

• 우리나라에는 옛날부터 계절에 따라 농사와 관련된 다양한 [   ]이 있었다.
• 오늘날에는 교통과 통신, 과학의 발달로 직업이 다양해지면서 [   ]의 모습이 많이 바뀌었다.

(   )

20 단오 부채 선물하기에 담긴 의미로 가장 알맞은 것은 어느 것입니까? (   )

① 추위를 피해라.
② 나쁜 기운을 쫓아라.
③ 찬 음식을 많이 먹어라.
④ 한 해를 잘 마무리해라.
⑤ 건강하게 여름을 보내라.

1 자연에서 얻은 도구를 사용하던 옛날 사람들이 도구를 만드는 데 사용한 재료가 <u>아닌</u> 것은 어느 것입니까? (   )

① 돌　　　　　　② 흙
③ 철　　　　　　④ 나무
⑤ 동물 가죽

✿ 다음 그림을 보고, 물음에 답하시오. [2~3]

2 위 시대에 살았던 사람들이 먹을거리를 얻었던 방법으로 알맞은 것은 어느 것입니까? (   )

① 농사를 지었다.
② 가축을 길렀다.
③ 씨앗을 뿌려 농작물을 길렀다.
④ 열매를 따거나 동물을 사냥했다.
⑤ 토기에 음식을 담아 보관하였다.

서술형

3 위 시대의 사람들이 동굴이나 바위 그늘에서 살았던 까닭은 무엇인지 쓰시오.

_____

_____

4 옛날 사람들이 돌을 이용해 만든 도구를 볼 수 있는 곳은 어디인지 두 곳을 고르시오. (,   )

① 공항　　　　　　② 박물관
③ 도서관　　　　　④ 유적지
⑤ 놀이 공원

5 다음 도구의 쓰임새로 알맞은 것은 어느 것입니까? (   )

① 실을 만드는 도구이다.
② 수확물을 담는 그릇이다.
③ 제사를 지낼 때 쓰였던 도구이다.
④ 동물을 잡는 데 사용한 사냥 도구이다.
⑤ 땅을 갈거나 일구는 데 사용한 농사 도구이다.

6 다음 도구를 만드는 데 사용한 금속은 무엇인지 쓰시오.

(   )

7 농기계를 사용해 농사를 지으면서 달라진 사람들의 생활 모습은 어느 것입니까? (　　　)

① 곡식의 생산량이 줄어들었다.
② 농사를 짓는 사람이 없어졌다.
③ 편리하게 농사를 지을 수 있게 되었다.
④ 싱싱한 농산물을 얻을 수 없게 되었다.
⑤ 한 가지 종류의 농산물만 생산하게 되었다.

서술형

8 사람들이 토기를 사용하기 시작하면서 먹는 음식에는 어떤 변화가 있었는지 쓰시오.

_____

9 농사를 짓기 시작한 옛날 사람들이 한 곳에 모여 살기 시작하면서 땅을 파고 기둥을 세운 후 풀과 짚을 덮어 만들었던 집은 무엇인지 쓰시오.

(　　　　　　　　)

10 오른쪽 집의 특징으로 가장 알맞은 것은 어느 것입니까? (　　　)

① 여러 층으로 지었다.
② 기와로 지붕을 덮었다.
③ 땅을 파고 기둥을 세운 후 지었다.
④ 풀, 짚, 갈대 등을 사용하여 지었다.
⑤ 통나무와 진흙으로 벽을 만들어 튼튼하다.

11 오른쪽 집에서 살 때의 불편한 점은 무엇입니까? (　　　)

① 지붕을 바꿀 수 없었다.
② 높게 지어 쉽게 무너졌다.
③ 해마다 지붕을 바꾸어야 했다.
④ 집이 좁아서 여름에는 매우 무더웠다.
⑤ 쉽게 구할 수 없는 재료로 집을 지었다.

응용

12 다음 친구들이 살고 있는 집에 대한 설명으로 알맞지 <u>않은</u> 것은 어느 것입니까? (　　　)

우리 집은 장미 아파트 505동이야.

어? 우리 집도 505동이야. 장미 아파트 건너편에 있는 무지개 아파트!

① 집집마다 넓은 마당이 있다.
② 높게 지어 여러 층으로 만들었다
③ 시멘트와 철근으로 만들어 튼튼하다.
④ 좁은 땅에 많은 사람이 함께 살 수 있다.
⑤ 오늘날 많은 사람이 살고 있는 집의 형태이다.

13 다음과 같은 모습으로 생활했던 사람들이 살았던 집을 <u>보 기</u>에서 골라 쓰시오.

보 기

㉠ 움집　㉡ 기와집　㉢ 아파트　㉣ 초가집

• 하나의 방에서 도구를 손질하고 음식을 만들어 먹었다.
• 한 공간에서 잠을 자고 집 가운데에 불을 피워 따뜻하게 지낼 수도 있었다.

(　　　　　　　　)

14 초가집에서 동물을 기르거나 농사와 관련된 여러 가지 일을 했던 장소는 어디입니까? (　　　)

① 마루　　　　　　② 마당
③ 헛간　　　　　　④ 부엌
⑤ 화장실

15 옛날의 세시 풍속과 관계 깊은 것을 두 가지 고르시오. (　　,　　)

① 나이　　　　　　② 농사일
③ 가족 수　　　　　④ 사는 지역
⑤ 계절 변화

16 다음 중 한식에 행했던 세시 풍속은 어느 것입니까? (　　　)

① 세배하기　　　　② 쥐불놀이
③ 성묘하기　　　　④ 차례 지내기
⑤ 그네뛰기

17 다음과 같은 세시 풍속을 볼 수 있었던 명절은 언제인지 쓰시오.

(　　　　　　　　　　)

18 농사와 관련하여 오른쪽과 같은 모습을 볼 수 있었던 계절은 언제인지 쓰고, 그 계절에 행했던 세시 풍속은 무엇인지 쓰시오.

(1) 계절: (　　　　　　　　　)

(2) 세시 풍속: _____

_____

19 다음 빈칸에 들어갈 알맞은 명절을 두 가지 고르시오. (　　,　　)

> 오늘날에는 농사와 관련된 풍속은 사라진 것이 많고, 대부분 [　　　]과 같은 큰 명절을 중심으로 하는 세시 풍속만 이어져 내려오고 있다.

① 설날　　　　　　② 한식
③ 단오　　　　　　④ 추석
⑤ 정월 대보름

20 윷놀이에 대한 설명으로 알맞지 <u>않은</u> 것은 어느 것입니까? (　　　)

① 방 안에서 젊은 남자들만 즐겼던 놀이이다.
② 윷을 던져 나온 결과에 따라 윷말을 움직인다.
③ 마을 사람들이 함께하면서 마을의 평안과 풍년을 빌었다.
④ 상대편의 윷말을 잡거나 윷이나 모가 나오면 한 번 더 던질 수 있다.
⑤ 옛날부터 설날과 정월 대보름 사이에 가정이나 마을에서 여럿이 함께 즐겼던 놀이이다.

우리 조상들이 겨울철에 사용한 옷감

우리 조상들이 겨울옷을 만들 때 사용한 대표적인 옷감에는 무명과 비단이 있습니다. 이 옷감들은 삼베와 모시에 비해 간격이 촘촘해서 바람이 잘 들어오지 않아 따뜻하게 입을 수 있었습니다.

무명

무명은 목화에서 씨를 발라 낸 솜에서 실을 뽑아 만든 옷감입니다. 목화는 고려 말 공민왕 때 문익점이 중국에서 목화씨를 가져온 후 전국으로 보급되었습니다.

무명의 원료인 목화는 전국 어디서나 잘 자라고, 다른 옷감에 비해 질기고 옷감을 짜기 쉬워 백성들의 의생활에 큰 변화를 가져왔습니다. 또, 부드럽고 손질하기도 쉬워 사계절 내내 사용되었는데, 겨울철에는 두 겹의 무명 사이에 목화솜을 넣어 따뜻하게 입었습니다.

비단

누에가 만든 누에고치에서 실을 뽑아 만든 옷감으로, 주로 염색을 하여 고운 색깔로 사용했습니다. 비단의 원료가 되는 누에는 키우기가 까다롭고, 옷감도 손질하기 어려웠기 때문에 옛날부터 비단은 주로 귀족층에서 많이 입었습니다. 또, 올 사이의 간격이 촘촘하며 부드럽고 따뜻하여 겨울에 즐겨 입었습니다. 광택과 촉감이 우수하며 옷감에 윤기가 흘러 혼례복 등 고급스럽고 화려한 옷을 만드는 데 사용되었습니다.

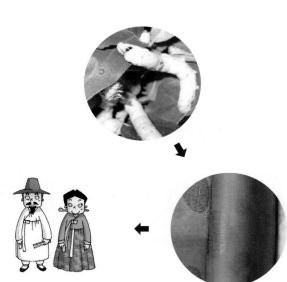

❶ 가족의 구성과 역할 변화 (1)

1 옛날과 오늘날의 결혼 풍습

① 옛날과 오늘날의 결혼식 모습

• 옛날에는 결혼식을 '혼례'하고 했습니다.

구분	옛날의 결혼식 자료 1	오늘날의 결혼식 자료 2
모습		
장소	신부의 집	결혼식장
입는 옷	화려한 예복(한복)	턱시도, 웨딩드레스
순서	신부의 집으로 가기 → 혼례 치르기 → 신랑의 집으로 이동하기 → 폐백 드리기	신랑, 신부 입장 → 혼인 서약 → 결혼반지 주고받기 → 폐백 드리기 → 신혼 여행 가기
주고받는 것	나무 기러기	결혼반지
그 밖의 것	신랑의 집에서 신랑의 부모님께 폐백을 드림.	폐백실에서 신랑과 신부의 부모님께 폐백을 드림.

② 옛날과 오늘날의 결혼식 비교하기

• 두 사람이 부부가 되어 새로운 가정을 이루는 중요한 의식이라는 결혼식의 의미는 옛날이나 오늘날이나 변하지 않았습니다.

• 달라진 점: 결혼식을 하는 장소, 결혼식을 하는 방법, 결혼식을 할 때 입는 옷이 달라졌습니다.
• 오늘날의 결혼식 모습은 서양의 결혼 문화가 들어와 우리나라의 혼례 문화와 결합해 옛날의 결혼식 모습과는 많이 달라졌습니다.

• 같은 점: 많은 사람에게 두 사람의 결혼을 알리고, 가족과 친척이 모여 신랑과 신부의 행복한 미래를 축복해 주는 모습은 같습니다.

2 옛날과 오늘날의 가족 형태

① 확대 가족과 핵가족 → 확대 가족은 가족의 수가 많은 편이지만, 핵가족은 가족의 수가 상대적으로 적습니다.

확대 가족	핵가족
결혼한 자녀와 부모가 함께 사는 가족	결혼하지 않은 자녀와 부모가 함께 사는 가족

② 옛날과 오늘날의 가족 형태: 농사를 주로 짓던 옛날에는 확대 가족이 대부분이었지만, 오늘날에는 핵가족이 더 많습니다.

③ 옛날에 확대 가족이 많았던 까닭: 옛날에는 주로 농사를 지어 일손이 많이 필요했기 때문입니다. → 옛날에는 결혼을 한 후에도 부모님과 함께 사는 경우가 많았습니다.

1 결혼하는 날 신랑은 말을 타고 신부의 집으로 갑니다.

2 신부의 집에 도착한 신랑이 신부 측에 나무 기러기를 건네주면 혼례가 시작됩니다.

3 신랑과 신부는 마주 보고 큰절을 올리고, 잔에 술을 부어 함께 나누어 마시며 혼인이 이루어졌음을 널리 알립니다.

4 혼례를 치르고 신부 집에서 며칠을 지낸 후에 신랑은 말을, 신부는 가마를 타고 신랑의 집으로 갑니다.

5 신랑의 집에 도착하면 어른들께 큰절을 올리고 새 식구가 되었음을 알리는 뜻으로 폐백을 드립니다.

6 어른들은 신랑과 신부를 축복하며 맞이해 줍니다.

• 오늘날에는 양성평등의 확산으로 폐백을 생략하거나 신랑, 신부의 부모님 모두에게 폐백을 드리는 경우가 많습니다.

• **야외 결혼식**: 실내뿐만 아니라 공원, 정원 등 야외에서 결혼식을 합니다.
• **이색 결혼식**: 바닷속에서 스쿠버 다이빙 복장으로 결혼식을 합니다.
• **전통 혼례**: 전통 혼례복을 입고 전통 혼례 방식으로 결혼식을 합니다.
• **작은 결혼식**: 신랑, 신부의 가족과 가까운 사람들이 모여 작은 규모로 결혼식을 합니다.

▲ 야외 결혼식

▲ 전통 혼례

🌸 주례

결혼식에서 신랑, 신부에게 도움이 되는 이야기를 하고 결혼 선서 등을 진행하는 사람입니다.

🌸 폐백

결혼식을 마치고 신부가 신랑의 집안 어른들께 첫인사를 올리는 것으로, 오늘날에는 결혼식장에 있는 폐백실에서 신랑, 신부 양쪽 집안 어른들께 폐백을 드립니다.

🌸 결혼 풍습에 담긴 의미

▲ 폐백

▲ 나무 기러기

• 폐백에서 대추와 밤을 던지는 까닭: 신랑, 신부가 자식을 많이 낳고 부자가 되기를 바라는 마음을 담아 대추와 밤을 던집니다.
• 신랑이 신부에게 나무 기러기를 주는 까닭: 기러기는 한 번 짝을 맺으면 죽을 때까지 사랑을 지킨다고 알려져 있습니다. 신랑은 신부에게 오래도록 행복하게 함께 살라는 의미로 기러기를 주었습니다.

🔖 용어 풀이

❶ 혼례(婚 혼인할 혼 禮 예도 례(예)) 남녀가 부부 관계를 맺는 서약을 하는 의식으로 결혼식을 가리킴.
❷ 혼인(婚 혼인할 혼 姻 혼인 인/시집갈 인) 결혼과 같은 말로, 남자와 여자가 정식으로 부부가 되어 가정을 이루는 것을 말함.
❸ 가마 예전에 한 사람이 안에 타고 둘이나 넷이 들거나 메던, 조그만 집 모양의 탈 것.

✏️ 개념을 확인해요

1 ☐☐☐은 두 사람이 부부가 되어 새로운 가정을 이루는 중요한 의식입니다.

2 옛날 결혼식에는 신랑과 신부가 오래도록 행복하게 살기를 바라는 뜻에서 신랑이 신부에게 ☐☐ ☐☐☐를 주었습니다.

3 결혼식을 마치고 신부가 신랑의 집안 어른들께 첫인사를 올리는 것을 ☐☐이라고 합니다.

3 단원

4 오늘날의 결혼식에서 신부는 ☐☐☐☐ ☐를 입습니다.

5 오늘날에는 실내뿐만 아니라 공원, 정원 등 ☐ ☐에서 결혼식을 합니다.

6 오늘날에는 결혼식이 끝나면 ☐☐☐ ☐을 갑니다.

7 옛날과 오늘날의 결혼식 모습은 달라도 가족과 친척이 모여 ☐☐해 주는 모습은 같습니다.

8 결혼한 자녀와 부모가 함께 사는 가족을 ☐☐ ☐☐이라고 합니다.

9 결혼하지 않은 자녀와 부모가 함께 사는 가족을 ☐ ☐이라고 합니다.

10 옛날에는 주로 농사를 지어 일손이 많이 필요했기 때문에 ☐☐☐☐이 많았습니다.

❶ 가족의 구성과 역할 변화 (2)

┌─ 오늘날에는 결혼을 한 후에 직장이나 자녀 교육 등 여러 가지 까닭으로 부모님과 따로 떨어져 사는 경우가 많습니다.

④ 오늘날 핵가족이 많은 까닭 [자료 3]

• 취업이나 자녀 교육을 위해 다른 지역으로 이사를 가기 때문입니다.

• 개인 생활을 위해 독립하는 경우가 늘어났기 때문입니다.

❸ 가족 구성원의 역할이 변화한 까닭

① 옛날 가족 구성원의 역할 ─┐ 옛날에는 가정에서 남성과 여성의 역할이 구분되었으며, 남자는 주로
                              바깥일을 하고 여자는 집안일을 했습니다.

할아버지	손자들의 글공부를 가르침.
할머니	손주를 돌보거나 집안일을 함.
아버지	농사일이나 바깥일을 함.
어머니	아이를 돌보거나 집안일을 함.
아들	글공부를 함.
딸	어머니를 도와 집안일을 하거나 바느질을 함.

② 오늘날 가족 구성원의 모습

▲ 부모가 모두 일하는 경우가 많아짐　▲ 부부가 함께 자녀를 돌봄　▲ 역할을 나누어 집안일을 함

• 여성이 직업을 가지고 일하는 맞벌이 가정이 늘어났습니다.

• 예전보다 가정에서 남성과 여성의 역할 구분이 없어졌습니다.

• 집안의 중요한 일을 가족 구성원이 함께 의논해 결정합니다. ─┐

③ 가족 구성원의 역할이 변화하게 된 까닭　　옛날에는 가장인 아버지의 뜻에 따라
　　　　　　　　　　　　　　　　　　　　　　　집안의 중요한 일을 결정하였습니다.

• 오늘날에는 교육 받을 기회가 늘어나면서 여성의 사회 진출이 활발해 졌습니다.

• 예전보다 남녀가 평등하다는 의식이 높아졌습니다. [자료 4]

❹ 가족 구성원의 바람직한 역할

① 가족 간의 갈등: 어느 가족이라도 가족 구성원들의 생각이 달라 어려움을 겪을 수 있습니다.

② 가족 간의 갈등을 해결하기 위해 필요한 자세

• 가족 구성원으로서 자신의 역할을 바로 알고 실천합니다. [자료 5]

• 갈등을 피하지 말고 대화를 하면서 서로의 생각을 나눕니다.

• 가족 모두가 서로 존중하고 배려하며 협력합니다.

③ 행복한 가정을 만들기 위한 실천 방법

• 내가 할 수 있는 집안일을 찾아 스스로 합니다. ─ 이불 개기, 빨래 널기, 신발 정리하기 등

• 일정 시간을 정해 가족들과 대화를 나누거나 가족회의를 합니다.

[자료 3] 핵가족이 많은 까닭

우리 교육 때문에 도시로 이사 왔어요.

도시에 직장을 구하게 되어 부모님과 떨어져 살게 되었어요.

[자료 4] 남녀 평등

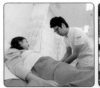

▲ 남자 간호사　　▲ 여자 소방관

남녀를 차별하지 않고 동등하게 대우하며 똑같은 참여 기회를 주는 것을 말합니다. 오늘날에는 남녀 평등 의식이 높아지면서 남자도 간호사가 될 수 있고, 여자도 소방관이 될 수 있습니다.

[자료 5] 역할 평가표

일주일 동안 가족 구성원으로서 나의 역할을 잘 실천했는지 스스로 평가해 봅니다.

실천 기간: 20 년 월 일 ～ 20 년 월 일

	가족 구성원으로서 나의 역할	평가하기
1	내 방을 깨끗이 정리했다.	☆☆☆☆☆
2	가족에게 힘이 되는 따뜻한 말을 했다.	☆☆☆☆☆
3	학교에서 돌아와 과제를 스스로 했다.	☆☆☆☆☆
4	빨래 널기나 설거지 등 집안일을 함께했다.	☆☆☆☆☆
5	스마트폰 사용을 줄이고 가족과 대화를 자주 했다.	☆☆☆☆☆
6		☆☆☆☆☆

가족 역할

가족 구성원에게 기대되는 역할을 구성원이 서로 실천하고 수행하는 것을 말합니다. 가족 구성원의 지위는 역할 기대와 수행이 항상 비례합니다. 더불어 가족 역할이 균형을 유지하는 보완적, 협력적 관계에 있을 때 가족의 통합이 이루어집니다.

미래의 새로운 가족 구성원, 반려 로봇

현재까지 개발된 반려 로봇의 모습을 살펴보면 식사 준비를 하는 등 집안일을 도와주거나, 동화책을 읽어 주고 자장가를 불러 주며 슬픔을 표현하기도 하는 등의 돌봄 역할을 수행하고 있습니다. 또한 짧은 질문에 대답하며 대화의 상대가 되어 주기도 합니다. 1인 가구, 고령화 가족 등 변화하는 미래의 가족 모습에서 '반려 로봇'의 등장은 가족 구성원의 모습에도 영향을 미칠 것입니다.

가족 구성원으로서 바람직한 역할을 실천하는 방법

가족 구성원으로서 바람직한 역할을 실천하려면 먼저 우리 가족이 가지고 있는 문제가 무엇인지 정확히 아는 것이 중요합니다. 가족회의를 열어서 우리 가족이 가지고 있는 문제를 알고 행복한 가정을 만들기 위해 실천할 수 있는 구체적인 해결 방법을 찾아봅니다.

용어 풀이

❹ **취업** 일정한 직업을 잡아 직장에 나감.
❺ **역할**(役 부릴 역 割 나눌 할) 지위에 따라 기대되는 일정한 행동 방식.
❻ **맞벌이** 부부가 직업을 가지고 일하는 것.
❼ **갈등**(葛 칡 갈 藤 등나무 등) 서로 생각이나 마음이 맞지 않아 다투는 상황.
❽ **배려** 도와주거나 보살펴 주려고 마음을 씀.

개념을 확인해요

11 오늘날에는 취업이나 자녀 교육 때문에 □□ □ 이 많아지고 있습니다.

12 옛날에 주로 농사일이나 장사와 같은 바깥일을 한 가족 구성원은 □□□ 입니다.

13 옛날 가정에서 어머니는 주로 아이를 돌보거나 □ □□ 을 도맡아 하였습니다.

14 오늘날에는 부부가 직업을 가지고 일하는 □ □□ 가정이 늘어났습니다.

15 오늘날에는 옛날보다 가정에서 남성과 여성의 □□ 구분이 없어졌습니다.

16 오늘날에는 교육 받을 기회가 늘어나면서 □□ 의 사회 진출이 활발해졌습니다.

17 남녀가 □□ 하다는 의식이 높아지면서 가족 구성원의 역할도 변화하게 되었습니다.

18 어느 가족이라도 가족 구성원들의 □□ 이 달라 어려움을 겪을 수 있습니다.

19 가족 간에 갈등이 생기면 갈등을 피하려고만 하지 말고 □□ 를 하면서 서로의 생각을 이해합니다.

20 가족끼리 모여 □□□□ 를 열면 가족 문제를 알고 해결 방법을 찾을 수 있습니다.

핵심 1   옛날과 오늘날의 결혼 풍습

✿ 옛날과 오늘날의 결혼식

구분	옛날의 결혼식	오늘날의 결혼식
장소	신부의 집	결혼식장
입는 옷	한복	턱시도, 웨딩드레스
주고받는 것	나무 기러기	결혼반지
결혼식 후에 하는 일	신부의 집에서 며칠을 지낸 후 신랑의 집으로 감.	신혼여행을 감.

✿ 옛날과 오늘날의 결혼식에서 변하지 않은 것

• 많은 사람에게 두 사람의 결혼을 알립니다.
• 가족과 친척이 모여 신랑과 신부의 행복한 미래를 축복해 줍니다.

1 다음은 옛날의 결혼식과 오늘날의 결혼식 중 어느 때의 모습인지 쓰시오.

(   )의 결혼식

2 옛날과 오늘날의 결혼식에서 변하지 않은 것을 두 가지 고르시오. (,   )

① 신혼여행을 가는 것
② 결혼반지를 주고받는 것
③ 많은 사람에게 두 사람의 결혼을 알리는 것
④ 신랑의 집에서 신랑의 부모님께 폐백을 드리는 것
⑤ 가족과 친척이 모여 신랑과 신부를 축하해 주는 것

핵심 2   옛날과 오늘날의 가족 형태

✿ 확대 가족과 핵가족

확대 가족	핵가족
결혼한 자녀와 부모가 함께 사는 가족	결혼하지 않은 자녀와 부모가 함께 사는 가족

✿ 옛날과 오늘날의 가족 형태

• 옛날에 확대 가족이 많았던 까닭: 옛날에는 주로 농사를 지어 일손이 많이 필요했기 때문에 가족들이 모여 살았습니다.
• 오늘날 핵가족이 많은 까닭: 취업이나 자녀 교육을 위해 다른 지역으로 이사를 가거나 개인 생활을 위해 독립하는 경우가 늘었기 때문입니다.

3 다음 그림에 나타난 가족 형태는 무엇인지 쓰시오.

(1)   (2)

(   ) (   )

4 다음과 같은 이유로 오늘날에 많이 볼 수 있는 가족 형태를 쓰시오.

> 취업이나 자녀 교육을 위해 다른 지역으로 이사를 가거나 개인 생활을 위해 독립하는 경우가 늘어나고 있다.

(   )

핵심 3 가족 구성원의 역할이 변화한 까닭

🌸 옛날 가족 구성원의 역할

할아버지	손자들의 글공부 가르치기
할머니	손주를 돌보거나 집안일하기
아버지	농사일이나 바깥일하기
어머니	아이를 돌보거나 집안일하기
아들	글공부하기
딸	집안일을 돕거나 바느질하기

🌸 오늘날 가족 구성원의 모습
- 부모가 함께 자녀를 돌봅니다.
- 역할을 나눠 집안일을 합니다.
- 가족회의로 집안일을 의논합니다.

🌸 가족 구성원의 역할이 변화하게 된 까닭
- 오늘날에는 교육 받을 기회가 늘어나면서 여성의 사회 진출이 활발해졌습니다.
- 남녀가 평등하다는 의식이 높아졌습니다.

5 옛날 가족 구성원의 모습에는 '옛', 오늘날 가족 구성원의 모습에는 '오'라고 쓰시오.

(1) 남자들은 주로 바깥일을 한다. (　　　)

(2) 아버지의 뜻에 따라 집안의 중요한 일을 결정한다. (　　　)

(3) 맞벌이 가정이 증가하면서 집안일을 가족 구성원이 나누어 한다. (　　　)

6 가족 구성원의 역할이 변화하게 된 까닭으로 알맞지 <u>않은</u> 것은 어느 것입니까? (　　　)

① 남녀 평등 의식이 낮아졌기 때문에
② 교육 받을 기회가 확대되었기 때문에
③ 가족 구성원의 수가 줄어들었기 때문에
④ 사회 활동을 하는 여성이 많아졌기 때문에
⑤ 남녀에게 같은 교육 기회를 제공하기 때문에

핵심 4 가족 구성원의 바람직한 역할

🌸 가족 간의 갈등 해결

갈등이 생기는 까닭	가족 구성원 간에 서로 생각이 다르기 때문에
갈등을 해결하기 위해 필요한 자세	• 가족 구성원으로서 자신의 역할을 바로 알고 실천해야 함. • 대화를 나누면서 서로의 생각을 이해하는 것이 필요함. • 가족 모두가 서로 존중하고 배려하는 마음을 가져야 함.

🌸 행복한 가족을 만들기 위한 방법
- 이불 개기, 신발 정리하기 등 내가 할 수 있는 집안일을 찾아 스스로 합니다.
- 가족들과 일정 시간을 정해 대화를 나누거나 가족회의를 합니다.

7 다음과 같은 가족 간의 갈등을 해결하는 방법으로 알맞은 것을 두 가지 고르시오. (　　，　　)

① 부모님께서 회사를 그만 둔다.
② 가족 모두가 서로 존중하고 배려한다.
③ 약속을 지키지 않은 부모님을 원망한다.
④ 대화를 나누면서 서로의 생각을 이해한다.
⑤ 아버지와 어머니는 무슨 일이 있어도 자녀들과의 약속은 지키도록 한다.

8 행복한 가정을 만들기 위해 내가 실천할 수 있는 일은 무엇인지 쓰시오.

_____

_____

1 옛날에는 결혼식을 어느 곳에서 했습니까?
( )

① 공원
② 민속촌
③ 결혼식장
④ 신부의 집
⑤ 신랑의 집

🔖 주의

2 다음은 옛날의 결혼식 모습입니다. 진행 순서에 맞게 기호를 쓰시오.

> ㉠ 신랑의 집안 어른들께 폐백을 드린다.
> ㉡ 신랑이 말을 타고 신부의 집으로 간다.
> ㉢ 신랑이 신부 측에 나무 기러기를 건네준다.
> ㉣ 신랑과 신부는 마주 보고 큰절을 올리고, 잔에 술을 부어 함께 나누어 마신다.
> ㉤ 신부 집에서 며칠을 지낸 후에 신랑은 말, 신부는 가마를 타고 신랑의 집으로 간다.

( )

3 다음 사진을 보고, 빈칸에 들어갈 알맞은 말을 쓰시오.

오늘날에는 실내뿐만 아니라 공원, 정원 등 ▢에서 결혼식을 한다.

( )

🌸 다음 일기를 읽고, 물음에 답하시오. [4~5]

> 20○○년 ○○월 ○○일 ○요일 　　날씨: 맑음
>
> **삼촌의 결혼식**
>
> 　삼촌의 결혼식에 다녀왔다. 옷을 단정하게 입고 부모님과 결혼식장으로 갔다. 결혼식장에서 할아버지, 할머니, 고모, 사촌 등 친척을 만났다. 삼촌은 검은색 멋진 ▢㉠ 을(를) 입었고, 숙모는 흰색의 아름다운 ▢㉡ 을(를) 입었다. 신랑과 신부는 결혼반지를 주고받고 주례와 하객의 축복 속에서 부부가 되었다. 결혼식을 마친 삼촌과 숙모는 한복으로 갈아입고 폐백실에서 신랑, 신부 양쪽 집안 어른들께 폐백을 드렸다. 그리고 삼촌과 숙모는 신혼여행을 갔다. 삼촌과 숙모가 행복하게 잘 살았으면 좋겠다.

4 위 글의 ㉠, ㉡에 들어갈 알맞은 말을 쓰시오.

㉠: ( ) ㉡: ( )

✏️ 서술형

5 오늘날 결혼식에서 볼 수 있는 전통 혼례의 모습은 무엇인지 위에서 찾아 쓰시오.

_____

_____

⭐ 중요

6 옛날과 오늘날의 결혼식에서 변하지 않은 것을 두 가지 고르시오. (,)

① 결혼식을 하는 방법
② 결혼식을 할 때 입는 옷
③ 결혼식을 할 때 주고받는 것
④ 신랑과 신부의 행복한 미래를 축복해 주는 모습
⑤ 두 사람이 부부가 되는 것을 많은 사람에게 알리는 점

7 폐백 때 어른들이 절을 받은 후, 신랑과 신부가 자식을 많이 낳고 부자가 되기를 바라는 마음을 담아 신부의 치마에 던져 주는 것을 두 가지 쓰시오.

( )

❀ 다음 가족 모습을 보고, 물음에 답하시오. [8~10]

(가)   (나)

8 위 (가), (나)와 같은 가족 형태를 무엇이라고 하는지 쓰시오.

(가): ( ) (나): ( )

서술형

9 위 (가), (나) 가족의 특징은 무엇인지 쓰시오.

(1) (가): _____

_____

(2) (나): _____

_____

중요

10 위의 (가), (나) 중에서 옛날에 많이 볼 수 있었던 가족 형태는 무엇인지 기호를 쓰시오.

( )

11 준수네 가족의 다음 모습을 보고, 확대 가족과 핵가족 중 어디에 속하는지 쓰시오.

( )

중요

12 오늘날 핵가족이 많은 까닭을 잘못 말한 사람은 누구입니까? ( )

① 아이의 교육을 위해 도시로 이사 왔어요.

② 농사를 지으려면 일손이 많이 필요해요.

③ 도시에 직장을 구하게 되어 부모님과 떨어져 살게 되었어요.

④ 평생 농사지으며 산 고향을 떠나고 싶지 않아 자식과 떨어져 살고 있어요.

13 옛날 가정에서 아버지는 주로 어떤 일을 했습니까? ( )

① 바느질을 했다.
② 농사일을 했다.
③ 아이를 돌봤다.
④ 우물가에서 빨래를 했다.
⑤ 어머니를 도와 집안 살림을 했다.

14 옛날에 집에서 다음과 같은 일을 주로 한 사람은 누구인지 쓰시오.

> 밥 짓기, 빨래하기, 청소하기

(   )

중요

15 오늘날 가정의 생활 모습으로 알맞지 <u>않은</u> 것은 어느 것입니까? (   )

① 부모가 함께 자녀를 돌본다.
② 역할을 나눠 집안일을 한다.
③ 아들과 딸을 평등하게 대우한다.
④ 남성과 여성의 역할 구분이 심해졌다.
⑤ 부모가 모두 일하는 경우가 많아졌다.

16 오늘날 집안의 중요한 일을 결정하는 모습으로 알맞지 <u>않은</u> 것은 어느 것입니까? (   )

① 개인의 의견을 존중한다.
② 부부가 의논해 결정한다.
③ 가족회의를 열어 결정한다.
④ 부모와 자녀가 함께 결정한다.
⑤ 아버지의 의견에 무조건 따른다.

주의

17 오늘날 가족 구성원의 역할이 변화하게 된 까닭으로 알맞은 것을 두 가지 고르시오. (,   )

① 남녀가 평등하다는 의식이 높아졌다.
② 사회 활동을 하는 여성이 줄어들었다.
③ 예전보다 가족 구성원의 수가 늘어났다.
④ 남자를 여자보다 귀하게 여기게 되었다.
⑤ 남녀 모두 교육 받을 기회가 동등해졌다.

※ 가족 구성원들이 겪는 문제를 나타낸 다음 그림을 보고, 물음에 답하시오. [18~19]

18 위 가족에게 문제가 생긴 까닭은 무엇입니까? (   )

① 자녀들이 말썽을 피우기 때문에
② 가족 구성원 간에 생각이 다르기 때문에
③ 집안일을 가족이 함께 나눠 하기 때문에
④ 가족 구성원 간에 서로 배려해 주기 때문에
⑤ 아버지와 어머니가 직장에 다니시기 때문에

19 위와 같은 가족 간의 문제를 해결하기 위해 필요한 자세는 어느 것입니까? (   )

① 가족 간 대화를 줄인다.
② 자신의 편안함을 추구한다.
③ 부모님의 말씀만 존중한다.
④ 서로 이해하고 배려하며 협력한다.
⑤ 가족들에게 자신의 요구 사항을 강하게 말한다.

서술형

20 다음 가족회의록을 보고, 밑줄 친 부분에 들어갈 알맞은 내용을 써 넣어 완성하시오.

> **우리 집 가족회의**
>
> • 날짜: 20△△년 △△월 △△일
>
> • 우리 가족의 문제: 어머니께서 회사를 다니시면서 집안일도 맡아 힘들어 하신다.
>
> • 해결 방법: _____
>
> _____

1 옛날의 결혼식 모습으로 알맞지 <u>않은</u> 것은 어느 것입니까? (   )

① 결혼식이 끝나면 신혼여행을 갔다.
② 신랑과 신부는 화려한 예복을 입었다.
③ 신랑이 신부의 집으로 가서 혼례를 치렀다.
④ 혼례를 치르고 신부의 집에서 며칠을 지낸 후에 신랑의 집으로 갔다.
⑤ 신랑과 신부는 마주 보고 큰절을 올리고, 잔에 술을 부어 나누어 마셨다.

❀ 다음 사진을 보고, 물음에 답하시오. [2~3]

중요
2 결혼식 때 볼 수 있는 위와 같은 풍습을 무엇이라고 하는지 쓰시오.

(   )

서술형
3 위와 같은 결혼 풍습은 옛날과 오늘날 모습이 어떻게 다른지 쓰시오.

(1) 옛날:

_____

_____

(2) 오늘날:

_____

_____

4 오늘날의 다양한 결혼식 모습 중 하나입니다. 다음과 같은 결혼식을 무엇이라고 하는지 쓰시오.

(   )

❀ 옛날과 오늘날의 결혼식을 비교한 다음 표를 보고, 물음에 답하시오. [5~6]

구분	옛날의 결혼식	오늘날의 결혼식
결혼식을 하는 장소	신부의 집	㉠
결혼식 때 입는 옷	한복	턱시도, 웨딩드레스
결혼식을 할 때 주고받는 것	㉡	결혼반지

5 위 표의 ㉠에 들어갈 알맞은 장소를 쓰시오.

(   )

서술형
6 위 표의 ㉡에 들어갈 알맞은 물건을 쓰고, 신랑이 신부에게 이것을 주었던 까닭은 무엇인지 쓰시오.

(1) 물건: (   )

(2) 주었던 까닭:

_____

_____

_____

주의

7 옛날과 오늘날의 결혼식에 대한 설명으로 바르지 않은 것은 어느 것입니까? (   )

① 옛날에는 결혼식을 혼례라고 했다.
② 오늘날에는 결혼식 모습이 다양해지고 있다.
③ 오늘날의 결혼식 모습은 옛날과 많이 달라졌다.
④ 옛날과 오늘날의 결혼식에 담긴 의미는 많이 다르다.
⑤ 옛날과 오늘날의 결혼식 모습은 달라도 축하해 주는 마음은 같다.

8 준수네 가족 사진을 보고, 알맞은 말에 ○표 하시오.

준수네 가족은 (확대 가족, 핵가족)이다.

9 다음 가족 구성원을 보고, 확대 가족이면 '확', 핵가족이면 '핵'이라고 쓰시오.

(1) 아버지, 어머니, 나   (   )
(2) 할아버지, 할머니, 아버지, 어머니, 나
                                        (   )
(3) 아버지, 어머니, 언니, 오빠, 나, 남동생
                                        (   )

중요

10 가족 형태에 대해 바르게 설명한 것은 어느 것입니까? (   )

① 옛날에는 핵가족이 많았다.
② 오늘날에는 확대 가족이 많다.
③ 확대 가족은 가족의 수가 많은 편이다.
④ 결혼한 자녀와 부모가 함께 살면 핵가족이다.
⑤ 결혼하지 않은 자녀와 부모가 함께 살면 확대 가족이다.

서술형

11 다음 그림을 보고 옛날에 많았던 가족 형태와 이러한 가족 형태가 많았던 까닭을 쓰시오.

(1) 가족 형태: (   )
(2) 많았던 까닭:
_____

_____

중요

12 다음 빈칸에 들어갈 알맞은 가족 형태를 쓰시오.

오늘날에는 취업이나 자녀 교육을 위해 다른 지역으로 이사를 가거나 개인 생활을 위해 독립하는 경우가 늘어나면서 □□□이 많아졌다.

(   )

13 옛날 가정에서 여자들이 주로 했던 일이 아닌 것은 어느 것입니까? (   )

① 빨래하기
② 바느질하기
③ 아이 돌보기
④ 농사일 등 바깥일 하기
⑤ 우물에 가서 물 길어 오기

14 옛날 가족들의 생활 모습으로 알맞은 것은 어느 것입니까? (　　　)

① 직장에 다니는 어머니가 많았다.
② 가정에서 여성과 남성의 역할이 달랐다.
③ 아버지나 할아버지가 주로 집안일을 했다.
④ 할머니는 손자들의 글공부를 가르쳐 주었다.
⑤ 딸은 글공부를 하고 아들은 어머니를 도와 집안일을 했다.

15 오늘날 가족 구성원의 모습으로 알맞은 것을 두 가지 고르시오. (　　 , 　　)

① 아들보다 딸을 더 귀하게 여긴다.
② 가장인 아버지의 뜻에 따라 집안의 중요한 일을 결정한다.
③ 여성은 사회생활을 하지 않고 가정에서 집안일을 도맡아 한다.
④ 맞벌이 가정이 증가하면서 집안일을 가족 구성원이 함께 나눠 한다.
⑤ 가족 구성원의 의견을 존중해 집안의 중요한 일은 함께 의논해 결정한다.

16 다음 밑줄 친 곳에 들어갈 내용으로 알맞은 것은 어느 것입니까? (　　　)

> 옛날과 달리 오늘날에는 교육 받을 기회가 늘어나면서 _____

① 남성의 지위가 낮아졌다.
② 맞벌이 가정이 줄어들었다.
③ 여성의 사회 진출이 활발해졌다.
④ 남자들이 집안일을 도맡아 하게 되었다.
⑤ 직업을 가지고 일하는 여성이 크게 줄어들었다.

17 다음 빈칸에 들어갈 알맞은 말을 쓰시오.

> 오늘날에는 예전보다 가족 구성원의 수가 줄어들고 남녀가 [　　　　]하다는 의식이 높아지면서 가족 구성원의 역할도 변화했다.

(　　　　　　　　　　)

18 가족 간에 갈등이 생기는 경우와 거리가 먼 것은 어느 것입니까? (　　　)

① 자신만의 편안함을 추구할 때
② 가족 구성원들의 생각이 다를 때
③ 가족에게 상처 주는 말을 했을 때
④ 가족 구성원으로서의 역할을 충실히 수행할 때
⑤ 가족 간에 지켜야 할 약속을 지키지 않았을 때

19 가족 간의 갈등을 극복하기 위해 필요한 자세를 두 가지 고르시오. (　　 , 　　)

① 무시　　　　　② 존중
③ 강압　　　　　④ 배려
⑤ 따돌림

20 행복한 가정을 만들기 위한 노력으로 알맞지 <u>않은</u> 것은 어느 것입니까? (　　　)

① 동생에게 심부름을 시킨다.
② 형제자매 간에 서로 양보한다.
③ 부모님께 예의 바르게 행동한다.
④ 내가 할 수 있는 집안일을 찾아 스스로 한다.
⑤ 가족들과 일정 시간을 정해 대화를 나누거나 가족회의를 한다.

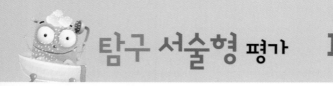
1 옛날의 결혼식 과정을 나타낸 것입니다. 물음에 답하시오.

> **1** 신랑은 말을 타고 신부의 집으로 간다.
> **2** 신랑이 신부 측에 나무 기러기를 건네주며 혼례가 시작된다.
> **3** 신랑과 신부는 마주 보고 큰절을 올리고, 잔에 술을 부어 함께 나누어 마시며 혼인이 이루어졌음을 널리 알린다.
> **4** 혼례를 치르고 _____
> **5** 신부가 신랑의 집에 도착하면 어른들께 큰절을 올리고 새 식구가 되었음을 알리는 뜻으로 폐백을 드린다.

(1) 위 **2** 과정에서 나무 기러기를 건네준 까닭은 무엇인지 쓰시오.

_____

_____

(2) 위 **4** 과정의 밑줄 친 곳에 들어갈 알맞은 내용을 쓰시오.

_____

_____

> **관련 핵심 개념**
>
> **옛날의 결혼식 모습**
>
> 옛날의 결혼식은 '혼례 치르기 → 신랑의 집으로 이동하기 → 폐백 드리기' 순서로 진행되었으며, 결혼식을 하는 장소, 결혼식 때 입는 옷, 결혼식을 하는 방법 등은 오늘날과 달랐습니다.

2 다음 가족 모습을 보고, 물음에 답하시오.

▲ 확대 가족

▲ 핵가족

(1) 위의 두 가족 모습을 보고, 확대 가족과 핵가족을 구분하는 기준을 쓰시오.

_____

_____

(2) 오늘날 많이 볼 수 있는 가족 형태를 위에서 찾아 쓰고, 이러한 가족 형태가 많은 까닭은 무엇인지 쓰시오.

_____

_____

> **관련 핵심 개념**
>
> **확대 가족과 핵가족**
>
> • 확대 가족: 결혼한 자녀와 부모가 함께 사는 가족으로, 가족의 수가 많은 편입니다.
> • 핵가족: 결혼하지 않은 자녀와 부모가 함께 사는 가족으로, 가족의 수가 상대적으로 적습니다.

3 오늘날 가족 구성원의 역할 변화를 나타낸 다음 그림을 보고, 물음에 답하시오.

(가)   (나)   (다)

(1) 오늘날 가족 구성원의 역할 변화 모습을 정리한 것입니다. 관련 있는 그림을 위에서 찾아 기호를 쓰시오.

① 부모가 함께 자녀를 돌본다.	
② 역할을 나눠 집안일을 한다.	
③ 부모가 함께 일하는 경우가 많아졌다.	

(2) 옛날과 비교하여 가정에서 남성과 여성의 역할은 어떻게 변화되었는지 위 그림을 참고해 쓰시오.

_____

_____

관련 핵심 개념

옛날과 오늘날 가족 구성원의 역할 변화

• 옛날: 남성들은 주로 바깥일을 하고, 여성들은 사회 활동을 하지 않고 가정에서 집안일을 도맡아 하였습니다.

• 오늘날: 여성이 직업을 가지고 일하는 맞벌이 가정이 늘어났으며, 집안일을 가족이 함께 나누어 하는 경우가 많아졌습니다.

3 단원

4 다음은 윤호네 가족이 가족회의를 하고 정리한 것입니다. 윤호네 가족의 문제를 해결하기 위한 알맞은 방법을 써 넣으시오.

> **우리 집 가족회의**
>
> • 날짜: 20△△년 △△월 △△일
>
> • 가족의 문제: 가족 간에 대화가 부족하다.
>
>
>
> • 해결 방법: _____
>
> _____
>
> _____

관련 핵심 개념

가족 간의 갈등을 해결하기 위해 필요한 자세

• 서로 존중하고 배려합니다.

• 가족 안에서 자신의 역할을 바로 알고 실천합니다.

• 대화를 하면서 서로의 생각을 나눕니다.

탐구 서술형 평가   2

1 옛날과 오늘날의 결혼식 모습을 보고, 물음에 답하시오.

▲ 옛날의 결혼식

▲ 오늘날의 결혼식

(1) 옛날과 오늘날 결혼식을 하는 장소와 결혼식 때 입는 옷은 어떻게 다른지 쓰시오.

① 결혼식을 하는 장소:＿＿＿＿＿＿＿＿＿＿＿＿＿＿＿＿＿＿＿＿

＿＿＿＿＿＿＿＿＿＿＿＿＿＿＿＿＿＿＿＿＿＿＿＿＿＿＿＿＿＿＿

② 결혼식 때 입는 옷:＿＿＿＿＿＿＿＿＿＿＿＿＿＿＿＿＿＿＿＿＿

＿＿＿＿＿＿＿＿＿＿＿＿＿＿＿＿＿＿＿＿＿＿＿＿＿＿＿＿＿＿＿

(2) 옛날과 오늘날의 결혼식에서 변하지 않은 점은 무엇인지 쓰시오.

＿＿＿＿＿＿＿＿＿＿＿＿＿＿＿＿＿＿＿＿＿＿＿＿＿＿＿＿＿＿＿

＿＿＿＿＿＿＿＿＿＿＿＿＿＿＿＿＿＿＿＿＿＿＿＿＿＿＿＿＿＿＿

2 다음 그림을 보고, 빈 곳에 알맞은 말을 써 넣어 완성하시오.

우리 교육 때문에 이곳으로 이사왔대요.

도시에 직장을 구하게 되어 부모님과 떨어져 살게 되었어요.

오늘날에는 ＿＿＿＿＿＿＿＿＿＿＿＿＿＿＿＿＿＿＿＿＿＿＿

＿＿＿＿＿＿＿＿＿＿＿＿＿＿＿＿＿＿＿＿＿ 핵가족이 많아졌다.

3 다음 만화를 보고, 물음에 답하시오.

관련 핵심 개념

가족 간 갈등

가족 구성원 간에 서로 생각과 입장이 다르기 때문에 가족 간의 갈등이 발생하며, 갈등을 해결하기 위해서는 서로 존중하고 배려하는 태도가 필요합니다.

(1) 다음 표는 각 가족 구성원의 입장을 정리한 것입니다. 해당하는 구성원은 누구인지 위에서 찾아 쓰시오.

①	②	③
평일에는 가족을 위해 바쁘게 일했기 때문에 주말이라도 쉬고 싶다.	집안일을 나눠 하는 것을 가족들과 의논했으면 좋겠다.	부모님께서 약속을 지키지 않는 것 같아 속상하다.

(2) 위 가족에게 갈등이 생긴 까닭은 무엇 때문인지 쓰시오.

_____

_____

(3) 위 가족이 갈등을 해결하기 위해서는 어떤 자세가 필요한지 쓰시오.

_____

_____

❷ 다양한 가족이 살아가는 모습

❶ 오늘날의 다양한 가족 형태

① 다양한 가족 형태: 사회에는 우리 가족과 같거나 비슷한 형태의 가족도 있고, 다른 형태의 가족도 있습니다. └→우리 가족과 다른 형태의 가족도 '가족'에 속합니다

② 사회에서 볼 수 있는 다양한 형태의 가족 [자료 1]

▲ 조손 가족

▲ 재혼 가족

▲ 한 부모 가족

▲ 입양 가족

▲ 다문화 가족

▲ 맞벌이 가족

❷ 다양한 가족의 생활 모습 표현하기

① 다양한 가족의 생활 모습 [자료 2]
- 가족마다 그 형태나 구성원이 다르므로 살아가는 모습도 다양합니다.
- 가족 구성원의 특성에 따라 생활 방식, 대화 등이 다를 수 있습니다.

② 다양한 가족의 생활 모습을 표현하는 방법
- 여러 가족이 사이좋게 지내는 모습을 그림으로 그려 봅니다. [자료 3]
- 각 가족의 특징을 만화로 구성해 봅니다. ─→각 가족의 특징을 재미있게 볼 수 있습니다.
- 다양한 형태의 가족이 서로 돕는 장면을 역할극으로 표현해 봅니다. └→직접 인물이 되어서 상황을 이해하기 좋습니다.
- 살아가는 모습을 노랫말로 바꾸어 봅니다.

③ 다양한 가족의 생활 모습을 표현하는 활동을 통해 알게 된 점
- 우리 가족과 공통점도 있고 차이점도 있습니다.
- 다양한 가족의 삶의 모습을 존중해야 합니다.

❸ 가족의 의미와 역할

① 바람직한 가족의 모습: 서로 이해하는 가족, 모든 일에 감사하는 가족, 서로의 부족함을 채워 주는 가족, 서로 도와주고 자기 일을 스스로 하는 가족입니다.

② 가족의 역할 ─→가족의 형태가 달라도 가정은 그 가족 구성원들에게 중요한 보금자리입니다.
- 가족은 실수했을 때에도 이해해 주고 자신감과 용기를 다시 가질 수 있도록 항상 격려해 줍니다.
- 가족과 생활하며 사회생활에서 필요한 규칙과 예절을 배웁니다.

자료 1 **다양한 형태의 가족**

- 조손 가족: 할머니, 할아버지가 손자, 손녀와 함께 사는 가족
- 재혼 가족: 부부가 헤어진 뒤 다른 사람과 다시 결혼해 이룬 가족
- 한 부모 가족: 어머니와 아버지 중 어느 한 사람과 자녀가 사는 가족
- 입양 가족: 혈연관계가 아닌 사람들이 법적으로 친부모와 친자식의 관계를 맺은 가족
- 다문화 가족: 서로 다른 국적이나 인종, 문화를 지닌 사람들로 구성된 가족
- 맞벌이 가족: 어머니와 아버지 모두가 직장에 다니는 가족

자료 2 **다양한 가족의 생활 모습 (신문)**

△△ 신문　　20○○년 ○월 ○일

우리 가족 참 많죠?

김□□ 씨 부부의 자녀들은 모두 10명이다. 그 중에 8명은 가슴으로 낳은, 입양한 아이들이다. 몇 명의 아이에게 장애가 있지만, 김□□ 씨 부부는 모든 아이가 건강하게 자라도록 사랑으로 보살피고 있다. 아이들도 부모님처럼 다른 사람들을 도와주며 사는 것이 꿈이다.

자료 3 **다양한 가족의 생활 모습 표현하기(그림)**

제목: 알록달록 무지개 마을
설명: 일곱 빛깔이 어우러진 무지개가 아름다운 것처럼 다양한 형태의 가족이 어우러질 때 아름다운 사회를 이룰 수 있을 것이다.

🌸 가족

가족은 남편과 아내, 부모와 자식, 형제자매처럼 결혼이나 핏줄, 입양 등으로 맺어진 관계를 말합니다. 우리가 흔히 볼 수 있는 부부와 자녀로 이루어진 가족은 전통적인 가족의 모습이고, 오늘날에는 새로운 형태의 가족이 등장하고 있습니다.

🌸 다문화 가족

국적과 문화가 다른 남녀가 만나 구성된 가족입니다. 세계화가 되면서 사람들은 외국으로 여행뿐만 아니라 학업이나 직장 생활을 할 기회가 많아졌습니다. 외국인과 만날 기회가 많아지게 되면서 다문화 가족이 늘어나고 있습니다.

🌸 이산가족

6·25 전쟁 이후, 우리나라는 남과 북으로 갈라져 서로 오갈 수 없게 되었습니다. 이 때문에 많은 가족이 서로 헤어질 수밖에 없었고, 이렇게 헤어진 가족을 '이산가족'이라고 부릅니다. 이산가족은 함께 살지 못하지만 가끔 우리나라 정부와 여러 단체가 노력해 이산가족이 서로 만날 기회를 마련하고 있습니다.

용어 풀이

❶ 입양(入 들 입 養 기를 양) 혈연관계가 없는 사람들이 법률적으로 친부모와 친자식 사이와 같은 관계를 만드는 행위.

❷ 혈연관계(血 피 혈 緣 인연 연 關 관계할 관 係 묶을 계) 부모와 자식, 형제를 기본으로 하는 관계.

❸ 국적(國 나라 국 籍 문서 적) 한 나라의 구성원이 되는 자격.

❹ 인종(人 사람 인 種 씨 종) 인류를 지역과 신체적 특성에 따라 구분한 종류로, 백인종, 황인종, 흑인종이 대표적임.

❺ 격려(激 높일 격 勵 힘쓸 려) 용기나 의욕이 솟아나도록 북돋워 줌.

🖊️ 개념을 확인해요

1 남편과 아내, 부모와 자식처럼 결혼이나 핏줄, 입양 등으로 맺어진 관계를 ☐☐이라고 합니다.

2 국제결혼과 같이 서로 다른 국적이나 인종, 문화를 지닌 사람들로 구성된 가족을 ☐☐☐☐☐이라고 합니다.

3 할아버지, 할머니가 손자, 손녀와 함께 사는 가족을 ☐☐☐☐이라고 합니다.

4 ☐☐이란 혈연관계가 아닌 사람들이 법적으로 친부모와 친자식의 관계를 맺는 것입니다.

5 가족마다 그 형태나 구성원이 다르므로 살아가는 모습도 ☐☐합니다.

6 다양한 가족의 생활 모습을 ☐☐☐으로 표현하면 직접 인물이 되어서 상황을 이해하기 좋습니다.

7 다양한 가족의 생활 모습을 인정하고 서로를 ☐☐하는 태도를 가져야 합니다.

8 우리는 가족과 생활하며 사회생활에서 필요한 규칙과 ☐☐을 배웁니다.

9 가족의 형태가 달라도 ☐☐은 그 가족 구성원들에게 중요한 보금자리입니다.

10 6·25 전쟁 이후, 남과 북으로 서로 헤어져 만나지 못하는 가족을 ☐☐☐☐이라고 부릅니다.

핵심 1 오늘날의 다양한 가족 형태

할머니와 함께 있으니 행복해요.

▲ 조손 가족

한 가족이 된 기념으로 사진을 찍어요.

▲ 재혼 가족

이제 우리 딸이 된거죠?

▲ 입양 가족

엄마가 해 주신 쌀국수가 정말 맛있어요.

▲ 다문화 가족

세 가족이 일을 나누어 하니 즐거워요

▲ 한 부모 가족

아침은 출근하면서 사 먹을까요?

▲ 맞벌이 가족

1 오른쪽 모습과 관계 깊은 가족의 형태는 무엇입니까? (   )

엄마가 해 주신 쌀국수가 정말 맛있어요.

① 조손 가족
② 재혼 가족
③ 맞벌이 가족
④ 다문화 가족
⑤ 한 부모 가족

2 혈연관계가 아닌 사람들이 법적으로 친부모와 친자식의 관계를 맺어 이루어진 가족을 무엇이라고 하는지 쓰시오.

(   )

핵심 2 다양한 가족의 생활 모습 살펴보기

가족마다 그 형태나 구성원이 다르므로 살아가는 모습도 다양합니다.

〈신문〉 – 입양 가족

△△ 신문   20○○년 ○월 ○일

우리 가족 참 많죠?

김□□씨 부부의 자녀들은 모두 10명이다. 그 중에 8명은 가슴으로 낳은, 입양한 아이들이다. 몇 명의 아이에게 장애가 있지만 김□□씨 부부는 모든 아이가 건강하게 자라도록 사랑으로 보살피고 있다. 아이들도 부모님처럼 다른 사람들을 도와주며 사는 것이 꿈이다.

〈시〉 – 다문화 가족

우리 엄마

우리가 서로 다른 나라
사람이래요
엄마랑 나는
생긴 것도 비슷하고
같이 사는데
우리가 서로 다른 나라
사람이래요

나는 학교에 있으면

엄마가 보고 싶어요
엄마도 집에 있으면
할머니가 보고 싶대요

할머니는 중국에 계세요
엄마는 할머니와 전화할 때
행복하게 웃어요
나도 엄마랑 이야기하면
행복해서 웃어요

3 다음 빈칸에 들어갈 알맞은 말을 쓰시오.

가족마다 그 형태나 [   ]이 다르므로 살아가는 모습도 다양하다.

(   )

4 다음 그림과 관련 있는 가족의 형태는 무엇인지 쓰시오.

(   )

핵심 **3** 다양한 가족의 생활 모습 표현하기

❀ 다양한 가족의 생활 모습을 표현하는 방법

그림으로 표현하기	여러 가족이 사이좋게 지내는 모습을 그림으로 그림.
역할극 대본 쓰기	다양한 형태의 가족이 서로 돕는 장면을 역할극으로 표현함.
노랫말로 바꾸기	살아가는 모습을 노랫말로 바꿈.
만화로 표현하기	각 가족의 특징을 만화로 구성함.

❀ 다양한 가족의 생활 모습을 표현하는 활동을 통해 알게 된 점

- 우리 가족과 공통점도 있고 차이점도 있습니다.
- 다양한 가족의 삶의 모습을 존중해야 합니다.

5 다음은 가족의 생활 모습을 어떤 방법으로 표현한 것인지 쓰시오.

> **우리 아빠는 일본 사람**
> 엄마: 오늘 급식에는 어떤 반찬이 나왔니?
> 나: 달걀말이가 나왔어요. 근데 아빠가 만든 달걀말이가 더 맛있어요!
> 엄마: 아빠는 달걀말이를 만드는 특별한 비법이 있단다.
> 나: 아빠! 아빠표 달걀말이의 비법은 뭐예요?
> 아빠: 아빠의 비법은 바로…… 설탕을 조금 넣는 것이란다. 아빠가 일본에서 살 때는 항상 그렇게 먹었거든.
> 나: 그렇구나. 아빠 덕분에 저는 맛있는 달걀말이를 먹을 수 있어서 좋아요.

(   )

6 다양한 가족의 생활 모습을 표현하는 활동을 통해 알게 된 점을 두 가지 고르시오. (,   )

① 우리 가족과 공통점도 있고 차이점도 있다.
② 가족 구성원은 모두 한국 사람이어야 한다.
③ 다양한 가족의 삶의 모습을 존중해야 한다.
④ 우리 가족과 다른 형태의 가족은 가족이 아니다.
⑤ 가족은 반드시 아버지, 어머니, 자녀로 구성되어야 한다.

핵심 **4** 가족의 의미와 역할

❀ 내가 생각하는 우리 가족 예

> 서로 이해하는 가족
> 모든 일에 감사하는 가족
> 서로의 부족함을 채워 주는 가족
> 서로 도와주고 자기 일을 스스로 하는 가족

❀ 가족의 역할

- 가족은 실수했을 때에도 이해해 주고 자신감과 용기를 다시 가질 수 있도록 항상 격려해 줍니다.
- 우리는 가족과 생활하며 사회생활에서 필요한 규칙과 예절을 배웁니다.
- 가정은 가족 구성원들에게 중요한 보금자리입니다.

7 다음에서 설명하고 있는 것은 무엇인지 쓰시오.

> - 내가 실수했을 때에도 이해해 주고 자신감과 용기를 다시 가질 수 있도록 항상 격려해 주는 사람들이다.
> - 사회생활에서 필요한 규칙과 예절을 가르쳐 준다.

(   )

8 우리 가족은 어떤 가족인지 생각해 보고, 다음 빈 곳에 써 넣으시오.

❊ 다음 가족 형태를 보고, 물음에 답하시오. [1~4]

(가)

한 가족이 된 기념으로 함께 사진을 찍어요!

(나)

이제 우리 딸이 된 거죠?

(다)

할머니와 함께 있으니 행복해요!

(라)

세 가족이 같이 식사 준비를 하니 즐거워요!

1 위 (가)와 같은 가족에 대한 설명으로 바르지 <u>않은</u> 것은 어느 것입니까? (   )

① 원래는 한 가족이 아니었다.
② 국적이 다른 남녀가 만나 구성된 가족이다.
③ 서로를 이해해 주고 배려하는 노력이 필요하다.
④ 부부가 헤어진 뒤 다른 사람과 다시 결혼해 이룬 가족이다.
⑤ 새아버지나 새어머니가 생기고 새로운 형제자매를 만나기도 한다.

2 부모 중 어느 한 사람과 자녀로 이루어진 한 부모 가족을 찾아 기호를 쓰시오.

(   )

중요✦

3 다음과 관련 있는 가족을 위에서 찾아 기호를 쓰시오.

> 혈연관계가 아닌 사람들이 법적으로 친부모와 친자식의 관계를 맺은 가족으로, 새롭게 가족이 된 자녀를 '가슴으로 낳은 아이'라고도 한다.

(   )

&주의

4 앞의 가족 형태를 보고 알 수 있는 사실은 어느 것입니까? (   )

① 오늘날에는 확대 가족이 증가하고 있다.
② 우리 사회에는 다양한 가족 형태가 있다.
③ 부모와 자녀로 구성되어야 가족이라고 할 수 있다.
④ 한 가족의 가족 형태는 변하지 않고 평생 지속된다.
⑤ 우리 가족과 다른 형태의 가족은 가족으로 인정할 수 없다.

서술형

5 오늘날에는 반려동물과 함께 생활하는 가족이 늘어나고 있습니다. 반려동물과 함께 생활할 때 가져야 할 태도는 무엇인지 쓰시오.

반디는 내 동생이에요.

_____

_____

6 우리 사회를 이루고 있는 가족들의 생활 모습이 다양한 까닭으로 알맞은 것을 두 가지 고르시오.

(,   )

① 가족마다 이름이 다르기 때문에
② 가족마다 형태가 다르기 때문에
③ 가족마다 생김새가 다르기 때문에
④ 가족마다 구성원이 다르기 때문에
⑤ 가족마다 가족의 의미가 다르기 때문에

❀ 다음 시를 읽고, 물음에 답하시오. [7~9]

우리 엄마

우리가 서로 다른 나라 사람이래요
엄마랑 나는
생긴 것도 비슷하고 같이 사는데
우리가 서로 다른 나라 사람이래요

나는 학교에 있으면
엄마가 보고 싶어요
엄마도 집에 있으면
할머니가 보고 싶대요

할머니는 중국에 계세요
엄마는 할머니와 전화할 때
행복하게 웃어요
나도 엄마랑 이야기하면
행복해서 웃어요

7 위 시를 지은 어린이의 어머니는 어느 나라 사람입니까? (   )

① 일본　　　　② 중국
③ 미국　　　　④ 베트남
⑤ 캄보디아

8 위 시에 나타난 가족의 형태는 무엇인지 쓰시오.

(   )

9 위 시를 지은 어린이의 어머니가 우리나라에 살면서 겪은 어려움과 가장 거리가 <u>먼</u> 것은 어느 것입니까? (   )

① 의사소통의 어려움
② 가족에 대한 그리움
③ 입에 맞지 않는 음식
④ 피부색으로 인한 차별
⑤ 문화 차이에서 오는 어려움

10 다음 빈칸에 공통으로 들어갈 말을 쓰시오.

우리 사회는 다양한 형태의 [　　　]들이 모여서 구성된다. 형태나 생활 모습은 다르지만 모두 [　　　]이다.

(   )

11 다양한 가족의 생활 모습을 표현하는 방법으로 알맞지 <u>않은</u> 것은 어느 것입니까? (   )

① 그림 그리기
② 역할극 꾸미기
③ 만화로 표현하기
④ 노랫말로 표현하기
⑤ 백지도에 나타내기

12 다음은 다양한 가족의 생활 모습을 표현하기 위해 만든 계획서입니다. 빈칸에 들어갈 내용으로 알맞은 것은 어느 것입니까? (   )

• 제목: 네 가지 아침
• 표현 방법: 만화
• [　　　]: 집집마다 다른 아침 식사의 모습

① 준비물
② 표현할 사람
③ 표현하고 싶은 내용
④ 표현할 때 주의할 점
⑤ 표현하고 난 후 느낀 점

✿ 다음 대본을 읽고, 물음에 답하시오. [13~15]

> **우리 할머니 최고!**
>
> 나: 할머니! 오늘 저녁은 뭐예요?
> 할머니: 오늘 저녁은 주은이가 좋아하는 국수지요.
> 나: 역시 할머니는 저랑 마음이 통한다니까요.
> 할머니: 그렇지? 참, 할아버지께서는 오늘 늦으신다고 하셨으니깐 우리 먼저 먹자.
> 나: 네, 할머니. 수저는 제가 놓을게요.
> 할머니: 고맙구나. 우리 주은이가 도와주니 할머니가 참 편하구나.

13 위 대본은 어떤 활동을 하기 위해 작성한 것입니까? (   )

① 그림 그리기   ② 만화 그리기
③ 노래 만들기   ④ 역할극 하기
⑤ 구연동화 하기

14 위 대본에 나타난 가족의 구성원을 모두 쓰시오.

(   )

15 위와 같이 가족의 생활 모습을 대본으로 표현하면 어떤 점이 좋은지 쓰시오.

_____

중요

16 다양한 가족의 생활 모습을 표현하는 활동을 하고 난 후 느낀 점을 정리한 것입니다. 빈칸에 들어갈 알맞은 말을 쓰시오.

> 각 가족이 사는 모습이 다를 수도 있고 같을 수도 있다는 것을 알게 되었다. 각 가족의 다른 모습을 잘못되었다고 생각하지 않고 다름을 [   ]해야겠다. 또 다른 형태의 가족의 모습이 궁금하다.

(   )

17 다음 중 바람직한 가족의 모습을 두 가지 고르시오. (,   )

① 서로 이해하는 가족
② 서로 무관심한 가족
③ 모든 일에 감사하는 가족
④ 서로의 부족함을 탓하는 가족
⑤ 각자 자기 할 일만 열심히 하고 서로 돕지 않는 가족

중요

18 다음 중 가족의 역할로 알맞지 <u>않은</u> 것은 어느 것입니까? (   )

① 힘든 일이 있을 때 도와준다.
② 실수했을 때에도 이해해 준다.
③ 많은 돈을 벌 수 있게 해 준다.
④ 자신감과 용기를 가질 수 있도록 격려해 준다.
⑤ 사회생활에서 필요한 규칙과 예절을 배울 수 있게 해 준다.

🏷주의

19 미영이가 생각하는 가족의 의미를 읽고, 빈칸에 들어갈 알맞은 말을 쓰시오.

> 가족은 비빔밥이다. 왜냐하면 다양한 가족 구성원들이 모여서 하나의 [   ]을(를) 이루기 때문이다.

미영

(   )

20 6·25 전쟁 이후 헤어져 서로 만나지 못하는 오른쪽과 같은 가족을 무엇이라고 하는지 쓰시오.

(   )

3. ❷ 다양한 가족이 살아가는 모습

1 가족에 대한 설명으로 바르지 <u>않은</u> 것은 어느 것입니까? (　　　)

① 보통 아버지, 어머니, 자녀로 이루어진다.
② 결혼이나 핏줄, 입양 등으로 맺어진 관계이다.
③ 오늘날에는 새로운 형태의 가족이 등장하고 있다.
④ 우리 사회에는 우리 가족과 다른 형태의 가족도 있다.
⑤ 아버지와 어머니가 다 계시고 두 분 모두 우리나라 사람이어야 가족이 된다.

✽ 다음 가족을 보고, 물음에 답하시오. [2~3]

(가)　　　　　　　(나)

2 위와 같은 가족 형태를 무엇이라고 하는지 쓰시오.

(가): (　　　　　　) (나): (　　　　　　)

 서술형
3 위 (가), (나)와 같은 가족 형태의 좋은 점은 무엇인지 쓰시오.

(1) (가): _____

_____

(2) (나): _____

✎ 주의
4 다음 가족에 대한 설명으로 옳은 것은 어느 것입니까? (　　　)

① 확대 가족이다.
② 원래부터 한 가족이었다.
③ 할머니, 할아버지가 손주와 함께 산다.
④ 외국인과 한국인이 결혼해 가족을 이루었다.
⑤ 부부가 헤어진 뒤 다른 사람과 다시 결혼해 가족을 이루었다.

✽ 다음은 '우리 가족'에 대해 유빈이가 발표한 내용입니다. 물음에 답하시오. [5~6]

우리 집은 엄마, 아빠가 모두 직장에 다니십니다. 엄마는 회사에서 일하고 집에 돌아와 집안일까지 하시느라 많이 힘들어하십니다.

유빈

5 위의 밑줄 친 부분과 관계 깊은 가족 형태는 무엇인지 쓰시오.

(　　　　　　)

6 행복한 가정을 만들기 위해 유빈이네 가족이 노력해야 할 일로 바르지 <u>않은</u> 것은 어느 것입니까?

(　　　)

① 자기 일은 스스로 알아서 한다.
② 어머니께서 회사를 그만두신다.
③ 가족끼리 서로 이해하고 도와준다.
④ 집안일을 온 가족이 나누어서 한다.
⑤ 어머니께서 힘들어하실 때 따뜻한 말로 위로해 드린다.

7 오늘날에 새롭게 등장하고 있는 가족 형태는 무엇입니까? (   )

① 확대 가족
② 2세대 가족
③ 3세대 가족
④ 외계인 가족
⑤ 반려동물 가족

❀ 다음 신문 기사를 읽고, 물음에 답하시오. [8~9]

△△ 신문   20○○년 ○월 ○일

우리 가족 참 많죠?

김□□ 씨 부부의 자녀들은 모두 10명이다. 그 중에 8명은 가슴으로 낳은, 입양한 아이들이다. 몇 명의 아이에게 장애가 있지만 김□□ 씨 부부는 모든 아이가 건강하게 자라도록 사랑으로 보살피고 있다. 아이들도 부모님처럼 다른 사람들을 도와주며 사는 것이 꿈이다.

8 위의 김□□ 씨 가족에 대한 설명으로 옳은 것은 어느 것입니까? (   )

① 확대 가족이다.
② 두 가족이 새롭게 한 가족이 되었다.
③ 김□□ 씨 가족은 가족에 속하지 않는다.
④ 김□□ 씨 부부가 10명의 자녀를 모두 낳았다.
⑤ 혈연관계가 아닌 사람들이 한 가족을 이루었다.

9 위의 김□□ 씨 부부가 많은 아이를 입양한 까닭으로 알맞은 것은 어느 것입니까? (   )

① 자녀가 없었기 때문에
② 부부가 모두 직장에 다니기 때문에
③ 자녀가 많으면 혜택을 받을 수 있기 때문에
④ 많은 아이가 건강하게 자라도록 보살펴 주고 싶었기 때문에
⑤ 자녀들이 취업이나 교육 등의 이유로 다른 지역으로 이사갔기 때문에

❀ 다음 글을 읽고, 물음에 답하시오. [10~11]

두리 어머니께서는 베트남에서 오셨다. 때문에 두리 어머니께서는 아직 한국어로 대화하는 것이 익숙하지 않아 두리네는 [   ]와 한국어를 함께 사용한다. 두리네 집에 놀러 가면 두리 어머니께서 맛있는 쌀국수를 만들어 주신다.

10 위의 빈칸에 들어갈 알맞은 말을 쓰시오.

(   )

11 위의 두리네 가족과 같이 국제 결혼을 한 가족이나 외국인으로 이루어진 가족을 무엇이라고 하는지 쓰시오.

(   )

❀ 하은이가 다양한 가족의 생활 모습을 표현한 다음 자료를 보고, 물음에 답하시오. [12~13]

제목: 알록달록 무지개 마을
설명: 일곱 빛깔이 어우러진 무지개가 아름다운 것처럼 다양한 형태의 가족이 어우러질 때 아름다운 사회를 이룰 수 있을 것이다.

12 하은이는 다양한 가족의 생활 모습을 어떤 방법으로 표현했습니까? (   )

① 만화
② 노래
③ 그림
④ 역할극
⑤ 신문 기사

서술형

13 하은이가 그림에 무지개를 그린 까닭은 무엇인지 쓰시오.

_____

_____

❋ 다음 역할극 대본를 읽고, 물음에 답하시오. [14~15]

> 엄마: 오늘 급식에는 어떤 반찬이 나왔니?
> 나: 달걀말이가 나왔어요. 근데 아빠가 만든 달걀말이가 더 맛있었어요!
> 엄마: 아빠는 달걀말이를 만드는 특별한 비법이 있단다.
> 나: 아빠! 아빠표 달걀말이의 비법은 뭐예요?
> 아빠: 아빠의 비법은 바로…… 설탕을 조금 넣는 것이란다. 아빠가 일본에서 살 때는 항상 그렇게 먹었거든.
> 나: 그렇구나. 아빠 덕분에 저는 맛있는 달걀말이를 먹을 수 있어서 좋아요.

14 위 역할극 대본에 나타난 가족의 형태는 무엇입니까? (　　　)

① 입양 가족　　　② 조손 가족
③ 재혼 가족　　　④ 다문화 가족
⑤ 한 부모 가족

15 가족 구성원 중에서 아빠는 어느 나라에서 태어나고 자란 사람입니까? (　　　)

① 미국　　　② 영국
③ 일본　　　④ 중국
⑤ 대한민국

중요
16 다양한 가족의 생활 모습에 대해 우리가 가져야 할 태도로 알맞은 것에 ○표, 알맞지 않은 것에 ×표 하시오.

(1) 서로의 다름을 인정하고 존중한다.
(　　　)

(2) 우리 가족의 생활 모습과 다르면 잘못되었다고 생각한다. (　　　)

(3) 우리 가족과 다른 형태의 가족은 가족으로 인정하지 않는다. (　　　)

17 가족이 있어서 좋은 점과 가장 거리가 먼 것은 어느 것입니까? (　　　)

① 아플 때 도움을 받을 수 있다.
② 누나에게 용돈을 받을 수 있다.
③ 내가 실수를 하더라도 이해해 준다.
④ 친구를 만나지 못할 때도 여러 가족과 재미있게 놀 수 있다.
⑤ 가족 구성원이 자신감과 용기를 다시 가질 수 있도록 격려해 준다.

18 우리가 사회생활에서 필요한 규칙과 예절을 주로 배우는 곳은 어디입니까? (　　　)

① 가정　　　② 가게
③ 놀이터　　　④ 텔레비전
⑤ 영어 학원

19 가족의 의미를 생각하면서 다음 빈칸에 들어갈 가장 알맞은 말을 고르시오. (　　　)

> 우리 가족은 [　　　]이다.
> 왜냐하면 엄마, 아빠는 항상 부드럽고 달콤하게 나를 대해 주시기 때문이다.

① 연필　　　② 우산
③ 자동차　　　④ 솜사탕
⑤ 비빔밥

서술형
20 6·25 전쟁 이후 남북으로 갈라져 만나지 못하는 이산가족이 겪는 고통은 무엇인지 쓰시오.

_____

_____

탐구 서술형 평가　1

1 다양한 가족 형태를 보고, 물음에 답하시오.

(가) 할머니와 함께 있으니 행복해요!

(나) 한 가족이 된 기념으로 함께 사진을 찍어요!

(다) 이제 우리 딸이 된 거죠?!

(라) 우리 세 가족이 같이 일을 나누어 하니까 식사 준비가 즐거워요!

(1) 다음 가족과 관계 깊은 모습을 위 그림에서 찾아 기호를 쓰시오.

입양 가족	재혼 가족
조손 가족	한 부모 가족

(2) 위와 같은 가족 형태를 보고, 알 수 있는 사실은 무엇인지 쓰시오.

_____

_____

2 가족의 의미를 생각해 보고, 다음 글의 빈 곳을 채워 완성하시오.

> 우리 가족은 [　　　　　]와/과 같다.
>
> 왜냐하면 _____
>
> _____

관련 핵심 개념

우리 사회의 다양한 가족 형태

　가족은 남편과 아내, 부모와 자식, 형제자매처럼 결혼이나 핏줄, 입양 등으로 맺어진 관계를 말하는데, 오늘날에는 가족 형태가 매우 다양합니다.

관련 핵심 개념

가족의 역할

　가족은 실수했을 때에도 이해해 주고 자신감과 용기를 다시 가질 수 있도록 항상 격려해 줍니다. 우리는 가족과 생활하며 사회생활에서 필요한 규칙과 예절을 배웁니다.

3 다양한 가족의 생활 모습을 표현한 다음 만화를 보고, 물음에 답하시오.

관련 핵심 개념

다양한 가족의 생활 모습을 표현하는 방법

- 그림으로 표현하기
- 만화로 표현하기
- 역할극으로 표현하기
- 노랫말로 바꾸어 보기

3
단원

(1) 다음과 같이 구성된 가족을 위 만화에서 찾아 기호를 쓰시오.

① 맞벌이 부부로 구성된 가족 (　　　　　)

② 할머니와 손녀로 구성된 가족 (　　　　　)

③ 아버지와 아들로 구성된 가족 (　　　　　)

④ 프랑스인 아버지와 한국인 어머니, 딸로 구성된 가족 (　　　　　)

(2) 위 만화의 제목을 '네 가지 아침'으로 지은 까닭은 무엇인지 쓰시오.

_____

_____

_____

(3) 위와 같이 다양한 가족의 생활 모습을 만화로 표현하면 어떤 점이 좋은지 쓰시오.

_____

_____

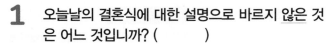

1 오늘날의 결혼식에 대한 설명으로 바르지 <u>않은</u> 것은 어느 것입니까? (   )

① 주로 결혼식장에서 결혼식을 한다.
② 결혼식이 끝나면 신혼여행을 간다.
③ 신랑과 신부가 나무 기러기를 주고받는다.
④ 신랑은 턱시도, 신부는 웨딩드레스를 입는다.
⑤ 수중 결혼식, 야외 결혼식 등 다양한 결혼식의 모습을 볼 수 있다.

2 오늘날 결혼식에서 볼 수 있는 전통 혼례의 모습은 어느 것입니까? (   )

① 폐백을 하는 것
② 축하 노래를 부르는 것
③ 결혼반지를 주고받는 것
④ 신랑과 신부가 잔에 술을 부어 함께 나누어 마시는 것
⑤ 신랑은 말, 신부는 가마를 타고 신랑 집으로 가는 것

3 다음 글의 밑줄 친 곳에 들어갈 내용으로 알맞은 것을 두 가지 고르시오. (,   )

> 오늘날의 결혼식은 옛날의 결혼식과 모습이 많이 다르다. 하지만 ＿＿＿＿＿＿＿은(는) 같다.

① 결혼식을 하는 장소
② 결혼식을 하는 방법
③ 결혼식을 할 때 입는 옷
④ 많은 사람에게 두 사람의 결혼을 알리는 점
⑤ 가족과 친척이 모여 신랑과 신부의 행복한 미래를 축복해 주는 모습

4 결혼한 자녀와 부모가 함께 사는 가족을 무엇이라고 하는지 쓰시오.

(   )

5 서술형

할아버지네 가족과 윤호네 가족의 차이점은 무엇인지 쓰시오.

▲ 할아버지네 가족   ▲ 윤호네 가족

＿＿＿＿＿＿＿＿＿＿＿＿＿＿＿＿＿＿

＿＿＿＿＿＿＿＿＿＿＿＿＿＿＿＿＿＿

＿＿＿＿＿＿＿＿＿＿＿＿＿＿＿＿＿＿

6 다음과 같은 까닭으로 오늘날 늘어나고 있는 가족 형태는 무엇인지 쓰시오.

> 자녀 교육, 취업을 위해 다른 지역으로 이사하거나 개인 생활을 위해 독립하는 경우가 늘어났다.

(   )

7 옛날 가정에서 여자들이 주로 했던 일이 <u>아닌</u> 것은 어느 것입니까? (   )

① 밥 짓기   ② 글공부하기
③ 바느질하기   ④ 아이 돌보기
⑤ 우물에서 물 길어 오기

8 오늘날 가정에서 중요한 일을 결정하는 모습을 두 가지 고르시오. (,   )

① 부부가 의논해 결정한다.
② 아들의 뜻에 따라 결정한다.
③ 부모와 자녀가 함께 결정한다.
④ 가장인 아버지의 뜻에 따라 결정한다.
⑤ 집안의 가장 어른인 할아버지께서 결정한다.

9 다음 빈칸에 들어갈 알맞은 말을 쓰시오.

> 남녀가 [   ]하다는 의식이 높아지면서 가족 구성원의 역할도 변화했다.

(   )

❀ 다음 글을 읽고, 물음에 답하시오. [10~12]

> 어머니: 여보, 어서 일어나요. 오늘은 아이들과 나들이 가기로 약속한 날이잖아요.
> 아버지: 아직도 피곤이 가시지 않아요. 이번 주말에는 집에서 쉬면 안 될까요?
> 누나: 평일에는 부모님이 바쁘시니 주말이라도 함께 시간을 보내고 싶어요.
> 어머니: 아빠와 엄마는 평일에 일하느라 피곤해서 주말이라도 쉬고 싶단다.
> 강민: 부모님께서 약속을 지키지 않으셔서 속상해.
> 어머니: 집안일을 어떻게 나눠야 할지 가족들과 의논했으면 좋겠어.

10 다음은 강민이네 가족 구성원 중에서 누구의 입장을 정리한 것인지 쓰시오.

> 평일에는 가족을 위해 바쁘게 일했기 때문에 주말이라도 휴식이 필요해.

(   )

11 강민이네 어머니의 문제를 해결하기 위해 가족들이 노력해야 할 일로 알맞지 <u>않은</u> 것은 어느 것입니까? (   )

① 저녁 식사 준비를 돕는다.
② 학교에서 돌아와 과제를 스스로 한다.
③ 동생이 잘 모르는 것이 있으면 도와준다.
④ 내가 할 수 있는 집안일을 찾아 스스로 한다.
⑤ 아버지께 집안일을 모두 해 달라고 부탁드린다.

12 강민이네 가족의 갈등을 해결하기 위해 필요한 태도로 알맞은 것은 어느 것입니까? (   )

① 서로에게 무관심하기
② 서로 이해하고 배려하기
③ 상대방의 잘못을 탓하기
④ 갈등을 혼자서 해결하기
⑤ 자신의 편안함만을 추구하기

3
단원

❀ 다음 가족 형태를 보고, 물음에 답하시오. [13~15]

(가)   (나)

(다)   (라)

13 부부가 헤어진 뒤 다른 사람과 다시 결혼해 이룬 재혼 가족의 모습을 찾아 기호를 쓰시오.

(   )

14 위 (다)와 같은 가족 형태를 무엇이라고 하는지 쓰시오.

(   )

15 앞 그림을 보고, 다음 빈칸에 들어갈 알맞은 말을 쓰시오.

> 우리 사회에는 다양한 형태의 [   ]들이 함께 살아가고 있다.

(   )

🌸 다음 만화를 보고, 물음에 답하시오. [16~18]

오늘 아침은 빵을 구워 먹자!

아빠가 어렸을 때 자주 먹었던 크루아상이란다.

역시 할머니의 음식 솜씨는 최고예요!

오늘 아침은 출근하면서 사 먹을까요?

16 위 만화에 나타난 가족의 형태가 아닌 것은 어느 것입니까? (   )

① 부부가 모두 일하는 가족
② 아버지와 아들로 구성된 가족
③ 할머니와 손녀로 구성된 가족
④ 아이를 입양해서 키우고 있는 가족
⑤ 프랑스인 아버지와 한국인 어머니, 딸로 구성된 가족

17 위 만화에 대한 설명으로 옳은 것은 ○표, 옳지 않은 것은 ✕표 하시오.

(1) 각 가족의 특징을 재미있게 표현하고 있다.
(   )

(2) 집집마다 다른 아침 식사의 모습을 그림과 대화로 표현했다. (   )

(3) 가족 구성원의 특성과 상관없이 모든 가족의 생활 방식은 똑같다. (   )

18 앞의 만화를 보고 알게 된 점이나 느낀 점을 바르게 말한 친구를 두 명 고르시오. (,   )

① 각 가족이 사는 모습은 같을 수도 다를 수도 있구나.

② 아버지와 어머니 모두 계셔야 가족이 될 수 있구나.

③ 우리 가족과 다른 형태의 가족은 이상한 가족이야.

④ 다양한 가족의 생활 모습은 존중해야 해.

✍️서술형
19 가족이 있어서 좋은 점은 무엇인지 쓰시오.

_____

_____

_____

20 바람직한 가족의 모습으로 알맞지 않은 것은 어느 것입니까? (   )

① 서로 사랑하는 가족
② 모든 일에 감사하는 가족
③ 부모님께 희생을 요구하는 가족
④ 서로의 부족함을 채워 주는 가족
⑤ 서로 도와주고 자기 일을 스스로 하는 가족

❋ 옛날의 결혼식 모습을 보고 물음에 답하시오. [1~3]

(가)   (나)

(다)

1 옛날의 결혼식 순서에 맞게 기호를 쓰시오.

(   )

2 위 (가)와 같이 신부가 신랑의 집안 어른들께 첫인 사를 올리는 것을 무엇이라고 하는지 쓰시오.

(   )

3 위 (나)에서 혼례가 치러지는 장소는 어디입니까?
(   )

① 궁궐   ② 서당
③ 결혼식장   ④ 신랑의 집
⑤ 신부의 집

🖊서술형
4 시대가 바뀌어도 변하지 않는 결혼식의 의미는 무 엇인지 쓰시오.

_____

_____

5 다음 가족 구성원을 보고, 확대 가족이면 '확', 핵 가족이면 '핵'이라고 쓰시오.

(1) 아버지, 오빠, 나   (   )
(2) 아버지, 어머니, 나   (   )
(3) 할아버지, 어머니, 나   (   )
(4) 할아버지, 아버지, 어머니, 삼촌, 나
                                        (   )
(5) 할아버지, 할머니, 아버지, 어머니, 나
                                        (   )
(6) 아버지, 어머니, 오빠, 언니, 나, 남동생
                                        (   )

6 옛날에 확대 가족이 많았던 까닭으로 알맞은 것은 어느 것입니까? (   )

① 개인 생활을 중요시했기 때문에
② 오늘날보다 인구가 많았기 때문에
③ 주로 농사를 지어 일손이 많이 필요했기 때문에
④ 산업이 발달해 가족들이 다양한 직업에 종사 했기 때문에
⑤ 맞벌이 부부가 많아 할머니, 할아버지가 손주 들을 돌봐야 했기 때문에

7 다음 밑줄 친 부분에 해당하는 모습은 어느 것입 니까? (   )

오늘날에는 취업이나 자녀 교육을 위해 다른 지 역으로 이사를 가거나 개인 생활을 위해 독립하는 경우가 늘어나면서 가족의 형태도 많이 변했다.

① 핵가족이 많아졌다.
② 가족의 규모가 커졌다.
③ 확대 가족이 많아졌다.
④ 가족 구성원의 수가 늘어났다.
⑤ 할머니, 할아버지와 함께 사는 가족이 많아졌다.

8 옛날 가족 구성원의 역할을 설명한 것으로 바르지 않은 것은 어느 것입니까? (   )

① 어머니는 직장에 나가 일하셨다.
② 아버지는 농사일과 같은 바깥일을 하셨다.
③ 할머니는 손주를 돌보거나 집안일을 하셨다.
④ 할아버지는 손자들의 글공부를 가르쳐 주셨다.
⑤ 아들은 글공부를 하고 딸은 집안일을 돕거나 바느질을 했다.

9 가정에서 중요한 일을 결정할 때 가족끼리 모여서 의견을 나누는 것을 무엇이라고 하는지 쓰시오.

(   )

10 오늘날 가족 구성원의 역할이 변화하게 된 까닭으로 옳은 것은 ○표, 옳지 않은 것은 ×표 하시오.

(1) 가족 구성원의 수가 줄어들었다.
(   )

(2) 남녀가 평등하다는 의식이 낮아졌다.
(   )

(3) 남녀 모두 사회 활동의 기회가 동등해졌다.
(   )

(4) 여성보다 남성에게 더 많은 교육 기회를 제공한다.
(   )

※ 다음 글을 읽고, 물음에 답하시오. [11~12]

　그림의 네 사람은 피곳 씨 가족이다. '아주 중요한 회사'에 다니는 피곳 씨와 '아주 중요한 학교'에 다니는 두 아들은 집에서는 아무것도 하지 않는다. 늘 입을 크게 벌리고 아내에게, 엄마에게 빨리 밥을 달라고만 한다.
　대부분의 집안일은 피곳 부인 혼자서 한다. 피곳 부인 역시 직장에 나가지만 가족들은 별로 '중요하지 않게' 생각하는 것 같다.
　피곳 부인에게만 희생을 강요하는 분위기이다. 결국 견딜 수 없었던 피곳 부인은 쪽지 한 장을 남기고 집을 나가 버린다.

📝 서술형

11 위 글을 읽고, 피곳 가족의 문제점은 무엇인지 쓰시오.

_____

_____

12 피곳 가족의 문제를 해결하기 위한 방법으로 알맞지 않은 것은 어느 것입니까? (   )

① 당번을 정해 설거지를 한다.
② 가족 모두가 집안일을 나눠서 한다.
③ 해결 방법을 가족과 상의해서 찾는다.
④ 남자와 여자가 해야 할 일을 구분한다.
⑤ 서로를 배려하는 마음을 지니고 도와준다.

13 우리 사회에서 볼 수 있는 여러 가족의 모습으로 바르지 않은 것은 어느 것입니까? (   )

① 할머니, 할아버지가 손주와 함께 산다.
② 한국인이 외국인과 결혼해 가족을 이룬다.
③ 동물을 가족이라고 생각하는 사람은 없다.
④ 어머니와 아버지 중 한 명과 자녀가 함께 산다.
⑤ 혈연관계가 아닌 사람들이 입양을 통해 친부모와 친자식의 관계를 맺는다.

다음 그림을 보고, 물음에 답하시오. [14~15]

14 위 가족에 대한 설명으로 옳은 것을 두 가지 고르시오. (　　 , 　　)

① 가족끼리 서로 돕지 않는다.
② 가족 구성원의 수는 네 명이다.
③ 두 가족이 새롭게 한 가족이 되었다.
④ 옛날에 많이 볼 수 있었던 확대 가족이다.
⑤ 서로 다른 국적과 문화를 지닌 사람들로 구성되었다.

🌸 서술형

15 위 가족이 만들어지면서 가족 구성원에게는 어떤 점이 달라졌는지 쓰시오.

_____

_____

다음 자료를 보고, 물음에 답하시오. [16~18]

제목: 알록달록 무지개 마을
설명: 일곱 빛깔이 어우러진 무지개가 아름다운 것처럼 다양한 형태의 가족이 어우러질 때 아름다운 사회를 이룰 수 있을 것이다.

16 위 자료는 다양한 가족의 생활 모습을 어떤 방법으로 표현한 것인지 쓰시오.

(　　　　　　　　)

🌸 서술형

17 앞의 자료에 무지개를 그려 넣은 까닭은 무엇인지 쓰시오.

_____

_____

18 앞의 자료에 나타난 여러 가족의 차이점으로 볼 수 없는 것은 어느 것입니까? (　　　　)

① 생활 모습　　　　② 가족 형태
③ 식사 방법　　　　④ 가족의 의미
⑤ 가족 구성원 수

19 다음 말풍선의 빈칸에 들어갈 알맞은 말을 쓰시오.

가족은 [　　　　]이다.
왜냐하면 엄마, 아빠는 항상 부드럽고 달콤하게 나를 대해 주시기 때문이다.

(　　　　　　　　　　)

20 다음 기사와 관계 깊은 가족은 무엇인지 쓰시오.

△△ 신문　　　　20○○년 ○○월 ○○일
65년 만에 만난 가족
65년 만에 아버지를 만났다. 딸은 눈물을 뚝뚝 흘렸다. 남에서 온 동생과 딸, 조카들은 북에서 온 형님, 아버지, 큰아버지께 마지막 큰절을 올렸다. 아버지는 무릎을 꿇고 올려다보는 딸의 손을 잡고, "굳세게 살아야 해."라고 당부하며 소리 없이 눈물만 흘렸다. 딸은 60세가 넘어서야 처음으로 "아버지!"라고 불러 봤다고 한다.

(　　　　　　　　　　)

🌸 다음 일기를 읽고, 물음에 답하시오. [1~2]

20○○년 ○○월 ○○일 ○요일　　날씨: 맑음

　삼촌의 결혼식에 다녀왔다. 옷을 단정하게 입고 부모님과 ◯㉠◯(으)로 갔다. 결혼식에서 삼촌은 검은색 멋진 턱시도를 입었고, 숙모는 흰색의 ◯㉡◯을(를) 입었다. 신랑과 신부는 ◯㉢◯을(를) 주고받고 주례와 하객의 축복 속에서 부부가 되었다. 결혼식을 마친 후 삼촌과 숙모는 한복으로 갈아입고 ◯㉣◯에서 신랑과 신부 양쪽 집안 어른들께 폐백을 드렸다. 그리고 삼촌과 숙모는 ◯㉤◯을(를) 갔다. 삼촌과 숙모가 행복하게 잘 살았으면 좋겠다.

1 위 일기는 옛날의 결혼식과 오늘날의 결혼식 중 어느 때의 모습을 나타낸 것인지 쓰시오.

(　　　　　　　　)의 결혼식

2 위 일기의 ㉠~㉤에 들어갈 말이 잘못 연결된 것은 어느 것입니까? (　　　)

① ㉠ – 결혼식장　　② ㉡ – 드레스
③ ㉢ – 결혼반지　　④ ㉣ – 신랑의 집
⑤ ㉤ – 신혼여행

3 옛날과 오늘날의 결혼식에서 달라진 점은 어느 것입니까? (　　　)

① 결혼식의 모습
② 신랑과 신부를 축하해 주는 마음
③ 신랑, 신부가 서로를 지켜 줄 것이라는 약속
④ 신랑, 신부가 오랫동안 행복하기를 바라는 마음
⑤ 두 사람이 부부가 되는 것을 많은 사람에게 알리는 점

 응용

4 다음과 같은 의미가 담긴 옛날의 결혼 풍습은 무엇입니까? (　　　)

　　자식을 많이 낳고 부자가 되라.

① 나무 기러기를 주고받는 것
② 폐백에서 대추와 밤을 던지는 것
③ 신랑과 신부가 화려한 예복을 입는 것
④ 신랑이 말을 타고 신부의 집으로 가는 것
⑤ 신랑과 신부가 잔에 술을 부어 함께 나누어 마시는 것

5 가족 형태에 대한 설명으로 바르지 않은 것은 어느 것입니까? (　　　)

① 오늘날에는 핵가족이 더 많다.
② 옛날에는 확대 가족이 대부분이었다.
③ 확대 가족은 결혼한 자녀와 부모가 함께 사는 가족이다.
④ 핵가족은 결혼하지 않은 자녀와 부모가 함께 사는 가족이다.
⑤ 가족 수가 적으면 확대 가족, 가족 수가 많으면 핵가족인 경우가 많다.

6 다음 그림의 서윤이네 가족은 확대 가족인지, 핵가족인지 쓰시오.

(　　　　　　　　)

7 옛날에 확대 가족이 많았던 까닭은 무엇 때문입니까? (　　　)

① 자녀 교육 때문에
② 다양한 산업이 발달했기 때문에
③ 개인 생활을 중요시했기 때문에
④ 사회 활동을 하는 여성이 많았기 때문에
⑤ 주로 농사를 지어 일손이 많이 필요했기 때문에

8 다음 ㉠, ㉡에 들어갈 알맞은 말을 쓰시오.

> 옛날에는 가정에서 ┃ ㉠ ┃는 글공부를 하였고, ┃ ㉡ ┃는 어머니를 도와 집안일을 하거나 바느질을 하였다.

㉠: (　　　　　)　㉡: (　　　　　)

서술형

9 옛날과 오늘날 집안에서 중요한 일을 결정하는 모습은 어떻게 다른지 쓰시오.

_____

_____

_____

10 다음과 같은 변화의 원인으로 알맞지 <u>않은</u> 것은 어느 것입니까? (　　　)

> 옛날 가정에서는 어머니가 집안일을 도맡아 했으나, 오늘날에는 집안일을 가족이 함께 나누어 한다.

① 부부가 모두 일을 하기 때문에
② 여성의 사회 활동이 늘었기 때문에
③ 남녀 평등 의식이 높아졌기 때문에
④ 가족 구성원의 수가 늘어났기 때문에
⑤ 남성과 여성의 역할 구분이 없어졌기 때문에

11 가족 간에 갈등이 생기는 경우를 두 가지 고르시오. (　　,　　)

① 서로 존중하고 배려할 때
② 자신만의 편안함을 추구할 때
③ 대화로 서로의 생각을 나눌 때
④ 자신의 역할을 실천하지 못했을 때
⑤ 모든 가족이 각자 역할을 나누어 집안일을 할 때

12 행복한 가정을 만들기 위해 우리가 실천할 수 있는 일이 <u>아닌</u> 것은 어느 것입니까? (　　　)

① 빨래 널기
② 신발 정리하기
③ 숙제 스스로 하기
④ 모든 집안일 도맡아 하기
⑤ 가족에게 힘이 되는 따뜻한 말 하기

13 다음 신문 기사에 대한 설명으로 옳은 것은 ○표, 옳지 않은 것은 ×표 하시오.

> △△ 신문　　　　20○○년 ○월 ○일
> **우리 가족 참 많죠?**
> 김□□ 씨 부부의 자녀들은 모두 10명이다. 그 중에 8명은 가슴으로 낳은, 입양한 아이들이다. 몇 명의 아이에게 장애가 있지만 김□□ 씨 부부는 모든 아이가 건강하게 자라도록 사랑으로 보살피고 있다. 아이들도 부모님처럼 다른 사람들을 도와주며 사는 것이 꿈이다.

(1) 김□□ 씨 가족들은 모두 핏줄로 맺어졌다. (　　　)

(2) 김□□ 씨 가족은 진짜 가족이라고 할 수 없다. (　　　)

(3) 김□□ 씨 부부가 많은 아이를 입양한 이유는 아이들이 건강하게 자라도록 보살펴 주고 싶었기 때문이다. (　　　)

3
단원

3회 단원 평가 실전

서술형

14 다음 그림을 보고, 알 수 있는 사실을 쓰시오.

> 자녀가 없는 우리에게 마리는 딸과 같아요.

_____

응용

15 다양한 가족의 생활 모습을 표현하는 방법을 잘못 말한 친구는 누구입니까? (   )

① 승윤: 각 가족의 특징을 만화로 그려 볼까?
② 미연: 여러 가족의 소득을 백지도에 나타내 볼까?
③ 영철: 가족들이 살아가는 모습을 노랫말로 만들어 볼까?
④ 수민: 여러 가족이 사이좋게 지내는 모습을 그림으로 그려 볼까?
⑤ 정윤: 다양한 형태의 가족이 서로 돕는 장면을 역할극으로 표현해 볼까?

❀ 다음 역할극 대본을 읽고, 물음에 답하시오. [16~17]

> **우리 아빠는 일본 사람**
>
> **엄마:** 오늘 급식에는 어떤 반찬이 나왔니?
> **나:** 달걀말이가 나왔어요. 근데 아빠가 만든 달걀말이가 더 맛있어요!
> **엄마:** 아빠는 달걀말이를 만드는 특별한 비법이 있단다.
> **나:** 아빠! 아빠표 달걀말이의 비법은 뭐예요?
> **아빠:** 아빠의 비법은 바로…… 설탕을 조금 넣는 것이란다. 아빠가 일본에서 살 때는 항상 그렇게 먹었거든.
> **나:** 그렇구나. 아빠 덕분에 저는 맛있는 달걀말이를 먹을 수 있어서 좋아요.

서술형

16 위 대본의 가족이 설탕을 넣은 달걀말이를 자주 먹을 수 있는 까닭은 무엇인지 쓰시오.

_____

17 앞의 가족에 대한 설명으로 바르지 않은 것은 어느 것입니까? (   )

① 다문화 가족에 속한다.
② 가족 구성원의 수는 세 명이다.
③ 아버지가 한국인이 아니므로 가족이라고 할 수 없다.
④ 일본인 아버지와 한국인 어머니가 결혼해 가족이 되었다.
⑤ 나는 가정에서 일본말과 한국말을 모두 배울 수 있다는 장점이 있다.

18 다음 빈칸에 들어갈 알맞은 말을 쓰시오.

> 가족마다 그 형태나 구성원이 다르기 때문에 살아가는 모습도 다양하다. 때문에 다양한 가족들의 삶의 모습을 ☐☐☐하고 존중해야 한다.

(   )

19 가족이 소중한 까닭으로 알맞지 않은 것은 어느 것입니까? (   )

① 힘들 때 격려해 주기 때문이다.
② 아플 때 힘이 되어 주기 때문이다.
③ 실수했을 때에도 이해해 주기 때문이다.
④ 원하는 것을 모두 다 들어 주기 때문이다.
⑤ 가족과 생활하며 사회생활에서 필요한 규칙과 예절을 배우기 때문이다.

20 행복한 가족을 만들기 위해 노력해야 할 일을 두 가지 고르시오. (,   )

① 자기 일을 스스로 한다.
② 서로에게 관심을 갖지 않는다.
③ 가족끼리 대화의 시간을 자주 갖는다.
④ 가족에게 어려운 일이 생기면 모른 척한다.
⑤ 동생이 자기 일을 스스로 할 수 있도록 절대로 도와주지 않는다.

사람들은 왜 모두 같은 음악을 들으며 결혼할까?

여러분은 결혼식장에 가 본 적이 있나요?

있다면, "딴딴따다~ 딴딴따다~"라고 시작하는 피아노 연주를 들어 본 기억이 있을 것입니다. 이 곡은 원래 독일의 음악가 바그너의 '로엔그린'이라는 오페라에서 두 주인공의 비극적 사랑을 노래한 곡이었습니다. 생각해 보면, 생애 가장 행복해야 할 순간에 어울리지 않는 슬프고 처량한 곡이 울려 퍼지고 있는 것입니다.

그럼에도 불구하고 왜 모두가 이 슬픈 음악을 들으며 결혼하는 것일까요?

원래 서양에서는 결혼식 연주곡이 따로 없었고, 대신 신부가 원하는 노래나 가곡을 사용하였습니다. 그런데 19세기 초 영국 빅토리아 여왕의 맏딸인 빅토리아 아델레이드 메르 루이즈 공주가 17살의 나이에 프로이센의 왕자와 결혼하게 되면서부터 이 곡이 대표적인 결혼 행진곡이 되었습니다. 바그너의 열렬한 팬이었던 공주가 결혼식에서 자신이 입장할 때에 바그너의 곡을 연주해 주기를 요구하였고, 공주는 이 곡을 들으며 입장을 하였던 것입니다.

이 결혼식 이후, 영국의 상류층 여성들은 빅토리아 공주의 결혼식을 따라 하기 시작하였고, 시간이 흘러 지금은 모두가 이 곡을 들으며 결혼을 하게 된 것입니다.

여러분은 어른이 되면 어떤 음악을 들으며 결혼식을 하고 싶나요?

100점
예상문제

사회 3-2

3~4
학년군

1 다음 중 자연환경에 속하지 <u>않는</u> 것은 어느 것입니까? (   )

①    ②

③    ④

2 다음 친구들이 이야기하고 있는 것을 통틀어 무엇이라고 하는지 쓰시오.

> • 가은: 자연환경을 이용해 사람들이 만든 환경이야.
> • 영철: 아파트, 학교, 다리, 고장, 논과 밭 등이 여기에 속하지.

(   )

3 고장 사람들이 다음과 같이 이용하고 있는 고장의 자연 환경은 무엇입니까? (   )

> • 물을 농업용수나 공업용수로 이용한다.
> • 주변에 공원을 만들어 운동이나 산책을 하는 데 이용한다.

① 산   ② 들
③ 섬   ④ 하천
⑤ 바다

4 계절에 따른 고장 사람들의 생활 모습으로 옳은 것에 ○표, 옳지 않은 것에 ×표 하시오.

(1) 봄에는 논과 밭에서 열매를 수확한다.
(   )

(2) 여름에는 더위를 피해 해수욕을 즐긴다.
(   )

(3) 가을에는 눈썰매장에서 신나게 썰매를 탄다.
(   )

(4) 겨울에는 실내 온도를 높이기 위해 난로나 온풍기를 사용한다. (   )

서술형

5 바다가 있는 고장에 사는 사람들은 자연환경을 이용하여 어떤 일을 하는지 쓰시오.

_____

_____

6 산이 많은 고장에 사는 사람들이 하는 일로 알맞지 <u>않은</u> 것은 어느 것입니까? (   )

① 버섯을 재배한다.
② 목장에서 소를 키운다.
③ 백화점이나 할인점에서 물건을 판다.
④ 산비탈에 계단식 논을 만들어 벼를 재배한다.
⑤ 산비탈을 이용해 스키장을 만들고 그 주변에서 숙박 시설을 운영한다.

7 다음 표에서 인문 환경을 이용하여 여가 생활을 한 친구는 누구인지 쓰시오.

이름	무엇을 하나요?	어디에서 하나요?
김우주	낚시	한강
이서영	등산	도봉산
박수훈	축구	운동장

(   )

8 사람이 살아가는 데 꼭 필요한 다음 물건 중에서 성격이 <u>다른</u> 하나는 무엇입니까? (　　)

① 밥　　　　② 옷
③ 장갑　　　④ 신발
⑤ 목도리

※ 다음 두 사진을 보고, 물음에 답하시오. [9~10]

　　　　(가)　　　　　　　　(나)

9 위 사진의 옷차림과 관계 있는 계절을 알맞게 선으로 이으시오.

(1) (가) ·

(2) (나) ·

· ㉠ 봄
· ㉡ 여름
· ㉢ 가을
· ㉣ 겨울

10 위 사진을 보고, 다음 빈칸에 들어갈 알맞은 말을 두 가지 고르시오. (　 ,　)

> 고장 사람들의 의생활 모습은 □에 따라 달라진다.

① 음식　　　　② 계절
③ 소득　　　　④ 생일
⑤ 날씨

11 캐나다의 춥고 눈이 많이 오는 고장에 사는 사람들은 어떤 옷을 입는지 쓰시오.

_____

_____

12 오른쪽과 같은 음식이 발달한 고장은 어디입니까? (　　)

▲ 어리굴젓

① 평양
② 영월
③ 서산
④ 안동
⑤ 전주

100점
예상
문제

13 다음 집에 대한 설명으로 알맞지 <u>않은</u> 것은 어느 것입니까? (　　)

① 울릉도에서 많이 볼 수 있다.
② 여름철 홍수에 대비하기 위해 지었다.
③ 눈이 많이 오는 환경에 대비하기 위해 지었다.
④ 우데기가 지붕의 끝에서부터 땅까지 설치되어 있다.
⑤ 눈이 많이 와도 집 안을 자유롭게 다닐 수 있도록 만들었다.

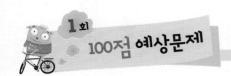

14 다음 두 집과 관계 깊은 자연 현상을 보기 에서 골라 기호를 쓰시오.

보 기

ⓐ 가뭄   ⓑ 홍수   ⓒ 화산 폭발

(1)   (2)

(   ) (   )

15 오른쪽과 같은 도구를 사용한 시대의 생활 모습으로 알맞은 것은 어느 것입니까? (   )

① 가축을 길렀다.
② 흙으로 그릇을 만들었다.
③ 돌을 갈아서 도구를 만들었다.
④ 강가나 해안가에 모여 살았다.
⑤ 동물을 사냥해 먹을거리를 얻었다.

16 다음 빈칸에 들어갈 알맞은 재료는 무엇인지 쓰시오.

자연에서 얻은 돌과 나무 등을 생활 도구로 사용하던 우리 조상들은 점차 [   ]과 같은 금속으로 도구를 만들어 사용하기 시작했다.

(   )

17 사람들은 어떤 도구를 사용하면서부터 따뜻한 국물이 있는 음식을 만들 수 있게 되었습니까?

(   )

① 시루   ② 토기
③ 옹기   ④ 가마솥
⑤ 전기밥솥

18 여러 층으로 나누어 높게 짓기 때문에 좁은 땅에도 많은 사람이 모여 살 수 있는 집은 무엇인지 쓰시오.

(   )

19 우리 조상들이 추운 겨울을 따뜻하게 보내기 위해 사용한 것은 무엇입니까? (   )

① 마루   ② 헛간
③ 온돌   ④ 마당
⑤ 뒷간

20 남자와 여자가 생활하는 공간이 나뉘어져 있었던 집은 어디입니까? (   )

① 움집   ② 귀틀집
③ 초가집   ④ 기와집
⑤ 아파트

✳ 다음 글을 읽고, 물음에 답하시오. [1~2]

산, 들, 바다와 같은 ⑦ 의 생김새와 날씨에 영향을 주는 눈, 비, 바람, 기온 등을 ⓒ 이라고 한다.

1 위의 ⑦에 들어갈 말로 알맞은 것은 어느 것입니까? (   )

① 땅
② 별
③ 우주
④ 기후
⑤ 동물

2 위의 ⓒ에 들어갈 알맞은 말은 무엇인지 쓰시오.

(   )

3 고장 사람들이 바다를 이용해 만든 것과 이 곳에서 생산되는 것은 무엇인지 쓰시오.

(1) 바다를 이용해 만든 것: (   )
(2) 이 곳에서 생산되는 것: (   )

4 다음 모습을 볼 수 있는 계절은 언제인지 쓰시오.

• 단풍이 든 산으로 나들이를 간다.
• 날씨가 선선하고 하늘에 구름이 없다.
• 논과 밭에서 곡식이나 열매를 수확한다.

(   )

5 다음 고장에 사는 사람들이 하는 일과 가장 거리가 먼 것은 어느 것입니까? (   )

① 바다에서 물고기를 잡는다.
② 산에서 나물이나 약초를 캔다.
③ 양식장에서 김과 미역을 기른다.
④ 해녀들은 바다가 나가 해산물을 직접 잡는다.
⑤ 물고기를 잡는 기구를 팔거나 수리하는 일을 한다.

100점
예상
문제

6 산이 많은 고장의 사람들이 자연환경을 이용해 만든 다음 시설은 무엇인지 쓰시오.

눈이 많이 내리는 곳에서는 산비탈을 이용해 시설을 만들고 그 주변에서 식당이나 숙박 시설을 운영하기도 한다.

(   )

7 다음 빈칸에 공통으로 들어갈 말을 쓰시오.

> • □□□이란 스스로 즐거움을 얻고자 남는 시간에 하는 자유로운 활동을 뜻한다.
> • 사람들은 산, 바다 등의 자연환경과 박물관, 영화관 등의 인문 환경을 이용해 □□□을 한다.

(   )

서술형

8 우리 고장 사람들이 즐기는 여가 생활에는 어떤 것들이 있는지 면담 조사를 하려고 합니다. 이때 주의할 점은 무엇인지 쓰시오.

_____

9 사람들이 살아가는 데 음식이 꼭 필요한 까닭은 무엇입니까? (   )

① 잠을 자고 쉬기 위해서
② 더위와 추위를 피하기 위해서
③ 활동할 수 있는 힘을 얻기 위해서
④ 몸의 중요한 부분을 보호하기 위해서
⑤ 자신의 개성을 표현하거나 사회적 지위를 나타내기 위해서

10 다음 보기의 두 지역 중 9월 중순에도 오른쪽과 같은 의생활 모습을 볼 수 있는 곳은 어디인지 쓰시오.

> 보기
> • 부산 광역시　　• 강원도 평창군

(   )

11 다음과 같은 옷을 입은 모습을 볼 수 있는 나라는 어디입니까? (   )

① 일본　　　　　② 페루
③ 캐나다　　　　④ 베트남
⑤ 사우디아라비아

12 넓은 들과 산에서 쌀과 채소를 쉽게 구할 수 있고, 장맛이 좋은 전라북도 전주에서 발달한 음식은 무엇입니까? (   )

13 세계 여러 고장 중에서 오른쪽과 같은 음식이 발달한 곳의 자연환경으로 알맞은 것은 무엇입니까? (   )

① 산지가 있는 고장
② 바다로 둘러싸인 고장
③ 날씨가 덥고 습한 고장
④ 사막이 있고 건조한 고장
⑤ 날씨가 춥고 눈이 많이 내리는 고장

14 나무를 쉽게 구할 수 있는 고장에서 나뭇조각으로 지붕을 얹은 집은 무엇입니까? (   )

① 너와집
② 기와집
③ 동굴집
④ 터돋움집
⑤ 우데기집

15 동굴이나 바위 그늘에 살던 사람들이 시간이 흐른 뒤에 강가나 해안가에 모여 살게 된 까닭으로 가장 알맞은 것은 어느 것입니까? (   )

① 농사를 지어 곡식을 얻었기 때문에
② 풀잎으로 옷을 만들어 입었기 때문에
③ 동물을 사냥해 먹을거리를 얻었기 때문에
④ 식물의 열매나 뿌리를 채집해 먹었기 때문에
⑤ 추위나 짐승들의 공격을 피할 수 있었기 때문에

16 다음과 같은 생활 모습의 변화는 무엇으로 만든 도구를 사용하면서 나타났는지 쓰시오.

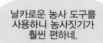

(   )

17 오른쪽 농사 도구의 쓰임새는 무엇인지 쓰시오.

▲ 반달 돌칼

18 오른쪽 농사 도구를 만들고 사용한 방법으로 알맞은 것은 어느 것입니까? (   )

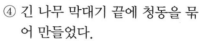
▲ 돌괭이

① 청동을 깨뜨려서 만들었다.
② 얇은 돌을 갈아서 날카롭게 만들었다.
③ 긴 나무 막대기 끝에 철을 묶어 만들었다.
④ 긴 나무 막대기 끝에 청동을 묶어 만들었다.
⑤ 긴 나무 막대기 끝에 뾰족한 돌을 묶어 만들었다.

19 다음에서 설명하는 음식을 만드는 도구는 무엇인지 쓰시오.

철로 만든 무거운 솥뚜껑을 덮어 솥 안의 뜨거운 김을 빠져나가지 못하기 때문에 쌀이 골고루 익을 수 있어 밥맛이 좋다.

(   )

20 사람들이 다양한 종류의 옷을 쉽고 빠르게 만들 수 있게 된 까닭으로 가장 알맞은 것은 어느 것입니까? (   )

① 교통이 발달했기 때문에
② 첨단 기술이 발달했기 때문에
③ 농사 도구가 발달했기 때문에
④ 사냥 도구가 발달했기 때문에
⑤ 옷을 만드는 도구가 발달했기 때문에

100점 예상 문제

1 다음과 같이 설날이나 추석 같은 명절에 조상에게 올리는 제사를 무엇이라고 하는지 쓰시오.

( )

2 명절에 하는 일과 가장 거리가 먼 것은 어느 것입니까? ( )

① 한복이나 깨끗한 옷을 입는다.
② 아침 일찍 공원에 나가 운동을 한다.
③ 아침에 조상들께 음식을 올리고 차례를 지낸다.
④ 멀리 떨어져 사는 친척들을 만나 서로 소식을 나눈다.
⑤ 다양한 계절 음식으로 차례상을 차리고 음식을 나누어 먹는다.

서술형

3 우리 조상들이 정월 대보름에 했던 세시 풍속은 무엇인지 쓰시오.

_____

_____

4 다음과 같은 세시 풍속을 볼 수 있는 명절은 언제인지 쓰시오.

• 씨름	• 그네뛰기
• 부채 주고받기	• 창포물에 머리감기

( )

5 일 년 중 밤이 가장 긴 날인 동지에 먹었던 대표적인 음식은 무엇입니까? ( )

① ②
③ ④

서술형

6 설날 아침에 웃어른을 찾아가 세배를 했던 풍속에 담긴 의미는 무엇인지 쓰시오.

_____

_____

7 옛날에 다음과 같은 농사와 관련된 세시 풍속을 볼 수 있었던 계절은 언제입니까? ( )

㉠	㉡

	㉠	㉡
①	봄	여름
②	봄	겨울
③	여름	가을
④	가을	봄
⑤	겨울	가을

8 오늘날에 세시 풍속의 모습이 많이 바뀌게 된 까닭으로 알맞은 것은 어느 것입니까? (   )

① 명절이 없어졌기 때문에
② 직업이 다양해졌기 때문에
③ 농사를 짓는 사람들이 많아졌기 때문에
④ 친척들과 가까운 곳에 살고 있기 때문에
⑤ 계절과 날씨의 영향을 많이 받기 때문에

9 다음에서 설명하고 있는 것은 무엇인지 쓰시오.

> • 설날이나 정월 대보름 사이에 가정이나 마을에서 여럿이 즐기던 놀이이다.
> • 옛날에는 마을 사람들이 함께하면서 마을의 평안과 풍년을 빌었다.
> • 장소에 크게 영향을 받지 않고 남녀노소 누구나 즐길 수 있다.

(   )

10 결혼식을 마치고 신부가 신랑의 집안 어른들께 첫인사를 올리는 것을 무엇이라고 하는지 쓰시오.

(   )

11 옛날의 결혼식 모습으로 알맞지 <u>않은</u> 것은 어느 것입니까? (   )

① 신부의 집에서 결혼식을 했다.
② 결혼식을 할 때 결혼반지를 주고받았다.
③ 신랑과 신부는 화려한 예복(한복)을 입었다.
④ 신랑과 신부는 마주 보고 큰절을 올리고, 잔에 술을 부어 마셨다.
⑤ 결혼식 후에 신랑은 말을 타고 신부는 가마를 타고 신랑의 집으로 갔다.

12 옛날과 오늘날의 결혼식을 비교했을 때 같은 점이 <u>아닌</u> 것은 어느 것입니까? (   )

① 많은 사람에게 두 사람의 결혼을 알린다.
② 신랑, 신부가 오랫동안 행복하도록 기원해 준다.
③ 신랑과 신부가 서로를 지켜 줄 것이라고 약속을 한다.
④ 가족과 친척이 모여 신랑과 신부의 행복한 미래를 축복해 준다.
⑤ 주례가 신랑, 신부에게 도움이 되는 이야기를 하고, 결혼 선서 등을 진행한다.

13 오른쪽 그림을 보고, 옛날에 확대 가족이 많았던 까닭은 무엇인지 쓰시오.

_____

_____

14 오늘날 가족 구성원의 모습으로 알맞은 것을 두 가지 고르시오. (,   )

① 여성은 사회 생활을 하지 않고 가정에서 집안일을 도맡아 한다.
② 아이들은 주로 농사를 짓거나 장사를 하는 등 주로 바깥일을 한다.
③ 맞벌이 가정이 증가하면서 집안일을 가족 구성원이 나눠 한다.
④ 가족 구성원의 의견을 존중하고 중요한 일은 함께 의논해 결정한다.
⑤ 농사를 짓는 사람이 늘어나면서 도시로 오는 사람이 증가하고 확대 가족이 늘어난다.

15 어느 가족이라도 가족 구성원들의 생각이 달라 어려움을 겪을 수 있습니다. 이를 해결하기 위해 가족에게 필요한 자세는 무엇인지 두 가지 고르시오. (,   )

① 배려   ② 비난
③ 대화   ④ 경쟁
⑤ 욕심

❋ 다음 그림을 보고, 물음에 답하시오. [16~17]

> 엄마가 해 주는 칼국수가 정말 맛있어요.

16 위 그림과 가장 관계 깊은 가족 형태는 무엇입니까? (   )

① 입양 가족   ② 조손 가족
③ 재혼 가족   ④ 다문화 가족
⑤ 한 부모 가족

서술형

17 위와 같은 가족의 좋은 점에는 무엇이 있는지 쓰시오.

_____

_____

❋ 다양한 가족 생활 모습을 표현한 다음 자료를 보고, 물음에 답하시오. [18~19]

제목: 알록달록 [   ] 마을
설명: 일곱 빛깔이 어우러진 [   ]가 아름다운 것처럼 다양한 형태의 가족이 어우러질 때 아름다운 사회를 이룰 수 있을 것이다.

18 위 자료는 다양한 가족 생활 모습을 어떤 방법을 표현한 것입니까? (   )

① 노랫말 바꾸기
② 만화로 바꾸기
③ 역할극 대본 쓰기
④ 그림으로 표현하기
⑤ 신문 기사로 꾸미기

19 위 자료의 빈칸에 공통으로 들어갈 알맞은 말은 무엇인지 쓰시오.

(   )

20 다음 중 바람직한 가족의 모습과 거리가 먼 것은 어느 것입니까? (   )

① 서로 이해하는 가족
② 모든 일에 감사하는 가족
③ 서로의 부족함을 채워주는 가족
④ 가족 구성원의 모든 일에 참견하는 가족
⑤ 서로 도와주고 자기 일을 스스로 하는 가족

1 다음 빈칸에 들어갈 알맞은 말을 쓰시오.

> 설날, 추석 등 명절날에 하는 일과 놀이, 먹는 음식, 입는 옷과 같이 해마다 일정한 시기에 되풀이하여 행해 온 고유의 풍속을 [   ]이라고 한다.

(   )

❋ 다음 그림을 보고, 물음에 답하시오. [2~3]

2 위 그림의 세시 풍속을 볼 수 있는 명절은 언제인지 쓰시오.

(   )

3 위 **2**번 답의 명절에 대한 설명으로 알맞은 것을 두 가지 고르시오. (,   )

① 음력 5월 5일이다.
② 여름철 가장 더운 시기이다.
③ 보름달 아래에서 강강술래를 하면 풍년을 기원했다.
④ 단풍이 든 산에 올라가 국화로 만든 술과 떡을 먹었다.
⑤ 여름을 시원하게 보내라는 의미로 부채를 서로 주고받았다.

4 한 해 농사가 잘되기를 기원하며 조상들의 산소에 성묘를 하는 세시 풍속이 있었던 명절은 언제입니까? (   )

① 삼복   ② 한식
③ 단오   ④ 동지
⑤ 중양절

서술형

5 옛날과 오늘날의 설날 세시 풍속을 비교하여 공통점과 차이점을 한 가지씩 쓰시오.

(1) 공통점: _____

_____

(2) 차이점: _____

_____

6 옛날부터 전해 내려오는 세시 풍속이 시간이 흐르면서 많이 바뀐 까닭을 바르게 말한 친구는 누구인지 쓰시오.

> • 영훈: 옛날보다 농사를 짓는 사람이 늘었기 때문이야.
> • 미소: 오늘날에는 계절과 날씨의 영향을 더 많이 받기 때문이지.
> • 재훈: 교통과 통신, 과학 기술의 발달로 직업이 다양해졌기 때문이야.

(   )

7 옛날에는 무더운 여름의 시작을 알리는 단오에 여름을 건강하게 보내라는 의미에서 부채를 주고받았습니다. 이 부채의 이름은 무엇인지 쓰시오.

(   )

100점
예상
문제

✿ 오늘날의 결혼식 모습을 보고, 물음에 답하시오. [8~9]

8 위와 같은 오늘날의 결혼식이 주로 열리는 장소는 어디인지 쓰시오.

( )

9 오늘날의 결혼식 모습으로 알맞지 <u>않은</u> 것은 어느 것입니까? ( )

① 결혼식이 끝나면 신혼여행을 간다.
② 신랑과 신부는 나무 기러기를 주고받는다.
③ 주례가 신랑과 신부가 부부가 되었음을 알린다.
④ 신랑은 턱시도를 입고 신부는 웨딩드레스를 입는다.
⑤ 결혼식을 마치면 폐백실에서 신랑, 신부 양쪽 집안 어른들께 폐백을 드린다.

10 다음은 옛날의 결혼식 모습입니다. 결혼식이 이루어지는 순서대로 기호를 쓰시오.

> ㉠ 신랑의 집으로 이동하기
> ㉡ 신부의 집에서 혼례 치르기
> ㉢ 시댁 어른들께 폐백 드리기

( )

11 다음 빈칸에 들어갈 알맞은 말을 쓰시오.

> 오늘날에는 결혼을 한 후에 직장이나 자녀 교육 등 여러 가지 이유로 부모님과 따로 떨어져 사는 경우가 많다. 결혼하기 않은 자녀와 부모가 함께 사는 가족을 [ ]이라고 한다.

( )

12 오늘날에 핵가족이 많은 까닭으로 알맞지 <u>않은</u> 것은 어느 것입니까? ( )

① 개인 생활을 위해 독립하는 경우가 늘었기 때문에
② 농사짓는 사람이 늘어나면서 일손이 많이 필요하기 때문에
③ 새로운 일자리를 찾아 도시로 오면서 가족 규모가 작아졌기 때문에
④ 산업이 발달하면서 도시가 만들어지고 다양한 일자리가 생겼기 때문에
⑤ 자녀가 학교에 들어가면서 편의 시설이 많은 도시로 이사를 가기 때문에

서술형

13 오늘날 가족 구성원의 모습을 나타낸 다음 그림을 보고, 옛날과 비교해 어떻게 달라졌는지 쓰시오.

_____

_____

14 가족이 가지고 있는 문제를 알고 행복한 가정을 만들기 위해 가족 구성원들이 모여 집안의 중요한 일을 결정하는 회의를 무엇이라고 하는지 쓰시오.

( )

✿ 다음 가족을 보고, 물음에 답하시오. [15~16]

(가)

(나)

(다)

(라)

15 혈연관계로 이루어지지 않은 가족을 위에서 찾아 기호를 쓰시오.

(   )

16 다음 역할극 대본과 관계 깊은 가족을 위에서 찾아 기호를 쓰시오.

> **우리 할머니 최고!**
>
> 나: 할머니! 오늘 저녁은 뭐예요?
> 할머니: 오늘 저녁은 주은이가 좋아하는 국수지요.
> 나: 역시 할머니는 저랑 마음이 통한다니까요.
> 할머니: 그렇지? 참, 할아버지는 오늘 늦으신다고 하셨으니깐 우리 먼저 먹자.
> 나: 네, 수저는 제가 놓을게요.
> 할머니: 고맙구나. 우리 주은이가 도와주니 할머니가 참 편하구나.

(   )

서술형

17 확대 가족에서 생활할 때의 좋은 점은 무엇인지 쓰시오.

_____

_____

✿ 다양한 가족의 생활 모습을 표현한 다음 만화를 보고, 물음에 답하시오. [18~19]

18 위 만화의 제목으로 가장 알맞은 것은 어느 것입니까? (   )

① 네 가지 아침
② 우리 아빠 최고!
③ 우리 가족 참 많죠?
④ 알록달록 무지개 마을
⑤ 우리 아빠는 일본 사람

19 위에서 가족 구성원 중 외국인을 볼 수 있는 가족을 찾아 기호를 쓰시오.

(   )

20 오른쪽의 이산가족과 관계 깊은 역사적인 사건은 무엇입니까? (   )

① 3·1 운동
② 6·25 전쟁
③ 8·15 광복
④ 4·19 혁명
⑤ 5·18 민주화 운동

✿ 다음 사진을 보고, 물음에 답하시오. [1~3]

(가) (나) (다)

(라) (마) (바)

1 위 사진을 자연환경과 인문 환경으로 구분하여 기호를 쓰시오.

자연환경	인문 환경

서술형

2 위 (나)의 환경을 이용하여 사람들이 하는 일은 무엇인지 쓰시오.

_____

_____

3 고장 사람들이 (바)의 환경을 이용하는 모습으로 알맞은 것을 두 가지 고르시오. (,   )

① 공원   ② 염전
③ 등산로   ④ 공업용수
⑤ 주택 단지

4 다음과 관계 깊은 계절은 언제인지 쓰시오.

• 날씨: 기온이 낮아 춥고 눈이 많이 내린다.
• 생활 모습: 두꺼운 옷을 입고 스키나 썰매를 탄다.

(   )

5 다음과 같은 일은 어느 고장에서 사는 사람들이 주로 하는 일입니까? (   )

• 백화점이나 할인점에서 물건을 판다.
• 공장에서 물건을 만들거나 회사에 다닌다.
• 음식을 만들어 팔기도 하고 버스나 택시를 운전한다.

① 도시에 사는 사람들
② 산이 많은 고장의 사람들
③ 논과 밭이 있는 고장의 사람들
④ 바다가 있는 고장에 사는 사람들
⑤ 눈과 얼음을 볼 수 있는 고장에 사는 사람들

6 다양한 여가 생활의 모습 중에서 성격이 다른 하나는 어느 것입니까? (   )

① ②

③ ④

7 다음 중 의식주에 대한 설명으로 알맞지 않은 것은 어느 것입니까? (   )

① 사람들이 살아가는 데 꼭 필요한 것이다.
② 편안히 잠을 자고 쉬기 위해 의(옷)가 필요하다.
③ 아파트, 한옥, 수상 가옥 등은 주(집)에 속한다.
④ 신발, 한복, 청바지, 티셔츠, 모자 등은 의(옷)에 속한다.
⑤ 몸을 보호하는 옷과 영양분을 얻는 음식, 편안하게 쉴 수 있는 집을 의식주라고 한다.

8 덥고 비가 많이 내리는 고장에 살고 있는 사람들은 어떤 옷을 입습니까? (　　　)

① 망토와 같은 긴 옷을 입고 모자를 쓴다.
② 동물의 털과 가죽으로 된 두꺼운 옷을 입는다.
③ 발목까지 감싸는 신발을 신고 두꺼운 장갑을 낀다.
④ 바람이 잘 통하는 긴 옷을 입고 챙이 넓은 모자를 쓴다.
⑤ 뜨거운 햇볕과 모래바람을 막으려고 긴 옷을 입고 머리에는 천을 둘러 감는다.

9 다음 설명과 관련 있는 안동의 대표적인 음식은 무엇인지 쓰시오.

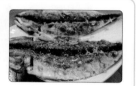

> 안동은 바다와 멀리 떨어져 있어 운반하는 동안 생선에 소금을 뿌려서 상하지 않게 하였다.

(　　　　　　　　)

10 러시아와 터키에서 볼 수 있는 다음 집과 집을 지을 때 사용한 재료를 알맞게 선으로 이으시오.

(1) ·

· ㉠ 바위

(2) ·

· ㉡ 통나무

11 자연에서 얻은 도구를 사용하던 옛날 사람들이 음식을 담아 두었던 오른쪽 그릇의 이름은 무엇인지 쓰시오.

(　　　　　　　　)

12 하늘에 제사를 지냈던 제사장이 사용했던 다음 도구를 만든 재료는 무엇인지 쓰시오.

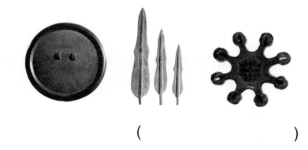

(　　　　　　　　)

13 소를 이용해 땅을 가는 것과 관련이 있는 농사 도구는 무엇입니까? (　　　)

① 낫　　　　　　② 쟁기
③ 돌괭이　　　　④ 탈곡기
⑤ 트랙터

서술형

14 우리 조상들이 사용했던 난방 방법인 온돌은 어떤 방법으로 방을 따뜻하게 했는지 쓰시오.

_____

_____

_____

100점
예상
문제

15 다음 중 추석과 관계 없는 세시 풍속은 어느 것입니까? ( )

① 성묘하기   ② 송편 빚기
③ 차례 지내기   ④ 팥죽 먹기
⑤ 강강술래하기

16 옛날에 농사와 관련된 다음과 같은 세시 풍속을 볼 수 있었던 계절은 언제인지 쓰시오.

> • 나쁜 기운을 몰아내고 새해에는 복을 받기를 기원했다.
> • 정월 대보름에는 큰 보름달을 보며 풍년을 빌었다.

( )

17 옛날과 오늘날의 결혼식 모습을 보고, 바르게 이야기한 친구는 누구인지 쓰시오.

( )

18 옛날과 비교해 오늘날의 가족 구성원의 역할은 많이 변화했습니다. 그 까닭으로 알맞지 않은 것은 어느 것입니까? ( )

① 교육 받을 기회가 늘어났기 때문에
② 여성의 사회 진출이 줄어들었기 때문에
③ 남녀에게 교육 받을 기회가 동등하게 주어지기 때문에
④ 여성들이 다양한 사회 분야에 진출해 직업을 가지고 일하기 때문에
⑤ 가족 구성원의 수가 줄어들고 남녀가 평등하다는 의식이 높아졌기 때문에

서술형

19 다음 그림을 보고, 행복한 가족을 만들기 위해 내가 할 수 있는 일은 무엇인지 쓰시오.

_____

_____

20 다음 그림과 가장 관계 깊은 가족 형태는 무엇입니까? ( )

① 재혼 가족   ② 조손 가족
③ 입양 가족   ④ 확대 가족
⑤ 다문화 가족

※ 다음 사진을 보고, 물음에 답하시오. [1~2]

(가)    (나)

(다)    (라)

1 위와 같이 자연환경을 이용해 사람들이 만든 환경을 무엇이라고 하는지 쓰시오.

(   )

2 다음 설명과 관계있는 것을 위에서 찾아 기호를 쓰시오.

> • 넓은 들이 있는 고장에서 볼 수 있다.
> • 땅이 평평하고 물이 풍부해서 농사짓기가 좋다.

(   )

서술형

3 다음 지역에서 7월에 볼 수 있는 생활 모습은 무엇인지 예를 들어 쓰시오.

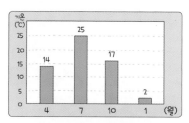

▲ 경상북도 포항시의 평균 기온

_____

4 다음 중 바다가 있는 고장에 사는 사람들이 하는 일이 아닌 것은 어느 것입니까? (   )

① 김과 미역을 양식한다.
② 바다에서 물고기를 잡는다.
③ 항구 주변 식당에서 관광객들에게 음식을 판다.
④ 배나 물고기를 잡는 기구를 팔거나 고쳐 주는 일을 한다.
⑤ 눈이 많이 내리는 곳에서는 비탈을 이용해 스키장을 만든다.

5 고장 사람들의 여가 생활 모습을 면담 조사하는 방법입니다. 조사하는 순서대로 기호를 쓰시오.

> ㉠ 면담 내용, 면담할 사람, 조사 기간 등을 계획한다.
> ㉡ 상대방에게 방문 계획을 알리고 조사 목적을 밝힌다.
> ㉢ 면담 결과를 분석해 표나 그래프로 나타내고 발표한다.
> ㉣ 사진기와 수첩, 녹음기 등 필요한 준비물을 가지고 면담 대상자를 방문하고 면담을 한다.

(   )

6 우리나라의 의생활 모습과 가장 관계 깊은 것은 무엇입니까? (   )

① 쌀   ② 양복
③ 한복   ④ 온돌
⑤ 아파트

7 다음 빈칸에 들어갈 알맞은 말을 쓰시오.

> 높은 산이 있어 낮과 밤의 기온차가 큰 고장에서는 낮의 뜨거운 ㉠ 을 막고 밤의 ㉡ 를 견디려고 망토와 같은 긴 옷을 걸치고 모자를 쓴다.

㉠: (   ) ㉡: (   )

8 다른 나라에 있는 여러 고장 사람들의 식생활 모습을 정리한 것입니다. 보 기 를 보고 빈칸에 알맞은 말을 써 넣으시오.

보 기
바다로 둘러싸인 섬 지역에서는 생선을 이용한 음식이 발달했는데 이는 해산물이 많이 잡히기 때문이다.

산지가 있는 고장에서는 치즈를 이용한 음식이 발달했는데 이는 _____

_____

9 겨울철에 눈이 많이 내리는 울릉도에서 눈이 많이 와도 집 안을 자유롭게 다닐 수 있도록 지붕의 끝에서부터 땅까지 내린 벽을 세워 만든 집은 무엇인지 쓰시오.

( )

10 옛날의 생활 모습을 나타낸 그림과 그 때 사용했던 도구를 알맞게 선으로 이으시오.

(1)  · · ㉠ 돌을 갈아서 만든 도구

(2)  · · ㉡ 돌을 깨뜨려서 만든 도구

11 오른쪽 도구를 만들 때 사용한 재료는 무엇입니까? ( )

① 철   ② 돌
③ 흙   ④ 청동
⑤ 나무

12 다음은 음식과 옷을 만드는 도구의 발달 과정을 정리한 것입니다. ㉠, ㉡에 들어갈 알맞은 도구를 쓰시오.

• 음식을 만드는 도구의 발달: 토기 → [㉠] → 가마솥 → 전기밥솥
• 옷을 만드는 도구의 발달: [㉡] → 베틀 → 재봉틀 → 방직기

㉠: ( ) ㉡: ( )

13 다음 중 귀틀집을 만드는 재료로 알맞은 것을 두 가지 고르시오. (,)

① 돌   ② 진흙
③ 철근   ④ 시멘트
⑤ 통나무

14 다음과 같이 더위를 피해 시원한 곳으로 놀러 가거나 닭백숙을 먹었던 명절은 언제인지 쓰시오.

( )

15 옛날과 오늘날의 설날에 행해지는 세시 풍속의 공통점이 <u>아닌</u> 것은 어느 것입니까? (   )

① 어른들께 세배를 드린다.
② 복조리를 문 앞에 걸어 둔다.
③ 새해 서로의 복을 기원해 준다.
④ 가족들이 함께 모여 차례를 지낸다.
⑤ 떡국과 맛있는 음식을 나누어 먹는다.

16 옛날의 결혼식 모습을 나타낸 다음 글에서 잘못된 곳을 찾아 기호를 쓰시오.

> 결혼하는 날 신랑은 ㉠ 신부의 집으로 가서 혼례를 치렀다. 혼례식장에 도착한 신랑이 신부 측에 ㉡ 나무 기러기를 건네주면 혼례가 시작된다. 신랑과 신부는 마주보고 ㉢ 큰절을 올리고, 잔에 술을 부어 함께 나누어 마시며 사람들에게 혼인이 되었음을 널리 알린다. 혼례를 치르고 신부의 집에서 며칠을 보낸 후에 ㉣ 신랑은 가마를, 신부는 말을 타고 신랑의 집으로 간다.

(   )

17 옛날에 확대 가족이 많았던 까닭으로 알맞은 것은 어느 것입니까? (   )

① 도시가 발달했기 때문에
② 가족 수가 적었기 때문에
③ 주로 농사를 지어 일손이 많이 필요했기 때문에
④ 직장을 구하면서 부모님과 떨어져 살게 되었기 때문에
⑤ 자녀의 교육 문제 때문에 학교가 많은 도시로 사람들이 모여 들었기 때문에

서술형

18 오늘날 가족 구성원의 역할 변화를 나타낸 다음 그림을 보고 어떻게 변화했는지 쓰시오.

(1) _____

(2) _____

❋ 다음 신문 기사를 읽고, 물음에 답하시오. [19~20]

△△ 신문 　　　　　　　20○○년 ○월 ○일

우리 가족 참 많죠?

김□□ 씨 부부의 자녀들은 모두 10명이다. 그 중에 8명은 가슴으로 낳은, 입양한 아이들이다. 몇 명의 아이에게 장애가 있지만, 김□□ 씨 부부는 모든 아이가 건강하게 자라도록 사랑으로 보살피고 있다. 아이들도 부모님처럼 다른 사람들을 도와주며 사는 것이 꿈이다.

100점 예상 문제

19 위 신문 기사와 관계 깊은 가족 형태는 무엇인지 쓰시오.

(   )

20 위 **19**번 가족의 특징으로 알맞은 것은 어느 것입니까? (   )

① 부모님 중 한 분이 안 계신다.
② 동물을 가족 구성원으로 생각한다.
③ 아이들이 할머니, 할아버지와 함께 살아간다.
④ 피를 나누지 않고도 함께 사는 가족이 되었다.
⑤ 전쟁으로 헤어져 오랫동안 만나지 못하고 있다.

메모 Memo

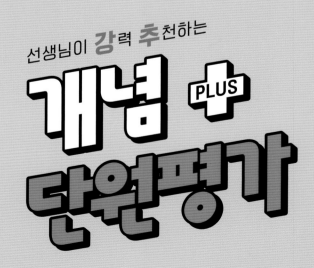

선생님이 **강력 추**천하는

개념 ^{PLUS}
단원평가

11종 검정 교과서

완벽 분석

사회

종합평가

3·2

3~4학년군

교육의 길잡이·학생의 동반자
(주)교학사

1 산, 하천, 바다, 논, 밭, 학교 등 우리를 둘러싼 모든 것을 통틀어 무엇이라고 하는지 쓰시오.

(   )

[2~3] 다음 사진을 보고 물음에 답하시오.

(가)   (나)

▲ 산   ▲ 도로

(다)   (라)

▲ 항구   ▲ 바다

2 위에서 자연환경과 인문환경은 무엇인지 찾아 기호를 쓰시오.

(1) 자연환경 (   )
(2) 인문환경 (   )

> 🔍 관련 교과서 돋보기
>
> **자연환경과 인문환경**
> • 자연환경: 산, 들, 바다와 같은 땅의 모양이나 눈, 비, 기온과 같이 날씨에 영향을 주는 것.
> • 인문환경: 사람들이 자연환경을 이용해 만든 밭, 도로, 건물 등을 말함.

3 고장 사람들이 위의 (다)를 만든 까닭은 무엇입니까?

(   )

① 벼농사를 짓기 위해서
② 편안하게 쉴 수 있도록 하기 위해서
③ 생활에 필요한 제품을 만들기 위해서
④ 다른 지역으로 편리하게 이동하기 위해서
⑤ 배가 안전하게 드나들 수 있도록 하기 위해서

4 다음과 같이 활용하는 모습을 볼 수 있는 자연환경은 무엇입니까? (   )

① 강   ② 산
③ 들   ④ 하천
⑤ 바다

5 고장 사람들이 들을 이용하는 모습으로 알맞은 것을 두 가지 고르시오. (,   )

① 목장에서 소나 양을 키운다.
② 논을 만들어 벼농사를 짓는다.
③ 스키장 주변에서 식당을 운영한다.
④ 양식장을 만들어 김과 미역을 기른다.
⑤ 비닐하우스에서 과일과 채소를 재배한다.

6 사람들이 바다에서 얻는 생산물과 거리가 먼 것은 어느 것입니까? (   )

① 김   ② 소금
③ 미역   ④ 버섯
⑤ 물고기

7 다음 ( ) 안에 공통으로 들어갈 말은 무엇인지 쓰시오.

> 고장 사람들은 (   )의 물을 생활용수와 공업용수로 쓰거나 (   ) 주변에 공원이나 산책로를 만들어 이용하기도 한다.

(   )

8 다음과 같은 모습을 볼 수 있는 계절은 언제인지 쓰시오.

( )

11 바다가 있는 고장에서 볼 수 있는 자연환경을 두 가지 고르시오. (,)

① 산 　　　　　② 들
③ 바다 　　　　④ 하천
⑤ 모래사장

_{서술형}

12 다음 지역에 살고 있는 사람들이 주로 하는 일은 무엇인지 쓰시오.

_____

[9~10] 고장의 계절별 강수량과 계절별 기온을 나타낸 다음 그래프를 보고 물음에 답하시오.

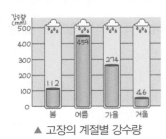
▲ 고장의 계절별 강수량

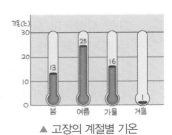
▲ 고장의 계절별 기온

9 고장에서 계절별 강수량이 가장 많은 때와 계절별 기온이 가장 높은 때는 언제인지 쓰시오.

(1) 강수량이 가장 많은 계절
( )

(2) 기온이 가장 높은 계절
( )

[13~14] 다음 사진을 보고 물음에 답하시오.

10 위의 그래프를 읽는 순서에 맞게 기호를 쓰시오.

> ㉠ 그래프의 제목을 확인한다.
> ㉡ 각각의 막대가 나타내는 양을 확인한다.
> ㉢ 그래프의 가로와 세로가 무엇을 나타내는지 확인한다.
> ㉣ 그래프에서 눈금 한 칸의 크기가 얼마인지 확인한다.

( )

13 위 사진은 어떤 고장의 모습을 나타낸 것입니까?
( )

① 산이 많은 고장
② 바다가 있는 고장
③ 넓은 들이 펼쳐진 고장
④ 사방이 바다로 둘러싸인 고장
⑤ 많은 사람과 높은 건물이 있는 고장

14 앞의 고장에 사는 사람들이 하는 일을 바르게 이야기한 친구는 누구인지 쓰시오.

산에서 약초를 캐고 있어.

논에서 벼농사를 짓고 있어.

혜린   규성

(   )

15 다음 ( ) 안에 공통으로 들어갈 말을 쓰시오.

> (   )에는 많은 사람이 살고 도로가 발달하였으며 높은 건물도 많다. (   )에 사는 사람들은 많은 인문환경을 활용하여 다양한 일을 하며 살아간다. 회사나 공장에서 일하기도 하고 물건이나 음식을 팔기도 한다.

(   )

16 산이 많은 고장에 사는 사람들이 하는 일과 가장 거리가 먼 것은 어느 것입니까? (   )

① 버섯을 기른다.
② 나물이나 약초를 캔다.
③ 꿀을 얻기 위해 벌을 기른다.
④ 경사진 밭이나 계단식 논에서 농사를 짓는다.
⑤ 항구 근처에서 식당이나 숙박 시설, 직판장을 운영한다.

〈서술형〉

17 산이 많은 고장에서 계단 모양의 논을 볼 수 있는 까닭은 무엇인지 쓰시오.

_____

_____

[18~19] 다음 사진을 보고 물음에 답하시오.

(가)   (나)

(다)   (라)

18 위와 같이 공부나 일에서 벗어나 자유롭게 시간을 보내는 일을 무엇이라고 하는지 쓰시오.

(   )

19 위의 활동은 다음과 같이 구분할 수 있습니다. 내용에 알맞게 기호를 써넣으시오.

(1) 자연환경을 이용한 여가 생활	(2) 인문환경을 이용한 여가 생활

20 다음 중 여가 생활의 종류가 나머지 넷과 다른 하나는 무엇입니까? (   )

① 아빠와 강에서 낚시를 했다.
② 삼촌과 영화관에서 영화를 봤다.
③ 강아지 밍키와 공원에 산책을 갔다.
④ 친구와 공원에서 인라인스케이트를 탔다.
⑤ 할아버지, 할머니와 선사 유적 박물관에 다녀왔다.

1 다음 ( ) 안에 들어갈 알맞은 말을 쓰시오.

> 사람이 생활하려면 기본적으로 필요한 것들이 있다. 사람은 어디에 가더라도 옷을 입고, 음식을 먹고, 집을 지어 산다. 이처럼 사람들이 생활하는 데 필요한 옷, 음식, 집을 ( )라고/이라고 한다.

( )

2 사람들이 살아가는 데 음식이 필요한 까닭으로 가장 알맞은 것은 어느 것입니까? ( )

① 잠을 자기 위해서
② 편안하게 쉬기 위해서
③ 움직일 힘을 얻기 위해서
④ 더위와 추위를 피하기 위해서
⑤ 몸의 중요한 부분을 보호하기 위해서

[3~4] 다음 물건을 보고 물음에 답하시오.

(가)   (나)   (다)

(라)   (마)   (바)

3 위의 물건 중에서 주생활과 관계 있는 것을 모두 골라 기호를 쓰시오.

( )

서술형

4 앞의 물건 중에서 의생활과 관계 있는 것은 무엇인지 기호를 쓰고, 그것들이 필요한 까닭도 쓰시오.

(1) 의생활과 관계 있는 것 ( )

(2) 필요한 까닭: _____

_____

[5~6] 9월의 평창 지역과 제주 지역 사람들의 옷차림을 나타낸 다음 그림을 보고 물음에 답하시오.

(가)   (나)

5 위 (가), (나) 중에서 평창 지역의 모습을 나타낸 것은 무엇인지 쓰시오.

( )

서술형

6 위 그림과 같이 9월이라도 지역에 따라 사람들의 옷차림이 다른 까닭은 무엇인지 쓰시오.

_____

_____

7 다음과 같은 옷차림을 볼 수 있는 계절은 언제인지 쓰시오.

> 추위를 견디기 위해 두꺼운 옷을 입고, 장갑을 끼거나 목도리를 두르기도 한다.

( )

[8~9] 다음 사진을 보고 물음에 답하시오.

(가) 　　　(나)

8 위의 (가)와 같은 옷차림을 하는 지역의 날씨로 알맞은 것은 어느 것입니까? (　　　)

① 춥고 눈이 많이 내린다.
② 덥고 비가 많이 내린다.
③ 낮과 밤의 기온 차가 크다.
④ 햇볕이 뜨겁고 모래바람이 분다.
⑤ 사계절의 변화가 뚜렷하고 기후가 온화하다.

🔍 관련 교과서 돋보기

사막 지역에 살고 있는 사람들의 옷차림
　날씨가 덥고 비가 적게 내리는 사막에서는 뜨거운 햇볕과 모래바람으로부터 몸을 보호하려고 긴 옷을 입고 머리에는 천을 둘러 감는다.

9 위의 (나)와 같은 옷차림을 볼 수 있는 나라는 어디입니까? (　　　)

① 일본　　　　　② 페루
③ 베트남　　　　④ 러시아
⑤ 캐나다

10 오른쪽과 같은 옷을 입는 고장은 어디인지 다음에서 찾아 기호를 쓰시오.

　㉠ 덥고 습한 고장
　㉡ 덥고 건조한 고장
　㉢ 춥고 눈이 많이 내리는 고장

(　　　　　　　)

11 다음 고장과 그 고장에서 생산되는 음식의 재료를 알맞게 선으로 이으시오.

(1) 산이 있는 고장　　　・　　　・㉠ 쌀, 채소

(2) 바다가 있는 고장　　　・　　　・㉡ 김, 미역

(3) 논과 밭이 있는 고장　　　・　　　・㉢ 버섯, 나물

[12~14] 다음 음식을 보고 물음에 답하시오.

(가) 　　　(나)

12 위의 (가), (나) 중에서 경상북도 영덕군에서 발달한 음식은 무엇인지 쓰시오.

(　　　　　　　　　　　)

• 서술형 •

13 경상북도 영덕군에서 위 12번의 답과 같은 음식이 발달한 까닭은 무엇인지 쓰시오.

_____

_____

14 위의 (나) 음식에 대한 설명입니다. (　) 안에 들어갈 알맞은 말을 쓰시오.

　전주는 주변의 넓은 들과 산에서 쌀과 채소를 쉽게 구할 수 있고 장맛도 좋아 (　　　　)이/가 유명하다.

(　　　　　　　　　　　)

15 다음 중 전라남도 보성군에서 발달한 음식은 무엇입니까? (   )

① 냉면   ② 만두
③ 어리굴젓   ④ 꼬막무침
⑤ 호두과자

16 다음 중 바다와 가까운 고장에서 발달한 음식은 어느 것입니까? (   )

①

②

③

④

> 관련 교과서 돋보기
>
> 여러 고장의 자연환경과 식생활
> • 날씨가 덥고 비가 많이 내리는 고장: 벼농사가 활발하여 쌀을 이용한 음식이 발달하였다.
> • 바다와 가까운 고장: 바다에서 잡은 해산물이 이용한 음식이 많다.
> • 산지가 있는 고장: 젖소를 많이 키워 여러 종류의 치즈를 이용한 음식이 많다.

17 나무를 쉽게 구할 수 있는 고장에서 나뭇조각으로 지붕을 얹어 만든 집을 무엇이라고 하는지 쓰시오.

(   )

18 다음 (   ) 안에 들어갈 알맞은 말을 쓰시오.

겨울철에 눈이 많이 내리는 울릉도의 집에서는 눈이 집안으로 들어오는 것을 막으려고 지붕의 끝에서부터 땅까지 내린 (   )라는/이라는 외벽을 만들었다.

(   )

19 초원이 넓게 펼쳐진 고장의 주생활 모습으로 알맞은 것은 어느 것입니까? (   )

① 눈과 얼음으로 집을 짓는다.
② 통나무와 흙으로 집을 짓는다.
③ 더위와 해충을 피하려고 물 위에 집을 짓는다.
④ 이동하면서 가축을 기르기 위해 천막집을 짓는다.
⑤ 열기와 습기를 피하려고 땅에서 높이 띄운 집을 짓는다.

20 오른쪽의 동굴집과 관계 깊은 자연 현상은 무엇입니까? (   )

① 홍수
② 태풍
③ 황사
④ 폭설
⑤ 화산 폭발

1 다음 (   ) 안에 공통으로 들어갈 말을 쓰시오.

> 사람들이 일상생활에서 사용하는 물건을 (   )라고/이라고 한다. 옛날 사람들은 돌을 깨뜨리거나 나무를 다듬어 (   )로/으로 사용하였다.

(   )

관련 교과서 돋보기

생활 도구
• 생활 도구란 사람들이 생활하는 데 필요한 여러 가지 물건을 말한다.
• 아주 먼 옛날, 사람들은 자연에서 구하기 쉬운 돌과 나무 등을 이용해 생활 도구를 만들었다.

[2~3] 다음 그림을 보고 물음에 답하시오.

2 위 시대에 살았던 사람들이 먹을거리를 얻었던 방법을 두 가지 고르시오. (,   )

① 농사를 지었다.
② 가축을 길렀다.
③ 동물을 사냥했다.
④ 나무 열매를 땄다.
⑤ 낚시 도구로 물고기를 잡았다.

3 위 시대 사람들이 주로 사용했던 오른쪽 도구의 이름은 무엇인지 쓰시오.

(   )

[4~5] 다음 도구를 보고 물음에 답하시오.

(가)   (나)

4 위 (가), (나) 도구를 사용했던 때가 알맞게 짝지어진 것은 어느 것입니까? (   )

	(가)	(나)
①	옷을 만들 때	전쟁을 할 때
②	돌을 깨뜨릴 때	열매를 딸 때
③	음식을 담을 때	낚시를 할 때
④	가축을 기를 때	제사를 지낼 때
⑤	물을 담아 보관할 때	음식을 만들 때

5 위의 도구를 사용했던 사람들의 생활 모습을 정리한 것입니다. 알맞지 <u>않은</u> 것을 찾아 기호를 쓰시오.

> ㉠ 사람들은 점차 돌이나 동물 뼈를 갈고 다듬어 더 좋은 도구로 만들기 시작하였다. 흙으로 그릇을 만들고 ㉡ 식물에서 얻은 실로 옷감을 짜서 옷을 만들어 입었다. ㉢ 사람들은 농사를 짓고 집에서 동물을 기르기도 하였다. 또한 ㉣ 동굴이나 바위 그늘에서 살면서 추위를 견디고 동물의 공격도 피하였다.

(   )

6 다음과 같은 도구를 만들 때 사용한 금속은 무엇인지 쓰시오.

(   )

7 청동으로 도구를 만들어 사용하던 시대에도 일상생활에서는 여전히 돌과 나무로 만든 도구를 사용하였습니다. 그 까닭으로 알맞은 것은 어느 것입니까?

(   )

① 청동은 귀하고 다루기 힘들었기 때문에
② 돌과 나무로 만든 도구가 더 강하고 튼튼했기 때문에
③ 청동으로 만들면 반짝이는 면이 많이 생기기 때문에
④ 청동으로 만든 도구가 날카롭지 않아서 안전했기 때문에
⑤ 돌과 나무로 만들어야 더 복잡한 모양을 만들 수 있었기 때문에

[8~9] 다음 도구를 보고 물음에 답하시오.

(가)

(나)

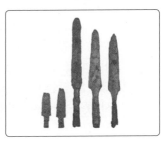

8 위의 (가), (나)는 무엇으로 만든 도구인지 쓰시오.

(   )

9 위의 (가)와 같은 도구를 사용하면서 달라진 점과 거리가 먼 것은 어느 것입니까? (   )

① 농업이 크게 발달하게 되었다.
② 농사지을 때 힘이 덜 들게 되었다.
③ 더 많은 양의 곡식을 거둘 수 있게 되었다.
④ 먹을거리를 찾아 이동 생활을 하게 되었다.
⑤ 단단하고 날카로운 도구를 만들 수 있게 되었다.

10 다음은 농사를 지을 때 땅을 가는 도구입니다. 발달한 순서대로 기호를 쓰시오.

┌─────────────────────────────┐
│ ㉠ 쟁기   ㉡ 트랙터   │
│ ㉢ 철괭이   ㉣ 돌괭이   │
└─────────────────────────────┘

(   )

서술형
11 다음 두 도구의 공통적인 쓰임새는 무엇인지 쓰시오.

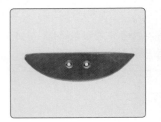   

_____

_____

12 농사 도구가 발달하면서 달라진 생활 모습으로 알맞지 <u>않은</u> 것은 어느 것입니까? (   )

① 수확하는 곡식의 양이 늘어났다.
② 농사를 짓는 데 필요한 사람들이 많아졌다.
③ 훨씬 편리하게 농사를 지을 수 있게 되었다.
④ 한 사람이 농사지을 수 있는 땅이 넓어졌다.
⑤ 다양하고 많은 양의 곡식과 채소, 과일을 얻을 수 있게 되었다.

13 다음은 음식을 만드는 도구 중에서 무엇에 대한 설명인지 쓰시오.

┌─────────────────────────────┐
│ 바닥의 구멍에서 올라오는 뜨거운 김으로 생 │
│ 선이나 떡을 쪄서 먹었다.   │
└─────────────────────────────┘

(   )

14 전기밥솥을 사용하면서 달라진 생활 모습으로 알맞은 것은 어느 것입니까? (   )

① 고기를 골고루 익혀 먹을 수 있게 되었다.
② 밥을 쉽고 빠르게 지어 먹을 수 있게 되었다.
③ 따뜻한 국물이 있는 음식을 만들 수 있게 되었다.
④ 음식을 오랫동안 신선하게 보관할 수 있게 되었다.
⑤ 나무와 짚을 연료로 사용하여 밥을 지을 수 있게 되었다.

15 사람들이 음식 재료를 갈 때 가장 먼저 사용했던 도구는 무엇인지 기호를 쓰시오.

> ㉠ 맷돌   ㉡ 믹서   ㉢ 갈돌과 갈판

(   )

[16～17] 다음 도구를 보고 물음에 답하시오.

(가)   (나)

16 위 (가), (나) 도구의 공통적인 쓰임새로 알맞은 것은 어느 것입니까? (   )

① 집을 지을 때 사용했다.
② 열매를 딸 때 사용했다.
③ 옷을 만들 때 사용했다.
④ 물고기를 잡을 때 사용했다.
⑤ 동물을 사냥할 때 사용했다.

🔍 관련 교과서 돋보기

가락바퀴와 베틀
• 가락바퀴: 가늘게 쪼갠 식물의 줄기를 꼬아서 실을 만들었다.
• 베틀: 실을 고르게 한 뒤 서로 엮어서 옷감을 만들었다.

17 앞의 (가), (나) 중에서 실을 올려놓고 서로 엇갈리게 엮어서 옷감을 만들었던 것은 무엇인지 쓰시오.

(   )

18 다음 (   ) 안에 들어갈 알맞은 말을 쓰시오.

> 사람들은 한곳에 머물러 살게 되면서 농사도 짓기 시작하였다. 이들은 땅을 파고 나무 기둥을 세운 후 짚이나 갈대를 덮어 집을 지었다. 이러한 집의 형태를 (   )라고/이라고 한다.

(   )

[19～20] 다음 두 집을 보고 물음에 답하시오.

(가)   (나)

19 위 (가) 집에 대한 설명으로 알맞지 <u>않은</u> 것은 어느 것입니까? (   )

① 농사를 짓던 사람들이 살았다.
② 방, 부엌, 창고 등의 공간이 있다.
③ 안채와 사랑채 등으로 구성되어 있다.
④ 화장실은 방과 떨어진 곳에 위치해 있다.
⑤ 한 해 농사가 끝나면 새 볏짚으로 지붕을 바꿨다.

• 서술형 •

20 위의 (나) 집은 (가) 집에 비해 어떤 좋은 점이 있었는지 쓰시오.

_____

_____

2. ② 옛날과 오늘날의 세시 풍속

1 우리나라의 대표적인 명절에 속하는 날은 언제입니까? (   )

① 설날
② 성탄절
③ 현충일
④ 어린이날
⑤ 어버이날

2 옛날부터 전해 내려오는 생활 습관 중에서 명절과 같이 일정한 시기에 되풀이하여 행해 온 고유의 풍속을 통틀어 무엇이라고 하는지 쓰시오.

(   )

3 다음은 어떤 명절의 세시 풍속을 정리한 것인지 쓰시오.

• 입는 옷: 한복, 깨끗한 새 옷
• 하는 일: 세배하기, 성묘하기, 차례 지내기
• 먹는 음식: 떡국
• 하는 놀이: 연날리기, 널뛰기, 윷놀이

(   )

4 다음과 같이 설날이나 추석 같은 명절에 조상에게 올리는 제사를 무엇이라고 하는지 쓰시오.

(   )

[5~6] 다음 그림을 보고 물음에 답하시오.

5 위와 같은 세시 풍속이 행해졌던 때는 언제입니까?

(   )

① 음력 5월 5일
② 음력 9월 9일
③ 일 년 중 낮이 가장 긴 날
④ 일 년 중 밤이 가장 긴 날
⑤ 음력으로 새해 첫 둥근 보름달이 뜬 날

6 위 그림에서 행해지고 있는 세시 풍속은 무엇인지 두 가지 고르시오. (,   )

① 성묘하기
② 강강술래
③ 쥐불놀이
④ 그네뛰기
⑤ 달집태우기

🔍 관련 교과서 돋보기

달집태우기와 쥐불놀이
• 달집태우기: 달이 떠오를 때 달집(나무 무더기)에 불을 질러 태우며 노는 놀이로, 마을의 평안과 풍년을 기원했다.
• 쥐불놀이: 기다란 막대나 줄에 불을 달고 빙빙 돌리며 노는 놀이이다.

7 한식에 대한 설명으로 알맞지 <u>않은</u> 것은 어느 것입니까? (   )

① 찬 음식을 먹었다.
② 씨를 뿌리는 시기이다.
③ 조상들의 산소에 가서 성묘를 했다.
④ 불을 사용하지 않는 풍속이 있었다.
⑤ 국화로 만든 술과 떡을 먹으며 건강을 기원했다.

[8~9] 다음 그림을 보고 물음에 답하시오.

8 위와 같은 모습을 볼 수 있는 명절은 언제인지 쓰시오.

(   )

9 위와 같은 풍속이 행해지는 명절에 사람들이 여름을 시원하게 지내라는 의미로 서로 주고받았던 것은 무엇입니까? (   )

① 장갑   ② 달력
③ 부채   ④ 죽부인
⑤ 나막신

·서술형·

10 우리 조상들은 삼복에 닭백숙이나 육개장을 먹었습니다. 이러한 음식을 먹었던 까닭은 무엇인지 쓰시오.

_____

11 추석에 차례를 지냈던 까닭으로 가장 알맞은 것은 어느 것입니까? (   )

① 풍년을 기원하기 위해서
② 새해 소원을 빌기 위해서
③ 나쁜 기운을 쫓기 위해서
④ 더위를 이겨 내기 위해서
⑤ 조상들께 감사를 드리기 위해서

[12~13] 다음 그림을 보고 물음에 답하시오.

12 위와 같이 팥죽을 먹는 모습을 볼 수 있었던 명절은 언제인지 쓰시오.

(   )

13 위와 같은 모습을 볼 수 있는 명절에 대한 설명으로 알맞은 것을 모두 찾아 기호를 쓰시오.

> ㉠ 음력 9월 9일이다.
> ㉡ 찬 음식을 먹는 풍속이 있었다.
> ㉢ 일 년 중에 밤이 가장 긴 날이다.
> ㉣ 사람들이 오곡밥을 먹었던 명절이다.
> ㉤ 한 해를 마무리하고 새해를 맞이하는 명절이다.

(   )

관련 교과서 돋보기

명절과 날짜
• 설날: 음력 1월 1일   • 정월 대보름: 음력 1월 15일
• 한식: 4월 5일 무렵   • 단오: 음력 5월 5일
• 삼복: 7월과 8월 중   • 추석: 음력 8월 15일
• 중양절: 음력 9월 9일   • 동지: 12월 22일 무렵

14 옛날 설날의 모습으로 알맞지 <u>않은</u> 것은 어느 것입니까? (   )

① 설날 아침에 차례를 지냈다.
② 새해 인사로 어른들께 세배를 드렸다.
③ 평소에 멀리 떨어져 지내는 가족과 친척들을 만났다.
④ 야광귀에게 신발을 빼앗기지 않도록 방 안에 숨겨 두었다.
⑤ 벽에 복조리를 걸어 놓고 새해에 복이 많이 들어오기를 빌었다.

15 다음 ㉠, ㉡에 들어갈 알맞은 말을 쓰시오.

> 옛날에는 설날에 복을 기원하고 나쁜 기운을 몰아내는 세시 풍속이 많았지만, 오늘날에는 옛날보다 설날에 하는 세시 풍속이 줄어들고 그 의미도 약해졌다. 옛날 설날의 세시 풍속 중에서 차례를 지내고 (㉠   )하고 (㉡   )을/를 먹는 것과 같은 간단한 세시 풍속만 오늘날까지 이어지고 있다.

㉠ (   )   ㉡ (   )

16 다음은 오늘날 설날에 어떤 세시 풍속을 행하는 모습입니까? (   )

① 세배 드리기
② 전통 음식 만들기
③ 전통 놀이 체험하기
④ 전통 의상 입어 보기
⑤ 멀리 사는 가족과 친척 만나러 가기

17 주로 농사를 짓고 살았던 우리 조상들이 중요하게 생각했던 것을 두 가지 고르시오. (,   )

① 날씨   ② 과학
③ 교통   ④ 계절
⑤ 통신

18 옛날에는 농사와 관련된 세시 풍속이 많았습니다. 계절별로 알맞게 설명한 것에 ○표 하시오.

(1) 봄에는 농사가 잘 되기를 기원하며 조상들의 산소에 찾아가 풀을 질렀다.   (   )
(2) 여름에는 더운 날씨에도 지치지 않고 농사일을 할 수 있도록 영양이 풍부한 음식을 먹었다.
                                                    (   )
(3) 가을에는 농사지은 햇곡식으로 조상들께 감사드리는 차례를 지냈다.   (   )
(4) 겨울에는 보름달을 보며 새해에도 풍년이 들기를 빌었다.   (   )

19 옛날부터 전해 내려오는 세시 풍속이 시간이 흐르면서 많이 바뀐 까닭으로 알맞지 <u>않은</u> 것은 어느 것입니까? (   )

① 직업이 다양해졌기 때문에
② 교통과 통신이 발달했기 때문에
③ 농사와 관련된 풍속이 많아졌기 때문에
④ 날씨와 계절의 영향을 적게 받기 때문에
⑤ 계절별로 하던 세시 풍속을 언제든지 할 수 있기 때문에

20 네 개의 막대를 던져 나오는 도, 개, 걸, 윷, 모의 점수에 따라 말을 옮겨 네 개의 윷말이 먼저 출발지로 들어오면 이기는 전통 놀이는 무엇인지 쓰시오.

(   )

1 다음 ( ) 안에 공통으로 들어갈 말을 쓰시오.

> 우리는 부모, 형제자매, 조부모 등으로 이루어진 ( ) 안에서 사랑과 보살핌을 받고 살아간다. ( )은/는 함께 살아가면서 힘들고 어려운 일이 있을 때 서로 도와주고, 기쁘고 즐거운 일이 있을 때 행복을 함께 나눈다.

(   )

[2~4] 옛날의 결혼식 모습을 나타낸 다음 그림을 보고 물음에 답하시오.

(가)   (나)

(다)   (라)

2 옛날 결혼식이 치러진 순서대로 기호를 쓰시오.

(   )

3 다음과 같은 모습을 볼 수 있는 때는 언제인지 위에서 찾아 기호를 쓰시오.

> 신랑과 신부가 마주 보고 절을 하고, 부부가 되었음을 사람들에게 알린다.

(   )

 서술형

4 앞의 (다)는 폐백을 드리는 모습입니다. 이때 어른들이 신랑과 신부에게 대추와 밤을 던져 주었던 까닭은 무엇인지 쓰시오.

_____

_____

5 옛날에는 주로 어느 곳에서 결혼식을 했습니까?

(   )

① 궁궐   ② 서당
③ 결혼식 장   ④ 신랑의 집
⑤ 신부의 집

6 오늘날의 결혼식 모습으로 알맞지 <u>않은</u> 것을 찾아 기호를 쓰시오.

> 오늘날에는 ㉠ 주로 결혼식장에서 결혼을 한다. ㉡ 결혼식 때 신랑은 턱시도를, 신부는 웨딩드레스를 입는다. 그리고 ㉢ 평생을 함께 하겠다는 의미로 기러기를 주고받는다. ㉣ 두 사람은 많은 사람의 축하를 받으며 결혼식을 올린다.

(   )

7 오늘날에는 결혼식장 말고도 다양한 장소에서 결혼식을 합니다. 다음과 같은 결혼식이 치러지는 장소는 어디인지 쓰시오.

(1)   (2)

(   )   (   )

8 오늘날 결혼식에도 남아 있는 옛날 결혼식의 모습은 어느 것입니까? ( )

① 신혼여행을 간다.
② 결혼반지를 주고받는다.
③ 집안 어른들께 폐백을 드린다.
④ 결혼식장에서 결혼식을 올린다.
⑤ 주례가 신랑과 신부에게 도움이 되는 이야기를 한다.

9 옛날과 오늘날의 결혼식에서 달라지지 <u>않은</u> 점은 무엇입니까? ( )

① 결혼에 담긴 의미
② 결혼식 때 입는 옷
③ 결혼식을 하는 장소
④ 결혼식 후에 하는 일
⑤ 결혼식을 할 때 주고받는 것

관련 교과서 돋보기

옛날 결혼식과 오늘날 결혼식의 공통점
• 옛날과 오늘날 결혼식 모두 새로운 가정을 이루는 의식이다.
• 신랑과 신부가 서로 지켜 주는 약속이라는 결혼의 의미도 변하지 않았다.
• 가족과 친척 등 많은 사람이 신랑과 신부를 축하해 주는 모습도 변하지 않았다.

[10~11] 다음 그림을 보고 물음에 답하시오.

10 위와 같이 자녀가 결혼한 후에도 부모와 함께 사는 가족 형태를 무엇이라고 하는지 쓰시오.

( )

11 앞 가족의 특징으로 알맞은 것을 두 가지 고르시오.

(,)

① 가족 구성원의 수가 적은 편이다.
② 가족 구성원의 수가 많은 편이다.
③ 결혼한 자녀가 부모와 떨어져 산다.
④ 오늘날 많이 볼 수 있는 가족의 모습이다.
⑤ 농사를 짓던 옛날에 많이 볼 수 있었던 가족의 모습이다.

[12~13] 다음 그림을 보고 물음에 답하시오.

12 위와 같이 결혼하지 않은 자녀와 부모가 함께 사는 가족을 무엇이라고 합니까? ( )

① 외가족 ② 친가족
③ 대가족 ④ 홑가족
⑤ 핵가족

13 위 가족의 특징으로 알맞은 것에 ○표 하시오.

(1) 조부모와 손주가 함께 산다. ( )
(2) 가족의 수가 확대 가족보다 많다.
( )
(3) 결혼한 자녀가 부모와 따로 사는 경우가 많다.
( )
(4) 아버지, 어머니, 나, 동생으로 이루어진 가족이다. ( )

[14~15] 다음 자료를 보고 물음에 답하시오.

(가)

도시의 직장에 다니면서 가족과 떨어져 지내고 있어요.

(나)

아이들 교육을 위해 이사했어요.

14 위의 (가), (나)를 보고 알 수 있는 사실은 무엇입니까? ( )

① 사람들이 농사를 짓는 까닭
② 사람들이 여행을 하는 까닭
③ 사람들이 촌락으로 이동하는 까닭
④ 오늘날 핵가족이 많아지고 있는 까닭
⑤ 오늘날 확대 가족이 많아지고 있는 까닭

15 위 (나)와 같이 자녀가 학교에 가면서 이사하는 데 영향을 미치는 것을 두 가지 고르시오. (,)

① 교육 시설   ② 관광 시설
③ 편의 시설   ④ 오염 시설
⑤ 군사 시설

16 다음 ㉠, ㉡에 들어갈 알맞은 말을 쓰시오.

> 옛날에는 가족 구성원의 역할이 구분되어 있었다. 바깥일은 주로 (㉠)이/가 하였고, 집안일은 주로 (㉡)이/가 맡아서 하였다.

㉠ ( )   ㉡ ( )

17 가족의 중요한 일을 의논하고 함께 결정하기 위해 여는 오른쪽과 같은 모임을 무엇이라고 하는지 쓰시오.

( )

18 옛날과 오늘날 가족 구성원의 역할이 변화한 까닭으로 알맞지 <u>않은</u> 것은 어느 것입니까? ( )

① 여성의 사회 진출이 늘어났기 때문이다.
② 남녀가 평등하다는 의식이 높아졌기 때문이다.
③ 남녀의 역할 구분이 점차 없어지고 있기 때문이다.
④ 남자와 여자가 하는 일이 따로 정해져 있기 때문이다.
⑤ 남자와 여자에게 교육 받을 기회가 동등하게 제공되기 때문이다.

> **관련 교과서 돋보기**
>
> 가족 구성원의 역할이 달라진 까닭
> 오늘날에는 누구나 교육을 받을 수 있고 사회 활동에 참여할 수 있다. 또한 남자와 여자가 평등하다는 생각으로 성별의 구분 없이 다양한 역할을 나누어 한다. 이처럼 사회의 모습이 변화하면서 가족 구성원의 역할도 많이 달라졌다.

19 가족 간에 갈등이 발생하는 까닭을 바르게 말한 친구는 누구인지 쓰시오.

가족 구성원들의 생각이 다르기 때문이야.

가족 구성원들의 나이가 다르기 때문이야.

민준   소정

( )

20 가족 간의 갈등을 해결하기 위한 방법으로 알맞지 <u>않은</u> 것은 어느 것입니까? ( )

① 서로 존중하는 마음을 갖는다.
② 서로 배려하는 태도를 지닌다.
③ 갈등이 왜 생겼는지를 생각해 본다.
④ 서로의 생각을 이해하는 자세를 갖춘다.
⑤ 서로 자신의 역할만 잘 하기 위해 노력한다.

1 다음 ( ) 안에 공통으로 들어갈 말을 쓰시오.

> 우리 사회에는 다양한 형태의 ( )이/가 있다. 결혼과 혈연으로 이루어진 ( )이/가 있고, 입양과 같이 새로운 관계로 이루어진 ( )도 있다.

( )

🔍 관련 교과서 돋보기

우리 주변의 다양한 가족

우리 주변에는 여러 형태의 가족이 있다. 우리 가족과 같거나 비슷한 형태의 가족도 있고, 다른 형태의 가족도 있다. 가족 형태는 달라도 모든 가족은 저마다의 모습으로 함께 살아가고 있다.

[2~3] 다음 그림을 보고 물음에 답하시오.

2 위 그림의 기찬이네 가족의 형태로 알맞은 것은 어느 것입니까? ( )

① 확대 가족   ② 입양 가족
③ 조손 가족   ④ 재혼 가족
⑤ 다문화 가족

3 위의 가족 그림을 통해 알 수 있는 사실은 무엇입니까? ( )

① 모든 가족의 형태는 같다.
② 식사를 함께하면 가족이다.
③ 집에 놀러 온 이웃도 가족이 될 수 있다.
④ 우리 사회에는 다양한 형태의 가족이 있다.
⑤ 외국인과 결혼해서는 가족을 만들 수 없다.

4 오른쪽 조손 가족의 구성원은 누구인지 모두 고르시오.
( )

① 손자
② 아버지
③ 어머니
④ 할머니
⑤ 할아버지

[5~6] 다음 그림을 보고 물음에 답하시오.

(가)    (나)

5 위 (가) 가족에 대한 설명으로 알맞은 것은 어느 것입니까? ( )

① 자녀를 입양해 형성되었다.
② 부모님이 재혼해 만들어졌다.
③ 결혼한 자녀와 부모가 함께 산다.
④ 부모 없이 할아버지, 할머니와 손주가 함께 산다.
⑤ 아버지와 어머니 중 어느 한 분과 자녀가 함께 산다.

6 위 (나)와 같은 형태의 가족을 무엇이라고 하는지 쓰시오.

( )

• 서술형 •

7 가족마다 그 형태는 다르지만 비슷한 점도 있습니다. 비슷한 점은 무엇인지 쓰시오.

_____

_____

[8~9] 다음 신문기사를 읽고 물음에 답하시오.

○○신문

초등학교 3학년인 희은이네 가족은 아빠, 엄마, 큰언니, 둘째 언니, 희은이 모두 다섯 명이다. 두 언니는 엄마가 낳았고, 희은이는 태어난 지 얼마 되지 않아서 입양되었다. 희은이는 자신이 입양되었다는 것을 알고 있다.

희은이는 언니들과 종종 다투기도 한다. 하지만 희은이는 어느 가족이나 형제자매끼리 다투고 속상해하는 일이 있다고 의젓하게 말한다.

– 2015. 2. 23. –

8 위 신문기사의 희은이네 가족은 어떤 형태의 가족에 속합니까? (　　　)

① 입양 가족　　　　② 독립 가족
③ 조손 가족　　　　④ 재혼 가족
⑤ 다문화 가족

서술형

9 우리 주변에서도 위와 같은 가족 형태가 늘어나고 있습니다. 그 까닭은 무엇인지 쓰시오.

_____

_____

10 다음 (　) 안에 들어갈 말로 알맞지 <u>않은</u> 것은 어느 것입니까? (　　　)

> 오늘날에는 (　　　) 등이 달라 가족마다 살아가는 모습이 다양하다.

① 가족 형태
② 가족 구성원
③ 가족이 살아가는 상황
④ 가족이 살아가는 환경
⑤ 가족끼리 서로 사랑하는 마음

[11~13] 다음 글을 읽고 물음에 답하시오.

네 잎 토끼풀

내게 찾아온 행운
새로 만난 멋진 아버지
새로 만난 귀여운 동생

우리는 네 잎 토끼풀
사랑으로 맺은
행운의 네 잎 토끼풀

11 위 글은 가족의 생활 모습을 어떤 방법으로 표현한 것인지 쓰시오.

(　　　　　　　)

12 위 글은 어떤 형태의 가족이 만들어지고 생활하는 것을 표현한 것입니까? (　　　)

① 입양 가족　　　　② 확대 가족
③ 조손 가족　　　　④ 재혼 가족
⑤ 다문화 가족

서술형

13 위의 글에서 가족을 네 잎 토끼풀이라고 한 까닭은 무엇인지 쓰시오.

_____

_____

14 다양한 가족의 생활 모습을 표현하는 방법으로 알맞지 <u>않은</u> 것은 어느 것입니까? (　　　)

① 만화로 표현하기　　② 음식으로 만들기
③ 역할극 대본 쓰기　　④ 그림으로 표현하기
⑤ 노랫말 바꿔 부르기

15 다양한 가족의 생활 모습을 표현하기 위한 계획을 세우려고 합니다. 이때 생각해야 할 점으로 알맞은 것을 모두 고르시오. (   )

① 제목
② 표현 방법
③ 작품 감상하기
④ 느낀 점 이야기하기
⑤ 표현하고 싶은 내용 정하기

> 관련 교과서 돋보기
>
> 다양한 가족의 생활 모습을 작품으로 표현하기
> ① 어떤 가족의 모습을 나타낼지 생각해 보기
> ② 각자가 선택한 표현 방법으로 작품 완성하기
> ③ 완성한 작품을 발표하고, 느낀 점 이야기하기

[16~17] 다음 자료를 보고 물음에 답하시오.

16 위의 자료는 다양한 가족의 생활 모습을 무엇으로 표현한 것입니까? (   )

① 동시짓기
② 역할극하기
③ 뉴스로 표현하기
④ 만화로 표현하기
⑤ 노랫말 바꿔 부르기

17 위 자료에 어울리는 제목으로 가장 알맞은 것은 어느 것입니까? (   )

① 바쁜 하루
② 행복한 아침
③ 한 지붕 세 가족
④ 명랑 가족 운동회
⑤ 우리 할아버지, 할머니 최고!

[18~19] 다음 자료를 보고 물음에 답하시오.

> **다양한 가족이 함께하는 명절**
>
> 윤이 어머니: 안녕하세요?
> 시우 아버지: 안녕하세요? 윤이네 가족은 이번 설날을 어떻게 보내시나요?
> 윤이 어머니: 윤이 할아버지가 계신 고향에 갑니다. 시우네는요?
> 시우 아버지: 고향인 (   )에 다녀오려고요. 그곳에서는 설날을 춘절이라 부르는데, 일 주일 정도 쉬면서 많은 사람들이 고장을 찾아가요.
> 윤이: 우리 집에서는 설날에 떡국을 먹어요.
> 시우: (   )에서는 춘절에 '자오쯔'라는 만두를 먹어요.
> 윤이 어머니: 먹는 음식은 달라도, 온 가족이 모여 새해 인사를 나누는 점은 같네요.

18 위의 (   ) 안에 공통으로 들어갈 나라 이름을 쓰시오.

(   )

19 위 자료는 다양한 가족의 생활 모습을 어떻게 나타내었는지 바르게 말한 친구를 찾아 쓰시오.

> • 명아: 가족의 행복한 모습을 그림으로 그렸어.
> • 승훈: 가족들이 서로 돕는 모습을 만화로 그렸어.
> • 우연: 가족 역할을 정해 역할극을 하기 위해 만든 대본이야.

(   )

20 가족이 소중한 까닭으로 알맞은 것에 ○표 하시오.

(1) 우리가 건강하고 바르게 성장할 수 있는 바탕이 된다. (   )

(2) 가족과 생활하면서 살아가는 데 필요한 규칙과 예절을 배운다. (   )

(3) 가족이 실수하면 야단치고 매우 실망했다는 사실을 곧바로 알려 준다. (   )

1 다음 중 환경에 대한 설명으로 올바른 것에 ○표 하시오.

(1) 우리를 둘러싸고 있는 모든 것이다.
( )

(2) 우리가 사는 고장은 다양한 환경으로 둘러싸여 있다.
( )

(3) 산이나 바다는 환경에 속하지만 도로나 건물은 환경에 속하지 않는다.
( )

2 다음 환경의 공통점으로 알맞은 것은 어느 것입니까?
( )

① 인문환경에 속한다.
② 날씨에 영향을 준다.
③ 사람들이 만든 것이다.
④ 자연환경을 이용해 만들었다.
⑤ 도로, 공장, 과수원과 같은 종류의 환경이다.

3 다음 ( ) 안에 공통으로 들어갈 말을 쓰시오.

사람들은 고장의 자연환경을 이용해 논과 밭, 과수원, 공원, 도로, 다리, 공장 등을 만든다. 이와 같이 사람들이 만든 환경을 ( )라고/이라고 한다.

( )

·서술형·

4 고장에 오른쪽과 같은 환경을 만들면 어떤 점이 좋은지 쓰시오.

[5~7] 다음 사진을 보고 물음에 답하시오.

(가)   (나)

(다)   (라)

5 고장 사람들이 바다를 이용하는 모습을 위에서 찾아 기호를 쓰시오.

( )

6 다음 설명과 관계 깊은 이용 모습을 위에서 찾아 기호를 쓰시오.

나무가 많은 숲속에 만든 삼림욕장은 고장 사람들이 휴식을 취하기 위하여 자주 찾는 곳이다.

( )

·서술형·

7 위 (라)는 고장 사람들이 고장의 환경을 어떻게 이용하고 있는 모습인지 쓰시오.

(1) 고장 사람들이 이용한 환경
( )

(2) 환경을 이용하고 있는 모습

8 다음과 같은 생활 모습을 볼 수 있는 계절은 언제인지 쓰시오.

> 더운 날씨에 얇은 옷을 입고, 바다나 수영장에서 물놀이를 즐긴다.

(   )

관련 교과서 돋보기

계절에 따른 사람들의 생활 모습
- 봄: 따뜻한 날씨에 산이나 공원으로 꽃구경을 간다.
- 여름: 더운 날씨에 얇은 옷을 입고, 바다나 수영장에서 물놀이를 즐긴다.
- 가을: 선선한 날씨에 단풍 구경을 가고, 논과 밭에서 곡식이나 채소를 수확한다.
- 겨울: 추운 날씨에 두꺼운 옷을 입고, 스키나 썰매 등 겨울 스포츠를 즐긴다.

[9~10] 다음 일기 예보를 읽고 물음에 답하시오.

나들이하기에 좋은 주말

20○○년 ○○월 ○○일

높고 푸른 하늘을 볼 수 있는 계절이 돌아왔습니다. 주말인 오늘은 맑고 선선한 날씨가 나타나면서 전국의 산과 공원은 꽃과 단풍을 보러 나온 사람들로 북적였습니다. 내일은 아침에 쌀쌀한 바람이 불겠지만 낮에는 여전히 맑고 상쾌한 날씨가 이어져 야외 활동을 하기에 좋을 것으로 보입니다.

9 위와 같은 일기 예보를 들을 수 있는 계절은 언제인지 쓰시오.

(   )

10 위 9번 답의 계절에 볼 수 있는 고장 사람들의 생활 모습으로 알맞은 것은 어느 것입니까? (   )

① 논에서 모내기를 한다.
② 논과 밭에서 곡식을 수확한다.
③ 얇은 옷을 입고 선풍기를 사용한다.
④ 사람들은 눈썰매장이나 얼음 축제에 간다.
⑤ 더위를 피하려고 산이나 계곡, 바다를 찾는다.

[11~12] 고장의 모습을 나타낸 다음 사진을 보고 물음에 답하시오.

11 위의 고장에서 볼 수 있는 모습과 가장 거리가 먼 것은 어느 것입니까? (   )

① 바다   ② 부두
③ 양식장   ④ 스키장
⑤ 해수욕장

12 위의 고장에 살고 있는 사람들이 주로 하는 일은 무엇입니까? (   )

① 물고기를 잡는다.
② 나물이나 약초를 캔다.
③ 목장에서 소를 키운다.
④ 논에서 벼농사를 짓는다.
⑤ 공장이나 회사에서 일을 한다.

13 넓은 들이 있는 고장에 사는 사람들이 논을 이용하여 하는 일은 무엇인지 쓰시오.

(   )

14 넓은 들이 펼쳐진 곳에 사는 사람들이 하는 일을 모두 골라 기호를 쓰시오.

> ㉠ 비닐 하우스에서 채소를 기른다.
> ㉡ 버섯을 기르거나 약초나 나물을 캔다.
> ㉢ 바닷속에 들어가 해삼과 멍게를 잡는다.
> ㉣ 농기계를 팔거나 고치고 농업 기술을 연구한다.

(   )

15 도시에 사는 사람들이 하는 일을 바르게 말한 친구는 누구인지 쓰시오.

공장에서 물건을 만들거나 회사에서 일해요.

산비탈에 썰매장과 스키장을 만들어 운영해요.

정빈   상식

(   )

16 다음과 같은 모습을 볼 수 있는 고장은 어디인지 다음 ◦보기◦에서 골라 쓰시오.

─◦보기◦─
• 산이 많은 고장
• 바다가 있는 고장
• 넓은 들이 있는 고장

(   )

17 산이 많은 고장 사람들이 하는 일을 바르지 <u>않게</u> 이야기한 친구는 누구입니까? (   )

① 민호: 목장에서 소나 양을 키워요.
② 은진: 산에 벌을 길러 꿀을 얻어요.
③ 서현: 산나물을 기르거나 약초를 캐요.
④ 승철: 산비탈에 논이나 밭을 만들어 농사를 지어요.
⑤ 채린: 백화점이나 할인점에서 물건이나 음식을 팔아요.

◦서술형◦

18 다음과 같이 각 고장마다 사람들이 하는 일이 다른 까닭은 무엇인지 쓰시오.

_____

_____

19 사람들이 여가 생활을 하는 까닭으로 가장 알맞은 것은 어느 것입니까? (   )

① 돈을 벌기 위해서
② 다른 사람을 돕기 위해서
③ 스스로 즐거움을 얻기 위해서
④ 누구나 해야 하는 것이기 때문에
⑤ 친구를 많이 사귈 수 있기 때문에

관련 교과서 돋보기

고장 사람들의 여가 생활
• 여가 생활: 공부나 일에서 벗어나 자유롭게 보내는 시간에 하는 활동이다.
• 사람들은 주로 고장의 자연환경과 인문환경을 이용하여 여가 생활을 한다.

20 다음 중에서 인문환경을 이용한 여가 생활은 어느 것입니까? (   )

①  ②

③  ④

1 사람들이 살아가는 데 꼭 필요한 옷과 음식, 집을 통틀어 무엇이라고 하는지 쓰시오.

( )

> 🔍 관련 교과서 돋보기
>
> 사람이 살아가는 데 꼭 필요한 의식주
> • 우리가 살아가려면 몸을 보호하는 옷, 영양분을 얻기 위한 음식, 편안하게 쉴 수 있는 집이 필요하다.
> • 이렇게 사람들이 살아가는 데 필요한 기본적인 옷, 음식, 집을 의식주라고 한다.

2 의식주가 필요한 까닭에 대해 바르게 말한 것에 ○표 하시오.

(1) 사람들은 다양한 환경으로부터 몸을 보호하기 위해 옷을 입는다. ( )

(2) 사람들은 활동에 필요한 영양소와 힘을 얻기 위해 집을 짓는다. ( )

(3) 사람들은 더위나 추위를 피하고 휴식을 취하기 위해 음식을 먹는다. ( )

(4) 사람은 어디에 가더라도 옷을 입고, 음식을 먹고, 집을 지어 산다. ( )

[3~4] 다음 그림을 물음에 답하시오.

3 위 그림의 (가)~(다)는 의식주와 관련된 것입니다. 의생활과 관련된 것은 '의', 식생활과 관련된 것은 '식', 주생활과 관련된 것은 '주'라고 쓰시오.

(가) ( )
(나) ( )
(다) ( )

• 서술형 •

4 앞 그림을 참고하여, 의식주 중에서 하나를 선택하고 이와 관련된 자신의 경험을 쓰시오.

_____

_____

[5~7] 다음 사진을 보고 물음에 답하시오.

(가)  (나)

5 위에서 여름철 옷차림과 겨울철 옷차림은 무엇인지 찾아 기호를 써넣으시오.

(1) 여름철 옷차림	(2) 겨울철 옷차림

6 위의 (가), (나) 중 다음과 같은 의생활 모습을 볼 수 있는 것은 무엇인지 기호를 쓰시오.

> 찬 바람을 막고 몸을 따뜻하게 해 주는 두꺼운 긴팔 옷을 입고, 장갑을 끼거나 목도리를 두르기도 한다.

( )

7 위 (나)의 의생활 모습과 관계 <u>없는</u> 것은 어느 것입니까? ( )

① 샌들 ② 솜옷
③ 반바지 ④ 모시 옷
⑤ 반팔 옷

8 다음과 같은 옷을 주로 입는 고장은 어디입니까?
( )

> 햇볕과 모래바람을 막으려고 위아래가 하나로 된 긴 옷을 입고, 천을 머리에 둘러 감는다.

① 높은 산에 있는 고장
② 덥고 비가 적게 내리는 고장
③ 덥고 비가 많이 내리는 고장
④ 춥고 눈이 많이 내리는 고장
⑤ 춥고 눈이 내리지 않는 고장

[9~10] 다음 사진을 보고 물음에 답하시오.

(가) (나)

9 위의 (가), (나) 중에서 춥고 눈이 많이 오는 고장에 사는 사람들의 옷차림은 무엇인지 쓰시오.

( )

10 위의 (나)와 같은 옷차림을 한 까닭으로 알맞은 것은 어느 것입니까? ( )

① 멋있게 보이기 위해서
② 모래바람을 막기 위해서
③ 동물을 쉽게 잡기 위해서
④ 바람이 잘 통하도록 하기 위해서
⑤ 낮의 뜨거운 햇볕을 막고 밤의 추위를 견디기 위해서

11 다음과 같은 음식 재료를 얻을 수 있는 곳은 어디입니까? ( )

① 산
② 들
③ 강
④ 계곡
⑤ 바다

12 산이 많고 날씨가 서늘한 강원도 영월에서 발달한 오른쪽 음식의 이름은 무엇인지 쓰시오.

( )

13 우리나라의 각 고장과 발달한 음식이 바르게 짝지어지지 <u>않은</u> 것은 어느 것입니까? ( )

① 평양 – 냉면
② 여수 – 갓김치
③ 서산 – 어리굴젓
④ 제주 – 호두과자
⑤ 정선 – 곤드레나물밥

◆서술형◆
14 고장마다 발달한 음식이 다른 까닭은 무엇인지 쓰시오.

_____

_____

[15~16] 다음 사진을 보고 물음에 답하시오.

(가)

(나)

15 위 (가) 고장의 기후에 대한 설명으로 알맞은 것은 어느 것입니까? (   )

① 사계절이 뚜렷하다.
② 날씨가 덥고 습하다.
③ 춥고 눈이 많이 온다.
④ 비가 거의 오지 않는다.
⑤ 낮과 밤의 기온 차가 매우 크다.

16 위 (나) 고장에서 발달한 음식은 무엇인지 기호를 쓰시오.

┌─────────────────────────────┐
│ ㉠ 생선을 이용한 음식   │
│ ㉡ 열대 과일을 이용한 음식   │
│ ㉢ 말린 채소를 이용한 음식   │
│ ㉣ 여러 종류의 치즈를 이용한 음식 │
└─────────────────────────────┘

(   )

17 생선을 이용한 음식이 발달한 고장의 자연환경으로 알맞은 것은 어느 것입니까? (   )

① 사막이 있다.
② 넓은 들이 있다.
③ 높은 산지가 많다.
④ 바다로 둘러싸여 있다.
⑤ 바다와 멀리 떨어져 있다.

18 다음과 같이 그물망처럼 지붕을 줄로 엮고, 돌담을 쌓은 집을 볼 수 있는 고장은 어디인지 쓰시오.

(   )

🔍 관련 교과서 돋보기

고장의 환경에 따른 다양한 형태의 집
• 너와집: 나무를 쉽게 구할 수 있는 고장에서는 나뭇조각으로 지붕을 얹은 집을 지었다.
• 제주도 전통 가옥: 거센 바람의 피해를 막기 위해 지붕을 새끼줄로 고정하고 집 주변에 돌담을 쌓았다.

[19~20] 다음 집을 보고 물음에 답하시오.

(가)

(나)

19 위의 (가)와 같은 집을 짓는데 주로 사용된 재료는 무엇입니까? (   )

① 짚   ② 모래
③ 자갈   ④ 벽돌
⑤ 통나무

20 위의 (나)와 같은 집을 지은 까닭으로 가장 알맞은 것은 어느 것입니까? (   )

① 더위와 해충을 피할 수 있기 때문에
② 기온이 낮아서 얼음이 잘 얼기 때문에
③ 바위가 단단해서 무너지지 않기 때문에
④ 비가 적게 내려 나무가 잘 자라지 않기 때문에
⑤ 논농사를 많이 지어 짚이 많이 생산되기 때문에

1 다음 ( ) 안에 들어갈 알맞은 말을 쓰시오.

> 옛날 사람들은 자연에서 얻은 돌과 나무 등을 생활 도구로 사용하다가 점차 (   )을/를 깨뜨려 필요한 생활 도구를 만들었다.

(   )

2 주먹도끼를 사용하던 사람들이 주로 살았던 장소는 어디인지 두 곳을 고르시오. (,   )

① 동굴   ② 강가
③ 해안가   ④ 움집
⑤ 바위 그늘

> **관련 교과서 돋보기**
>
> 주먹도끼
> • 주먹도끼는 손에 쥐고 쓸 수 있는 형태의 도구로, 돌을 깨 뜨려서 만들었다.
> • 동물을 사냥하거나 털과 가죽을 분리할 때 사용하였다.

[3~4] 다음 그림을 보고 물음에 답하시오.

3 위와 같이 시대에 살았던 사람들의 생활 모습을 알맞 지 <u>않은</u> 것은 어느 것입니까? (   )

① 흙을 빚어 그릇을 만들었다.
② 농사를 짓고 가축을 길렀다.
③ 금속을 이용하여 도구를 만들었다.
④ 강에서 낚시 도구로 물고기를 잡았다.
⑤ 먹을거리가 풍부한 강가나 해안가에 모여 살았다.

• 서술형 •

4 앞과 같은 시대에 살았던 사람들은 돌로 어떻게 생활 도구를 만들었는지 쓰시오.

_____

_____

5 우리 조상들이 처음으로 사용했던 금속으로, 구리와 주석을 섞어 단단하게 만든 것은 무엇인지 쓰시오.

(   )

6 다음과 같은 도구를 주로 사용했던 사람은 누구입니 까? (   )

① 농부   ② 군인
③ 상인   ④ 사냥꾼
⑤ 제사장

7 철로 만든 농사 도구가 돌로 만든 농사 도구보다 좋은 점이 <u>아닌</u> 것은 어느 것입니까? (   )

① 단단하고 날카롭다.
② 주변에서 쉽게 구할 수 있다.
③ 농사를 지을 때 힘이 덜 든다.
④ 더 많은 양의 곡식을 거둘 수 있다.
⑤ 용도에 따라 다양한 모양의 농사 도구를 만들 수 있다.

8 다음 글의 밑줄 친 내용과 관련 있는 것은 무엇입니까? (   )

> 사람들은 점차 동물의 힘을 이용하거나 힘이 덜 드는 농사 도구를 만들었다. 이러한 농사 도구를 사용하며 전보다 적은 힘으로 농사를 지었다.

① 쟁기   ② 돌괭이
③ 철괭이   ④ 트랙터
⑤ 반달 돌칼

[9~10] 다음 도구를 보고 물음에 답하시오.

(가)

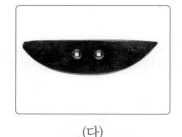

(나)

(다)

(라)

9 위 (가)~(라) 도구의 공통적인 쓰임새는 무엇인지 쓰시오.

(   )

10 다음에서 설명하는 도구는 무엇인지 위에서 찾아 기호를 쓰시오.

> 곡식의 수확과 탈곡을 함께할 수 있는 농기계로, 더 많은 곡식을 빠르게 수확할 수 있다.

(   )

[11~12] 음식을 만드는 데 사용하는 다음 도구를 보고 물음에 답하시오.

(가)   (나)

(다)   (라)

11 음식을 만드는 데 사용한 도구가 발달한 순서대로 기호를 쓰시오.

(   )

12 위 (다)의 도구를 사용하면서 달라진 생활 모습을 바르게 이야기한 친구는 누구인지 쓰시오.

> • 성민: 솥 안의 뜨거운 열로 음식을 익혔어.
> • 서희: 전기를 이용해 빠르게 음식을 만들어.
> • 연아: 따뜻한 국물이 있는 음식을 먹을 수 있게 되었어.

(   )

13 옛날 사람들이 실을 만드는 데 사용했던 도구는 무엇입니까? (   )

① 주먹도끼   ② 가락바퀴
③ 반달 돌칼   ④ 비파형 동검
⑤ 빗살무늬 토기

● 서술형 ●

14 다음과 같은 도구를 사용했을 때의 좋은 점은 무엇인지 쓰시오.

_____

_____

15 다음 중 사람들이 가장 먼저 살았던 곳은 어디입니까? (   )

① 움집   ② 동굴
③ 기와집   ④ 초가집
⑤ 아파트

16 옛날 사람들이 초가집을 짓는 데 사용한 재료를 두 가지 고르시오. (,   )

① 흙   ② 기와
③ 볏짚   ④ 철근
⑤ 시멘트

17 다음 (   ) 안에 공통으로 들어갈 말을 쓰시오.

> 옛날에 추운 곳에서 살았던 사람들은 (   )을/를 만들어 겨울을 따뜻하게 보냈다. (   )은/는 아궁이에 불을 피우면 뜨거운 열기가 방바닥 아래를 지나며 돌(구들장)을 데우도록 만든 장치이다.

(   )

[18~19] 다음 사진을 보고 물음에 답하시오.

18 위과 같은 집을 짓는 데 주로 사용하는 재료를 두 가지 고르시오. (,   )

① 볏짚   ② 철근
③ 기와   ④ 통나무
⑤ 시멘트

19 위와 같은 집의 좋은 점은 무엇입니까? (   )

① 집을 쉽게 만들 수 있다.
② 집 안에 넓은 마당이 있다.
③ 튼튼하고 불에 탈 걱정이 없다.
④ 좁은 땅에서 많은 사람들이 함께 살 수 있다.
⑤ 필요에 따라 지붕과 창문을 마음대로 바꿀 수 있다.

🔍 관련 교과서 돋보기

철근과 시멘트로 만든 오늘날의 집
• 오늘날에는 많은 사람이 철근과 시멘트(콘크리트)로 만든 집에서 산다.
• 철근과 시멘트로 만든 집은 나무와 흙으로 만든 집보다 튼튼해서 여러 층으로 높게 지을 수 있다.

20 기와집에 살았던 사람들의 생활 모습에 대해 바르게 설명한 것은 어느 것입니까? (   )

① 마당에서는 소와 닭 등을 길렀다.
② 농사를 짓던 사람들이 주로 살았다.
③ 집이 하나의 공간으로 이루어져 있다.
④ 안채와 사랑채 등으로 구성되어 있다.
⑤ 남자와 여자가 같은 공간에서 생활했다.

1 다음에서 설명하는 것은 무엇인지 ●보기●에서 골라 쓰시오.

●보기●

| 세시 | 풍속 | 차례 | 명절 |

(1) 옛날부터 전해 내려오는 생활습관

(   )

(2) 해마다 일정하게 지키어 즐기거나 기념하는 때

(   )

2 다음 중 세시 풍속인 것에 ○표, 세시 풍속이 아닌 것에 ×표 하시오.

(1) 지난 주말에 가족들과 함께 외식을 했다.

(   )

(2) 동짓날에 가족들과 함께 팥죽을 만들어 먹었다.

(   )

(3) 지난 설날에 할아버지, 할머니께 세배를 드렸다.

(   )

(4) 학교 가는 길에 만난 동네 어른께 인사를 드렸다.

(   )

3 다음 중 세시 풍속과 관련이 <u>없는</u> 것은 어느 것입니까? (   )

① 선거
② 놀이
③ 하는 일
④ 입는 옷
⑤ 먹는 음식

4 다음과 같은 놀이를 즐겼던 명절은 언제인지 쓰시오.

| 널뛰기 | 윷놀이 | 연날리기 |

(   )

[5~6] 다음 두 그림을 보고 물음에 답하시오.

(가)   (나)

| 음력 5월 5일 | 4월 5일 무렵 |

5 위와 같은 세시 풍속의 모습을 볼 수 있는 명절은 언제인지 쓰시오.

(가)	(나)

6 위의 (가)에서 사람들이 창포물에 머리를 감았던 까닭으로 가장 알맞은 것은 어느 것입니까? (   )

① 풍년을 기원하기 위해서
② 새해 소원을 빌기 위해서
③ 나쁜 기운을 쫓기 위해서
④ 지혜로운 사람이 되기 위해서
⑤ 한 해 농사가 잘 되기를 기원하기 위해서

> **관련 교과서 돋보기**
>
> 단오 때의 세시 풍속
> • 여름을 잘 보내라는 의미로 부채를 선물하였다.
> • 나쁜 기운을 쫓으려고 창포의 잎과 뿌리를 삶은 물에 머리를 감았다.
> • 수리취를 뜯어 만든 수리취떡을 먹었다.

7 우리 조상들이 삼복에 했던 일을 두 가지 고르시오.

(,   )

① 방 안에서 낮잠을 잤다.
② 조상들의 산소에 성묘했다.
③ 시원한 계곡이나 산으로 놀러 갔다.
④ 그네뛰기와 씨름 등 다양한 놀이를 즐겼다.
⑤ 영양이 풍부한 음식을 먹으면서 더위를 이겨냈다.

8 추석날 보름달 아래에서 풍년을 기원하기 위해 했던 다음과 같은 놀이는 무엇입니까? ( )

① 씨름　　　　　② 강강술래
③ 줄다리기　　　④ 연날리기
⑤ 쥐불놀이

9 다음 설명과 관련 있는 명절은 무엇인지 쓰시오.

> 음력 9월 9일로, 산에 올라가 단풍을 즐겼고, 국화로 만든 술과 떡을 먹으며 건강을 기원했다.

( )

10 다음 중 동지에 대한 설명으로 알맞지 <u>않은</u> 것은 어느 것입니까? ( )

① 음력 1월 15일이다.
② 작은 설날이라고 불렀다.
③ 일 년 중에 밤이 가장 긴 날이다.
④ 한 해를 마무리하고 새해를 맞이하는 명절이다.
⑤ 나쁜 기운을 쫓는 의미로 팥죽을 만들어 먹었다.

11 다음 명절과 명절에 먹었던 음식을 알맞게 선으로 이으시오.

(1) 설날　　·　　·㉠ 팥죽

(2) 삼복　　·　　·㉡ 송편

(3) 추석　　·　　·㉢ 떡국

(4) 동지　　·　　·㉣ 닭백숙

[12~13] 다음 그림을 보고 물음에 답하시오.

12 옛날 설날에 사람들이 즐겼던 위의 놀이는 무엇인지 쓰시오.

( )

🔍 **관련 교과서 돋보기**

윷놀이와 관련된 세시 풍속
• 옛날부터 설날과 정월 대보름 사이에 가정이나 마을에서 여럿이 함께 즐기던 놀이이다.
• 장소에 크게 영향을 받지 않고 남녀노소 누구나 즐길 수 있다.

13 우리 조상들이 위와 같은 놀이를 했던 까닭으로 알맞은 것은 무엇입니까? ( )

① 더위를 이겨 내기 위해서
② 외적의 침입을 물리치기 위해서
③ 조상들께 감사를 드리기 위해서
④ 한 해 동안의 운을 알아보기 위해서
⑤ 나라가 전쟁 없이 편안하길 기원하기 위해서

• 서술형 •

14 옛날 설날에는 문 앞에 복조리를 걸어 놓았습니다. 그 까닭은 무엇인지 쓰시오.

15 옛날 설날과 오늘날 설날의 공통점으로 알맞은 것을 두 가지 고르시오. (　　,　　)

① 차례를 지낸다.
② 창포물로 머리를 감는다.
③ 세배를 드리고 떡국을 먹는다.
④ 한 해 동안 농사지은 과일과 곡식을 수확한다.
⑤ 야광귀에게 빼앗기지 않도록 신발을 감추어 둔다.

16 다음 (　) 안에 공통으로 들어갈 말을 쓰시오.

옛날 사람들은 주로 (　　　　)을/를 짓고 살았기 때문에 날씨와 계절의 변화를 중요하게 생각했다. 그래서 옛날에는 (　　　　)와/과 관련된 세시 풍속이 많았고, 계절에 따라 그 모습과 의미도 다양했다.

(　　　　　　　　)

[17~18] 다음 그림을 보고 물음에 답하시오.

(가)

(나)

(다)

(라)

17 위의 (나)는 우리 조상들이 어느 계절에 행했던 세시 풍속인지 쓰시오.

(　　　　　　　　)

서술형

18 앞의 그림을 보고 우리 조상들은 봄과 가을에 어떤 세시 풍속을 행했는지 쓰시오.

(1) 봄: ______________________

(2) 가을: ______________________

19 오늘날의 세시 풍속에 대해 바르게 이야기한 친구는 누구입니까? (　　　)

① **경희**: 농사와 관련된 것이 많아.
② **지우**: 옛날의 세시 풍속은 모두 사라졌어.
③ **서희**: 세시 풍속을 체험해 볼 수 있는 곳이 없어.
④ **영민**: 옛날보다 더 다양한 세시 풍속이 생겨났어.
⑤ **민준**: 큰 명절을 중심으로 한 세시 풍속만 이어져 내려오고 있어.

20 다음은 교실에서 체험할 수 있는 세시 풍속입니다. 빈 곳에 알맞은 말을 써넣어 완성하시오.

[　　　　] 만들기

우리 조상들이 단오 때 주고받았던 부채를 단오선이라고 합니다. 마음을 담은 부채를 만들어 친구에게 전해 봅시다.

- 준비물: 나무젓가락, 색연필, 사인펜 등
- 활동 방법
  ① 부채 모양의 종이를 준비한다.
  ② 그림을 그려 부채를 예쁘게 꾸미고 친구에게 전할 말을 쓴다.
  ③ 부채판 종이 사이에 나무젓가락을 끼워 넣고 풀로 붙여 완성한다.

1 다음은 가족이 만들어지는 사례 중에서 무엇과 관계 깊은지 ●보기●에서 골라 쓰시오.

●보기●
> 결혼   출생   입양

(   )

[2~3] 다음 글을 읽고 물음에 답하시오.

> 옛날에는 혼인하는 날 신랑이 말을 타고 신부의 집으로 가서 혼례를 치렀다. 신랑이 혼인을 한다는 약속으로 나무 기러기를 건네주면서 혼례가 시작되었다. 혼례가 시작되면 신랑과 신부는 마주 보고 절을 올렸다. 그리고 같은 잔에 술을 나누어 마시며 (   ) 이/가 되었음을 참석한 사람들에게 알렸다.

서술형

2 옛날 결혼식에서 오른쪽과 같은 나무 기러기를 건네주었던 까닭은 무엇인지 쓰시오

_____

_____

3 위의 (   ) 안에 들어갈 알맞은 말은 무엇입니까?
(   )

① 친구   ② 부부
③ 학생   ④ 군인
⑤ 관리

4 옛날에 신부가 혼례를 치른 후 신랑의 집에 도착하면 어른들께 큰절을 올리고 새 식구가 되었음을 알렸습니다. 이와 같은 일을 무엇이라고 하는지 쓰시오.

(   )

[5~6] 다음 사진을 보고 물음에 답하시오.

5 위 사진은 가정의 의식 중에서 어떤 의식을 치르는 모습인지 쓰시오.

(   )

6 위의 모습을 설명한 글의 ㉠, ㉡에 들어갈 알맞은 말끼리 짝지어진 것은 어느 것입니까? (   )

> 결혼식장에 신랑과 신부의 결혼을 축하해 주려는 사람들이 모였다. 신랑과 신부는 결혼을 약속하는 의미로 (㉠   )을/를 주고받고, (㉡   )은/는 두 사람이 부부가 되었음을 알리고 축복해 준다. 결혼식을 마친 신랑과 신부는 결혼식에 참석한 사람들과 사진 촬영을 하고, 폐백실에서 집안 어른들께 폐백을 드리기도 한다.

	㉠	㉡
①	반지	주례
②	구두	부모
③	지갑	선생님
④	원앙	공무원
⑤	화분	국회 의원

7 다음 중 결혼에 담긴 의미로 알맞은 것은 어느 것입니까? ( )

① 성인이 되었음을 축하한다.
② 새 집으로 이사가는 것을 알린다.
③ 집안과 집안이 만나 한 마을을 이룬다.
④ 자녀를 출산하여 가족 구성원이 늘어난다.
⑤ 두 사람이 부부가 되어 새로운 가정을 이룬다.

8 옛날과 오늘날 결혼식의 공통점으로 알맞은 것에 ○표 하시오.

(1) 한복을 입고 결혼식을 한다. ( )
(2) 신부의 집에서 결혼식을 한다. ( )
(3) 결혼식을 마친 후에는 폐백을 드린다.
( )
(4) 가족과 친척이 모여 신랑과 신부를 축복해 준다.
( )

9 다음 ( ) 안에 들어갈 알맞은 말을 쓰시오.

옛날 사람들은 주로 농사를 지었다. 농사를 짓기 위해서는 여러 사람의 힘이 필요했다. 그래서 결혼한 자녀와 부모가 함께 사는 경우가 많았다. 자녀가 결혼한 후에도 부모와 함께 사는 가족 형태를 ( )라고/이라고 한다.

( )

10 확대 가족의 가족 구성원끼리 바르게 묶인 것을 모두 찾아 기호를 쓰시오.

㉠ 아버지, 어머니, 나
㉡ 할아버지, 할머니, 아버지, 어머니, 나
㉢ 아버지, 어머니, 오빠, 언니, 나, 여동생
㉣ 할아버지, 할머니, 어머니, 오빠, 언니, 나, 남동생

( )

[11~12] 다음 그림을 보고 물음에 답하시오.

(가)   (나)

11 결혼하지 않은 자녀와 부모가 함께 사는 위의 (가)와 같은 가족 형태를 무엇이라고 하는지 쓰시오.

( )

🔍 관련 교과서 돋보기

확대 가족과 핵가족
• 확대 가족: 결혼한 자녀와 부모가 함께 사는 가족
• 핵가족: 결혼하지 않은 자녀와 부모가 함께 사는 가족
• 농사를 짓던 옛날에는 확대 가족이 대부분이었지만 오늘날에는 핵가족이 더 많다.

12 위 (나) 가족의 특징으로 알맞은 것은 무엇인지 모두 고르시오. (,)

① 조부모와 손주가 함께 산다.
② 결혼한 자녀와 부모가 함께 산다.
③ 자녀 없이 부부로만 이루어진 가족이다.
④ 결혼하지 않은 자녀와 부모가 함께 산다.
⑤ 부모 중 한 명과 결혼하지 않은 자녀가 함께 산다.

13 오늘날 사람들이 다른 지역으로 이사를 가는 까닭을 두 가지 고르시오. (,)

① 자녀 교육을 하기 위해서
② 새로운 나라에 살고 싶어서
③ 새로운 직장을 구하기 위해서
④ 외국어를 제대로 배우기 위해서
⑤ 다른 지역에서 살아보는 것이 유행이기 때문에

14 옛날 가족 구성원의 역할에 대한 설명으로 바르지 <u>않은</u> 것은 어느 것입니까? (   )

① 남녀의 역할이 뚜렷하게 구분되어 있었다.
② 주로 남자들이 농사짓기 등 바깥일을 하였다.
③ 가족 구성원의 역할이 구분되어 있지 않았다.
④ 여자들은 집안일과 아이 키우는 일을 도맡아 하였다.
⑤ 가장인 아버지의 뜻에 따라 집안의 중요한 일을 결정했다.

[15~16] 다음 그림을 보고 물음에 답하시오.

(가)    (나)

15 위 (가)를 보고 알 수 있는 오늘날 가족의 모습은 무엇입니까? (   )

① 자녀를 부부가 함께 돌본다.
② 가족 구성원의 수가 줄어들었다.
③ 가족의 중요한 일을 함께 결정한다.
④ 가족 구성원이 함께 집안일을 한다.
⑤ 부모님 모두 직장에 다니시는 경우가 많아졌다.

> **관련 교과서 돋보기**
>
> 오늘날 가족 구성원의 모습
> • 부부가 함께 자녀를 돌본다.
> • 역할을 나누어서 집안일을 한다.
> • 부모가 모두 일하는 경우가 많아지고 있다.

16 가족들이 모여서 위 (나)와 같은 일을 하는 까닭으로 알맞은 것은 어느 것입니까? (   )

① 식사를 하기 위해서
② 서로의 일에 간섭하기 위해서
③ 텔레비전을 함께 시청하기 위해서
④ 집안의 중요한 일을 의논하기 위해서
⑤ 부모의 결정을 자녀들에게 전달하기 위해서

◆ 서술형 ◆

17 다음 직업을 보고 알 수 있는 사회의 변화 모습은 무엇인지 쓰시오.

> • 여자 소방관   • 남자 간호사

_____

_____

18 가족 간의 갈등에 대한 설명으로 알맞은 것은 어느 것입니까? (   )

① 서로 마음이 잘 맞아 다투게 된다.
② 서로 생각이 같아 어려움을 겪게 된다.
③ 가족 간의 갈등이 전혀 없는 가족도 있다.
④ 가족 간의 갈등은 가장인 어른만이 해결할 수 있다.
⑤ 가족 간의 갈등을 해결하기 위해서는 가족 모두가 노력해야 한다.

19 가족 간의 갈등을 해결하기 위해 필요한 마음가짐을 두 가지 고르시오. (,   )

① 질투   ② 존중
③ 오해   ④ 배려
⑤ 무관심

20 다음 (   ) 안에 들어갈 알맞은 말을 쓰시오.

> 어떤 가족이든 가족 구성원 간에 생각이 달라 문제 상황을 겪을 수 있다. 그러므로 가족이 함께 대화를 하면서 서로를 이해하고, 문제 상황을 적극적으로 해결하려는 노력이 필요하다. 가족 모두가 가족 구성원으로서 자신의 역할을 바르게 알고 (   )하는 태도가 중요하다.

(   )

[1~2] 다음 자료를 보고 물음에 답하시오.

> **동훈이네 가족 이야기**
>
> 오늘 친구들이 우리 집에 놀러 왔다. 엄마께서 엄마 고향에서 즐겨 먹는 베트남 고추를 넣은 떡볶이를 만들어 주셨다. 친구들은 떡볶이가 맵긴 하지만 맛있다고 했다.

1 동훈이 어머니께서 친구들에게 베트남 고추를 넣은 떡볶이를 만들어 주신 까닭은 무엇입니까? (   )

① 우리나라의 전통 음식이기 때문에
② 아이들이 가장 좋아하는 음식이기 때문에
③ 동훈이 어머니의 고향이 베트남이기 때문에
④ 손님을 대접할 때 주로 만드는 음식이기 때문에
⑤ 점심으로 간단하게 먹을 수 있는 음식이기 때문에

2 위 자료에 나와 있는 동훈이네 가족의 형태로 알맞은 것은 어느 것입니까? (   )

① 확대 가족
② 입양 가족
③ 조손 가족
④ 재혼 가족
⑤ 다문화 가족

> 🔎 **관련 교과서 돋보기**
>
> 다문화 가족이 늘어나는 까닭
> • 다문화 가족은 국적과 문화가 다른 남녀가 만나 구성된 가족이다.
> • 세계화로 인해 외국인과 만날 기회가 많아지게 되면서 다문화 가족이 늘어나고 있다.

3 오른쪽 그림과 관계 깊은 가족의 형태는 무엇인지 쓰시오.

(   )

[4~5] 다음 그림을 보고 물음에 답하시오.

4 위 가족의 형태로 알맞은 것을 다음에서 찾아 기호를 쓰시오.

> ㉠ 확대 가족   ㉡ 재혼 가족
> ㉢ 조손 가족   ㉣ 입양 가족
> ㉤ 다문화 가족   ㉥ 한 부모 가족

(가) (   ) (나) (   )

5 위 (나) 가족의 특징으로 알맞은 것은 어느 것입니까?
(   )

① 자녀를 입양해서 함께 생활한다.
② 가족과 반려동물이 함께 생활한다.
③ 조부모가 손자, 손녀와 함께 생활한다.
④ 부모 중 한 분의 고향이 다른 나라인 가족이다.
⑤ 아버지와 어머니 중 어느 한 분과 자녀가 함께 생활한다.

6 오늘날에 볼 수 있는 가족 형태에 대한 설명으로 알맞은 것은 어느 것입니까? (   )

① 하나의 가족 형태만 있다.
② 옛날의 가족 형태와 같다.
③ 다양한 가족의 형태가 있다.
④ 우리 가족과 같은 형태의 가족은 없다.
⑤ 우리 가족과 형태가 다르면 가족이라고 할 수 없다.

7 다음 ( ) 안에 들어갈 알맞은 말을 쓰시오.

> 부부와 자녀로 구성된 가족, 부모 중 한 명이 자녀를 키우는 가족, 할아버지나 할머니가 손주를 키우는 가족, 자녀를 입양한 가족 등 (   ) 이/가 누구냐에 따라 가족의 형태는 다양하다.

(   )

[8~10] 다음 자료를 보고 물음에 답하시오.

8 위 자료는 가족이 살아가는 모습을 어떻게 나타내었습니까? (   )

① 동시   ② 영화
③ 동화책   ④ 신문 기사
⑤ 인터넷 영상

9 위 자료에서 표현하고 있는 가족의 형태는 무엇인지 쓰시오.

(   )

◆서술형◆

10 위 자료에서 아빠의 마음은 어떠하였을지 상상하여 쓰시오.

_____

_____

[11~13] 다음 자료를 읽고 물음에 답하시오.

> 학교에서 꿈을 주제로 그림을 그리고 발표하는 시간을 가졌다. 가장 먼저 혜나가 발표했다.
> "내 꿈은 건축가야. 건축가가 돼서 우리 가족을 위한 집을 짓고 싶기 때문이지. 이 층에 내 방과 동생들 방을 만들 거야."
> "그런데 왜 누나하고 동생들하고 성이 달라?"
> 그리고 보니 방문에 '장혜나 방', '이형우 방', '이세미 방'이라고 써 있었다. 혜나는 친구의 물음에 웃으며 대답했다.
> "부모님께서 (   )하시면서 동생들이 생겼어. 그래서 나와 동생들은 성이 달라."

11 위 글의 ( ) 안에 들어갈 알맞은 무엇입니까?

(   )

① 재혼   ② 이혼
③ 취직   ④ 여행
⑤ 귀촌

12 혜나가 건축가가 되고 싶어 하는 까닭은 무엇 때문입니까? (   )

① 건축가가 멋있기 때문에
② 친구가 원하는 직업이기 때문에
③ 부모님이 원하는 직업이기 때문에
④ 가족을 위한 집을 짓고 싶기 때문에
⑤ 가장 크고 넓은 집을 갖고 싶기 때문에

13 위 글의 혜나네 가족이 혜나의 학예회에 간다면 어떤 모습일지 알맞은 것에 ○표 하시오.

(1) 가족들이 혜나가 공연을 열심히 할 수 있도록 많이 응원한다. (   )
(2) 엄마와 새아빠, 동생들이 혜나의 학예회를 보러 함께 올 것이다. (   )
(3) 성이 다른 새아빠와 동생들은 학예회에 가지 않고 엄마만 갈 것이다. (   )

14 사회가 변화하면서 더욱 다양해지고 있는 가족의 모습입니다. 다음 ( ) 안에 들어갈 말을 쓰시오.

함께하는 고양이, 개, 물고기 등의 (   ) 을/를 가족처럼 여기며 살아가는 사람들이 있다.

( )

[15~16] 다음 자료를 보고 물음에 답하시오.

(가)   (나)

15 위의 (가), (나) 중 다양한 가족의 형태를 그림으로 나타낸 것은 무엇인지 기호를 쓰시오.

( )

🔍 관련 교과서 돋보기

다양한 가족의 생활 모습을 표현하는 방법
• 동시 짓기　　　　• 노랫말 바꾸기
• 그림 그리기　　　• 역할극 대본 쓰기

16 위 (나) 자료의 내용과 관계 깊은 가족의 형태는 무엇입니까? ( )

① 확대 가족　　　② 입양 가족
③ 조손 가족　　　④ 재혼 가족
⑤ 다문화 가족

17 다음 ( ) 안에 공통으로 들어갈 말을 쓰시오.

다양한 가족의 생활 모습을 여러 방법으로 표현해 보는 활동을 하면서 우리 가족의 생활 모습을 (　　　　)하듯이 다른 가족의 생활 모습도 (　　　　)하는 태도를 기를 수 있다.

( )

18 다양한 가족의 생활 모습을 표현한 작품을 본 후 느낀 점을 정리한 것입니다. 바르지 <u>않게</u> 이야기한 친구는 누구입니까? ( )

① 수린: 다양한 가족의 모습을 볼 수 있어 좋았어.
② 강호: 노랫말을 바꾼 작품도 보고 싶었는데, 보지 못해 아쉬웠어.
③ 명수: 다양한 가족의 모습을 존중해야 한다는 것을 알 수 있었어.
④ 영란: 나와 가족의 형태가 달라도 생활 모습은 비슷해서 신기했어.
⑤ 경훈: 우리 가족과 다른 형태의 가족은 올바른 가족이 아니라는 사실을 깨달았어.

19 모든 가족이 소중한 까닭을 정리하여 쓴 글입니다. ( ) 안에 들어갈 알맞은 말을 쓰시오.

모든 가족은 (　　　　)이다.
왜냐하면 (　　　　)의 크기와 모양은 다르지만 모두 가족의 사랑으로 멋진 싹을 틔우고 계속 자라날 것이기 때문이다.

( )

20 다른 가족을 대하는 바람직한 태도가 <u>아닌</u> 것은 어느 것입니까? ( )

① 다른 가족을 돕고 배려한다.
② 서로의 가족을 응원해 준다.
③ 다양한 가족의 모습을 이해하려고 노력한다.
④ 다른 가족이 겪는 어려움에 관심을 두지 않는다.
⑤ 다른 가족을 무시하는 말과 행동을 하지 않는다.

1회   1. ① 우리 고장의 환경과 생활 모습   1~3쪽

1 환경   **2** (1) (가), (라) (2) (나), (다)   **3** ⑤   **4** ②
5 ②, ⑤   **6** ④   **7** 하천   **8** 가을   **9** (1) 여름 (2)
여름   **10** ㉠ → ㉢ → ㉣ → ㉡   **11** ③, ⑤   **12** 예
주로 물고기를 잡거나 굴, 김, 다시마 등을 기르는 일
을 한다.   **13** ③   **14** 규성   **15** 도시   **16** ⑤
17 예 산에는 비탈진 곳이 많아 농사지을 장소가 충
분하지 않기 때문이다.   **18** 여가 생활   **19** (1) (가),
(다) (2) (나), (라)   **20** ①

• 풀이

1 사람들을 둘러싸고 있는 모든 것을 환경이라고 합
니다.

2 우리를 둘러싼 환경 중에서 자연적으로 만들어진 것
을 자연환경이라고 합니다. 우리를 둘러싼 환경 중에
서 사람들이 만든 것을 인문환경이라고 합니다.

3 바닷가에 항구를 만들면 배가 안전하게 드나들 수 있
습니다.

4 고장 사람들은 산에 공원이나 등산로를 마련하여 이
용하고 있습니다.

6 고장 사람들은 산에서 약초를 캐고 버섯을 재배합
니다.

7 하천 주변에 공원을 만들어 이곳에서 고장 사람들이
휴식을 취하고 운동을 합니다.

8 논과 밭에서 곡식이나 채소를 수확하는 모습을 볼 수
있는 계절은 가을입니다.

9 그래프에서 강수량과 기온을 나타내는 눈금이 여름
이 가장 높습니다.

10 그래프에서 가로에는 계절을 나타내었고, 세로에는
강수량과 기온을 나타내었습니다.

12 이밖에도 바다가 있는 고장에 사는 사람들은 항구 근
처에서 식당이나 숙박 시설, 직판장을 운영하기도 합
니다.

14 넓은 들이 있는 고장에 사는 사람들은 들을 논과 밭,
비닐하우스 등으로 이용하여 농사를 짓거나 여러 가
지 채소를 재배합니다.

15 넓은 들이 있는 고장에는 옛날부터 큰 도시가 발달하
기도 하였습니다.

16 산이 많은 고장에서는 스키장 주변에서 숙박 시설이
나 식당을 운영하기도 합니다.

17 산이 많은 고장에서는 비탈진 곳에 계단식 논을 만들

어 농사를 짓습니다.

18 여가 생활은 스스로 즐거움을 얻고자 남는 시간에 하
는 자유로운 활동을 말합니다.

19 등산하기, 낚시하기, 강에서 래프팅하기 등은 자연
환경을 이용한 여가 생활이고, 박물관 관람하기, 영
화 감상하기, 도서관에서 책 읽기 등은 인문환경을
이용한 여가 생활입니다.

20 ①은 자연환경을 이용한 여가 생활 모습이고, 나머지
는 모두 인문환경을 이용한 여가 생활 모습입니다.

1회   1. ② 환경에 따른 의식주 생활 모습   4~6쪽

1 의식주   **2** ③   **3** (라), (바)   **4** (1) (가), (다) (2) 예
덥거나 추운 날씨로부터 몸을 보호하기 위해서이다.
개성을 표현하기 위해서이다.   **5** (가)   **6** 예 고장별
로 날씨가 다르기 때문이다.   **7** 겨울   **8** ④   **9** ③
10 ㉢   **11** (1) ㉢ (2) ㉡ (3) ㉠   **12** (가)   **13** 예 수
심이 깊은 주변 바다에서 대게가 많이 잡히기 때문이
다.   **14** 비빔밥   **15** ④   **16** ④   **17** 너와집   **18**
우데기   **19** ④   **20** ⑤

• 풀이

1 사람이 살아가는 데 기본적으로 필요한 옷, 음식, 집
을 통틀어 의식주라고 합니다.

2 음식을 먹지 않으면 움직일 힘이 없고 음식을 먹어야
체력을 유지할 수 있기 때문입니다.

3 주생활은 아파트, 한옥, 단독 주택, 통나무집 등 집
과 관계 있는 것입니다.

5 9월이지만 제주 지역 사람들은 반팔 옷을 입고, 평창
지역 사람들은 긴팔 옷을 입습니다.

6 고장별로 날씨가 다르기 때문에 고장에 따라 사람들
의 옷차림에도 차이가 있습니다.

8 (가)는 사막이 있는 고장에 사는 사람들이 뜨거운 햇
볕과 모래바람을 막기 위해서 입는 옷차림입니다.

9 덥고 비가 많이 내리는 베트남에서는 더위를 피하려
고 바람이 잘 통하는 옷을 입고, 챙이 넓은 모자를 써
햇볕과 비를 피합니다.

11 우리가 먹는 여러 가지 음식 재료들은 고장의 환경과
관련이 있습니다.

12 (가)는 영덕 대게찜, (나)는 전주비빔밥입니다.

13 영덕은 수심이 깊은 주변 바다에서 대게가 많이 잡히기 때문에 대게를 이용한 음식이 많습니다.

14 전주는 주변의 넓은 들에서 자란 쌀과 채소로 만든 비빔밥이 유명합니다.

15 바닷물이 들어왔다 나갔다 하는 갯벌이 발달한 보성에서는 꼬막을 이용한 음식이 발달하였습니다.

16 초밥은 근처 바다에서 잡은 해산물을 이용하여 만듭니다.

17 너와는 지붕에 얹은 나무조각을 말합니다.

18 우데기는 집의 바깥쪽에 지붕의 끝에서부터 땅에 닿는 부분까지 둘러친 벽을 말합니다.

19 비가 비교적 적게 내려 초원이 넓게 펼쳐져 있는 고장에서는 풀을 찾아 이동하면서 가축을 기르기 위해 천막을 이용해 이동식 집을 짓습니다.

20 화산 폭발이 있었던 고장에서는 화산이 폭발하여 만들어진 단단하지 않은 바위를 파서 그 속에 집을 지었습니다.

1회 　2. ① 옛날과 오늘날의 생활 모습　　7~9쪽

1 생활 도구　**2** ③, ④　**3** 주먹도끼　**4** ③　**5** ㉣
6 청동　**7** ①　**8** 철　**9** ④　**10** ㉣ → ㉢ → ㉠ → ㉡　**11** ㉐ 곡식을 수확할 때 사용하는 도구이다.
12 ②　**13** 시루　**14** ②　**15** ㉢　**16** ③　**17** (나)
18 움집　**19** ③　**20** ㉐ 기와로 만든 지붕은 썩지 않아 초가집과 달리 지붕을 바꾸지 않고 오래 살 수 있었다.

풀이

1 생활 도구는 사람들이 생활하는 데 필요한 여러 가지 물건을 말합니다.

2 돌을 깨뜨려 생활 도구를 만들었던 시대의 사람들은 열매를 따거나 동물을 사냥해 먹을거리를 얻었습니다.

3 주먹도끼는 동물을 사냥하거나 동물의 털과 가죽을 분리할 때 사용했던 도구입니다.

4 (가)는 빗살무늬 토기로 흙으로 만들어 음식을 담아 보관하였습니다. (나)는 뼈낚시 도구로 동물 뼈로 만들었습니다.

5 돌을 다듬어 생활 도구를 만들었던 시대에는 사람들이 먹을거리가 많은 강가나 바닷가에 집을 짓고 모여 살았습니다.

6 주로 돌을 이용하여 생활 도구를 만들었던 옛날 사람들은 점차 구리와 주석을 섞어 단단하게 만든 청동과 같은 금속을 이용하여 도구를 만들었습니다.

7 청동은 귀하고 다루기 힘들 뿐만 아니라 단단하지 않았기 때문에 일상생활 도구로 사용하기에는 알맞지 않았습니다.

8 (가)는 철로 만든 농사 도구이고, (나)는 철로 만든 무기입니다.

9 청동보다 훨씬 단단한 철로 만든 농사 도구를 사용하면서 농사를 지을 때 힘이 덜 들게 되었고, 더 많은 양의 곡식을 거둘 수 있게 되면서 농업이 크게 발달했습니다.

10 땅을 가는 도구는 돌괭이, 철괭이, 쟁기, 트랙터의 순서대로 발달해 왔습니다.

12 농사 도구가 발달하면서 농사짓는 데 필요한 사람들은 오히려 줄어들었습니다.

13 시루는 음식을 찌는 데 사용하는 둥근 그릇으로, 바닥에 구멍이 여러 개 뚫려 있습니다.

15 오랜 옛날에 살았던 사람들은 갈판에 곡식을 올려서 갈돌로 갈았습니다.

16 (가) 가락바퀴와 (나) 베틀은 모두 옷을 만드는 데 사용한 도구입니다.

17 (나)의 베틀은 실을 올려놓고 서로 엮어서 옷감을 만들었던 도구입니다.

18 움집 안은 하나의 공간으로 이루어져 있는데 집 안에는 불을 피우는 자리를 두어 음식을 만들고 집의 내부를 따뜻하게 하였습니다.

19 남자와 여자가 생활하는 공간인 사랑채와 안채가 있는 집은 기와집입니다.

20 기와는 흙을 구워 만들어 불에 잘 타지 않고 쉽게 썩지 않아 오랫동안 사용할 수 있습니다.

1회 　2. ② 옛날과 오늘날의 세시 풍속　　10~12쪽

1 ①　**2** 세시 풍속　**3** 설날　**4** 차례　**5** ⑤　**6** ③, ⑤　**7** ⑤　**8** 단오　**9** ③　**10** ㉐ 영양이 풍부한 음식을 먹으면서 더위를 이겨 내기 위해서이다.
11 ⑤　**12** 동지　**13** ㉢, ㉤　**14** ③　**15** ㉠ 세배 ㉡ 떡국　**16** ③　**17** ①, ④　**18** (2) ○ (3) ○ (4) ○
19 ③　**20** 윷놀이

1 설날, 추석, 정월 대보름, 단오, 동지 등은 우리나라의 대표적인 명절입니다.

2 명절은 설날이나 추석처럼 해마다 일정하게 지키고 기념하는 날입니다.

3 우리나라의 대표적인 명절인 설날에는 새해를 맞아 복을 빌며 다양한 풍속을 즐깁니다.

4 설날이나 추석에는 아침에 조상들께 음식을 올리고 차례를 지냅니다.

5 정월 대보름은 음력 1월 15일로, 새해 첫 보름달이 뜨는 날입니다.

6 정월 대보름에는 해충을 죽이고 나쁜 기운을 쫓고자 들에 불을 붙이고 달집태우기, 쥐불놀이를 했습니다.

7 찬 음식을 먹는 날이라 하여 '한식'이라는 이름이 붙었고, 이때가 되면 한 해 농사가 잘 되기를 기원하며 조상들의 산소에 성묘를 했습니다. ⑤는 중양절의 풍속입니다.

9 단오는 음력 5월 5일로, 더위가 시작되는 때입니다. 단오 때에는 여름을 시원하게 지내라는 의미로 부채를 주고받았습니다.

10 삼복은 여름의 가장 더운 때인 초복, 중복, 말복을 말합니다.

11 추석은 음력 8월 15일로, 한 해 동안 농사지어 거둔 곡식과 과일로 조상들께 고마움을 표현하는 날입니다.

12 팥죽을 만들어 먹는 풍속이 있었던 명절은 동지입니다.

13 동지는 일 년 중에 밤이 가장 긴 날로, 양력으로 계산하면 12월 22일 경입니다. 동지는 한 해를 마무리하고 새해를 맞이하는 명절이었습니다.

14 옛날에는 오늘날과 달리 가족과 친척들이 주변 가까운 곳에 많이 살았기 때문에 따로 모일 필요가 없었습니다.

15 옛날 설날의 세시 풍속 중 차례를 지내고 어른들께 세배하며, 떡국을 먹는 것은 오늘날까지 이어져 오고 있습니다.

17 옛날 사람들은 주로 농사를 짓고 살았기 때문에 날씨와 계절의 변화를 중요하게 생각했습니다.

18 봄철의 한식에는 한 해 농사가 잘 되기를 기원하며 조상들의 산소에 찾아가 성묘를 했습니다.

19 오늘날에는 교통과 통신, 과학 기술의 발달로 직업이 다양해지면서 농사와 관련된 세시 풍속이 많이 사라졌습니다.

20 윷놀이는 설날과 정월 대보름 사이에 여럿이 함께 즐기던 놀이입니다. 옛날에는 윷놀이를 하면서 운세를 점치고 마을의 풍년을 빌기도 하였습니다.

1회   3. ① 가족의 구성과 역할 변화   13~15쪽

1 가족   **2** (나) → (라) → (가) → (다)   **3** (라)   **4** 예 자식을 많이 낳고 행복하게 살라는 의미로 대추와 밤을 던져주었다.   **5** ⑤   **6** ㉢   **7** (1) 야외 (2) 물속   **8** ③   **9** ①   **10** 확대 가족   **11** ②, ⑤   **12** ⑤   **13** (3) ○ (4) ○   **14** ④   **15** ①, ③   **16** ㉠ 남자 ㉡ 여자   **17** 가족회의   **18** ④   **19** 민준   **20** ⑤

1 우리들은 가족 안에서 건강하게 성장하고 사랑을 받으며 행복하게 살아갑니다.

2 옛날의 결혼식은 '신부의 집으로 이동하기 → 혼례 치르기 → 신랑의 집으로 이동하기 → 폐백 드리기'의 순서대로 치러졌습니다.

4 폐백 때 어른들은 자식을 많이 낳고 부자가 되라는 뜻으로 대추와 밤을 던져 주었습니다.

5 오늘날에는 주로 결혼식장에서 결혼식을 하지만 옛날에는 신부의 집 앞 마당에서 혼례를 치렀습니다.

6 오늘날에는 결혼식장에서 평생을 함께 하겠다는 의미로 결혼반지를 주고받습니다.

7 (1)은 야외 결혼식 (2)는 수중 결혼식의 모습입니다.

8 오늘날의 결혼식에서도 볼 수 있는 전통 혼례의 모습은 폐백을 하는 것입니다.

9 시간이 지나면서 결혼식 모습은 달라졌지만, 결혼에 담긴 의미와 축하해 주는 마음은 같습니다.

10 확대 가족은 결혼한 자녀와 부모가 함께 사는 가족 형태입니다.

11 확대 가족은 결혼한 자녀와 부모가 함께 사는 가족으로, 가족 구성원의 수가 많은 편입니다.

12 부부와 결혼하지 않은 자녀가 함께 사는 가족 형태를 핵가족이라고 합니다.

13 가족의 수는 확대 가족이 핵가족보다 많습니다.

14 오늘날에는 직업을 찾거나 원하는 교육을 받으려고 다른 지역으로 옮기는 사람들이 많기 때문에 핵가족이 증가하고 있습니다.

15 자녀가 학교에 들어가면서 사람들은 교육 시설과 편의 시설이 많은 곳으로 이사를 갑니다.

16 옛날에는 집안일은 주로 여자가 하는 등 가족 구성원의 역할이 구분되어 있었습니다.

18 오늘날에는 남녀 모두 교육 받을 기회가 많아지고, 여성의 사회 활동이 활발해지면서 남녀의 역할 구분이 없어지고 있습니다.

20 가족 갈등을 해결하기 위해서는 서로 존중하고 배려하는 마음을 가지고 서로의 생각을 이해하고 협력하는 자세가 필요합니다.

1회   3. ② 다양한 가족이 살아가는 모습   16~18쪽

1 가족   **2** ⑤   **3** ④   **4** ①, ④, ⑤   **5** ①   **6** 재혼 가족   **7** 예 가정에서 예절을 배우고, 서로 사랑하며 살아간다는 점은 비슷하다.   **8** ①   **9** 예 입양을 통해 아이를 정성으로 보살피고 마음으로 키우는 사람들이 늘고 있기 때문이다.   **10** ⑤   **11** 시   **12** ④   **13** 예 가족 구성원이 네 명이고, 네 잎 토끼풀처럼 행운을 가져다 주어 새 가족이 행복하길 바라기 때문이다.   **14** ②   **15** ①, ②, ⑤   **16** ④   **17** ④   **18** 중국   **19** 우연   **20** (1) ○ (2) ○

풀이

2 기찬이네 가족은 부모 중 한 분이 외국인인 다문화 가족입니다.

3 우리 사회에는 우리 가족과 같거나 비슷한 형태의 가족도 있고, 다른 형태의 가족도 있다는 것을 알 수 있습니다.

4 조손 가족은 부모님 없이 할아버지, 할머니와 손자, 손녀가 함께 사는 가족입니다.

5 (가)는 자녀를 입양하여 만들어진 입양 가족의 모습입니다.

6 재혼 가족은 부부가 헤어진 뒤 다른 사람과 만나 다시 결혼해서 이루어진 가족입니다.

7 오늘날 가족의 형태는 점점 더 다양해지고 있지만 서로 사랑하며 살아가는 모습은 변하지 않고 있습니다.

8 혈연관계가 아닌 사람들이 법률적으로 부모와 자식 관계를 맺는 일을 입양이라고 합니다.

9 오늘날에는 혈연 관계가 아닌 입양을 통해 가족을 이루는 입양 가족이 늘어나고 있습니다.

10 오늘날에는 가족 구성원이나 가족 형태, 가족이 살아가는 상황과 환경 등이 달라 가족마다 살아가는 모습이 다양합니다.

11 제시된 글은 다양한 가족의 생활 모습을 시로 표현한 것입니다.

12 아버지와 어머니의 재혼으로 두 가족이 하나가 되어 생활하는 재혼 가족 모습을 시로 표현하였습니다.

13 사랑으로 맺은 행운의 네 잎 토끼풀을 통해 새로운 가족이 행복하길 기원하고 있습니다.

14 다양한 가족의 생활 모습을 표현하는 방법에는 그림 그리기, 노랫말 바꾸기, 만화로 표현하기, 대본 쓰기 등이 있습니다.

15 다양한 가족의 생활 모습을 표현할 때에는 제목, 표현 방법, 표현하고 싶은 내용을 정해 계획을 세워야 합니다.

16 제시된 자료는 가족의 생활 모습을 재미 있는 만화를 통해 표현하고 있습니다.

18 설날을 춘절이라 부르고, 설날 아침에 만두를 먹는 나라는 중국입니다.

19 각자 역할을 정한 후 소품을 준비해서 역할극을 하기 위해 만든 대본입니다.

20 가족이 실수해도 이해해 주고 자신감과 용기를 가질 수 있도록 격려해 줘야 합니다.

2회   1. ① 우리 고장의 환경과 생활 모습   19~21쪽

1 (1) ○ (2) ○   **2** ②   **3** 인문환경   **4** 예 빠르고 편리하게 다른 고장으로 갈 수 있다.   **5** (나)   **6** (가)   **7** (1) 하천 (2) 예 하천 주변에 공원이나 산책로를 만들어 이용하고 있다.   **8** 여름   **9** 가을   **10** ②   **11** ④   **12** ①   **13** 벼농사   **14** ㉠, ㉣   **15** 정빈   **16** 산이 많은 고장   **17** ⑤   **18** 예 고장 사람들은 자기 고장의 자연환경과 인문환경을 이용해 생산 활동을 하기 때문이다.   **19** ③   **20** ④

1 산, 하천, 바다, 아파트, 공장, 학교 등 우리 주변을 둘러싸고 있는 모든 것을 환경이라고 합니다.

2 눈, 비, 우박 등은 날씨에 영향을 주는 자연환경입니다.

3 인문환경은 고장의 자연환경을 이용해 사람들이 만든 환경을 말합니다.

4 고장 사람들은 도로를 이용하여 다른 고장으로 빠르고 쉽게 이동할 수 있습니다.

5 고장 사람들은 바다를 이용하여 물고기를 잡거나 염전을 만들어 소금을 얻습니다.

6 고장 사람들은 산에 삼림욕장이나 등산로를 만들고, 산에서 나물이나 약초를 얻습니다.

7 고장 사람들은 하천 주변에 공원을 만들어 운동이나 산책을 하는 곳으로 이용합니다.

8 고장은 계절마다 날씨가 다르고, 그에 따른 고장 사람들의 생활 모습도 다릅니다.

9 맑고 선선한 날씨와 단풍을 만날 수 있는 계절은 가을입니다.

10 가을에는 선선한 날씨에 단풍 구경을 가고, 논과 밭에서 곡식이나 채소를 수확합니다.

11 스키장은 산이 많은 고장에서 찾아볼 수 있습니다.

12 바다가 있는 고장에 사는 사람들은 주로 물고기를 잡거나 김과 미역 등을 기르는 일을 합니다.

13 넓은 들에 사는 사람들은 논에서 벼농사를 지어 쌀을 생산합니다.

14 ㉠은 산이 많은 고장 사람들이, ㉢은 바다가 있는 고장 사람들이 하는 일입니다.

15 도시에 사는 사람들은 다양한 일을 하며 살아갑니다. 공장이나 회사에서 일하기도 하고, 물건이나 음식을 팔기도 합니다.

16 산에서 버섯을 재배하는 모습은 산이 많은 고장에서 볼 수 있습니다.

17 백화점이나 할인점에서 물건이나 음식을 파는 일은 넓은 들에 위치한 도시에서 볼 수 있습니다.

18 고장 사람들이 하는 일이나 생활 모습은 그 고장의 환경과 밀접한 관계가 있습니다.

20 등산하기, 낚시하기, 캠핑하기, 래프팅하기 등은 자연환경을 이용한 여가 생활이고, 영화 감상하기, 박물관 관람하기, 공원 산책하기 등은 인문환경을 이용한 여가 생활입니다.

2회   1. ② 환경에 따른 의식주 생활 모습   22~24쪽

1 의식주   **2** (1) ◯ (4) ◯   **3** (가) 의 (나) 식 (다) 주
4 ㉲ 오늘 아침에 날씨가 추워져서 외투를 입었다.
5 (1) (나) (2) (가)   **6** (가)   **7** ②   **8** ②   **9** (가)
10 ⑤   **11** ⑤   **12** 감자 옹심이   **13** ④   **14** ㉲ 고장마다 땅의 생김새(지형)나 날씨와 같은 자연환경이 다르기 때문이다.   **15** ②   **16** ㉣   **17** ④   **18** 제주도   **19** ⑤   **20** ①

1 사람이 살아가는 데 꼭 필요한 입을 옷과 먹을 음식, 자거나 쉴 수 있는 집을 통틀어 의식주라고 합니다.

2 사람들은 활동에 필요한 영양소와 힘을 얻기 위해 음식을 먹고, 더위나 추위를 피하고 휴식을 하기 위해 집에서 생활합니다.

3 옷과 관련된 것은 '의생활'이고, 음식과 관련된 것은 '식생활'입니다. 또한 집과 관련된 것은 '주생활'입니다.

5 계절별 날씨에 따라 고장 사람들의 옷차림이 달라집니다.

6 두꺼운 긴팔 옷과 장갑, 목도리 등은 겨울철에 볼 수 있습니다.

7 솜을 넣어 만든 따뜻한 솜옷을 입는 계절은 겨울입니다.

8 날씨가 덥고 비가 적게 내리는 고장에서는 강한 햇볕과 모래바람을 막기 위해 온몸을 감싸는 긴 옷을 입고 머리에는 천을 둘러 감습니다.

9 (가)는 춥고 눈이 많이 오는 고장인 캐나다 사람들의 옷차림이고, (나)는 낮과 밤의 기온 차가 큰 고장인 페루 사람들의 옷차림입니다.

10 낮과 밤의 기온차가 큰 페루에 사는 사람들이 낮의 뜨거운 햇볕을 막고 밤의 추위를 견디기 위해 입은 옷차림입니다.

11 바다가 있는 고장에서는 생선이나 김, 미역, 소금, 게 등의 해산물이 생산됩니다.

12 영월은 산이 많고 날씨가 서늘하여 감자를 많이 심으여, 감자를 새알심으로 하여 감자 옹심이를 만듭니다.

13 제주는 성게국, 옥돔구이 등의 음식이 발달하였고, 호두과자는 천안에서 발달하였습니다.

14 각 고장마다 땅의 생김새나 날씨와 같은 자연환경이 다르기 때문에 발달한 음식이 다릅니다.

15 (가) 고장은 날씨가 덥고 비가 많이 내려 나무가 잘 자라기 때문에 열대 과일을 이용한 음식이 발달했습니다.

16 (나)와 같이 산지가 있는 고장에서는 젖소를 많이 키우기 때문에 여러 종류의 치즈를 이용한 음식이 발달했습니다.

18 바람이 심하게 부는 제주도에서는 강한 바람에 지붕이 날아가지 않도록 지붕을 줄로 엮어서 집을 지었습니다.

19 (가)의 이즈바는 주변 숲에서 쉽게 구할 수 있는 통나무로 지은 집입니다.

20 (나)는 물 위에 지은 수상 가옥입니다. 일 년 내내 덥고 비가 많이 내리는 고장에서는 더위와 해충을 피하려고 물 위에 집을 짓기도 합니다.

8 쟁기는 소가 끌게 하여 땅을 갈 때 사용한 도구입니다.

9 반달 돌칼, 철로 만든 낫. 탈곡기, 콤바인은 모두 곡식을 수확할 때 쓰는 도구입니다.

10 콤바인은 곡식을 자르는 일과 탈곡하는 일을 한꺼번에 할 수 있어 더 빠르고 편하게 농사를 지을 수 있습니다.

11 (가)는 가마솥, (나)는 시루, (다)는 토기, (라)는 전기 밥솥입니다.

12 토기를 사용하면서 따뜻한 국물이 있는 음식을 먹을 수 있게 되었습니다.

13 옛날 사람들은 가락바퀴로 식물의 줄기를 꼬아서 실을 만들었습니다.

15 아주 오랜 옛날에는 열매나 동물 등 먹을거리가 떨어지면 새로운 먹을거리를 찾아 옮겨 다녔기 때문에 동굴이나 바위 그늘에서 살았습니다.

16 초가집은 나무와 흙으로 만들고, 볏짚을 엮어 지붕을 덮었습니다.

17 온돌은 방바닥 아래에 넓은 돌(구들장)을 여러 개 놓고, 아궁이에서 불을 피워 이 돌을 따뜻하게 데우는 난방 방법입니다.

18 오늘날에는 시멘트와 철근 등으로 집을 짓습니다.

19 아파트는 여러 층으로 나누어 높게 짓기 때문에 좁은 땅에 많은 사람들이 함께 살 수 있습니다.

20 기와집은 안채와 사랑채로 나뉘어져 있고, 남자와 여자가 생활하는 공간이 달랐습니다.

2회   2. ① 옛날과 오늘날의 생활 모습   25~27쪽

1 돌   **2** ①, ⑤   **3** ③   **4** 예 돌을 깨뜨리지 않고 갈아서 도구를 만들었다.   **5** 청동   **6** ⑤   **7** ②   **8** ①   **9** 곡식을 수확하는 도구   **10** (라)   **11** (다) → (나) → (가) → (라)   **12** 연아   **13** ②   **14** 예 기계를 이용하여 빠르고 편리하게 옷감을 만들 수 있다.   **15** ②   **16** ①, ③   **17** 온돌   **18** ②, ⑤   **19** ④   **20** ④

· 풀이 ·

1 아주 오랜 옛날에는 날카롭게 깨뜨린 돌을 생활 도구로 사용했습니다.

2 돌을 깨뜨려 만든 주먹도끼를 사용하던 사람들은 추위를 견디거나 동물의 공격을 피하기 위해 주로 동굴이나 바위 그늘에서 살았습니다.

3 제시된 시대에 살았던 사람들은 돌과 나무 등을 갈거나 깎아서 생활 도구를 만들었습니다.

4 제시된 시대에 살았던 사람들은 돌로 도구를 만들 때 돌을 깨뜨리지 않고 갈아서 만들었습니다.

6 청동 거울이나 청동 방울, 청동 검은 제사장이 제사를 지낼 때 사용했던 물건입니다.

7 철로 만든 농사 도구는 돌로 만든 농사 도구에 비해 단단하고 날카로워서 농사를 지을 때 힘이 덜 들고 더 많은 양의 곡식을 거둘 수 있습니다.

2회   2. ② 옛날과 오늘날의 세시 풍속   28~30쪽

1 (1) 풍속 (2) 명절   **2** (1) × (2) ○ (3) ○ (4) ×   **3** ①   **4** 설날   **5** (가) 단오 (나) 한식   **6** ③   **7** ③, ⑤   **8** ②   **9** 중양절   **10** ①   **11** (1) © (2) @ (3) © (4) ⑦   **12** 윷놀이   **13** ④   **14** 예 집에 복이 많이 들어오기를 빌기 위해서이다.   **15** ①, ③   **16** 농사   **17** 겨울   **18** (1) 예 한 해 농사가 잘되기를 기원하며 조상들의 산소를 찾아가 성묘를 했다. (2) 예 농사지은 햇곡식으로 조상들께 감사드리는 차례를 지냈다.   **19** ⑤   **20** 단오부채

풀이

1 '세시'는 매년 같은 시기에 반복되는 날을 말하며, '차례'는 설날이나 추석 같은 명절에 지내는 제사를 말합니다.

2 명절과 같이 해마다 반복되는 날에 되풀이해서 하는 일, 하는 놀이, 먹는 음식 등의 고유한 풍속을 세시 풍속이라고 합니다.

4 사람들은 새해가 시작되는 첫날에 함께 윷놀이, 연날리기, 널뛰기 등의 놀이를 하였습니다.

5 (가)는 단오 때 그네뛰기, 씨름, 창포물에 머리감기 등을 하는 모습이고, (나)는 한식에 조상들의 산소에 성묘를 하는 모습입니다.

6 단오에는 나쁜 기운을 쫓는다는 의미로 창포물에 머리를 감는 풍속이 있었습니다.

7 삼복에는 더위를 피해 시원한 계곡이나 산으로 놀러 갔고, 닭백숙이나 육개장처럼 영양이 풍부한 음식을 먹으면서 더위를 이겨냈습니다.

9 중양절이 되면 사람들은 단풍이 들고 국화꽃이 핀 산으로 나들이를 갔습니다.

10 음력 1월 15일은 정월 대보름입니다. 동지는 양력으로 계산하면 12월 22일 경입니다.

12 제시된 그림은 편을 갈라 윷을 던져 승부를 겨루는 윷놀이를 하는 모습입니다.

13 우리 조상들은 설날 윷놀이를 통해 한 해 동안의 운을 알아보기도 하였습니다.

14 옛날에는 설날에 문 앞에 복조리를 걸어 놓고 복이 많이 들어오기를 빌었습니다.

15 차례를 지내고 어른들께 세배를 하며 떡국을 먹는 것은 옛날과 오늘날의 설날에 공통적으로 합니다.

16 옛날에 우리 조상들은 주로 농사를 짓고 살았고, 농사와 관련된 세시 풍속이 계절에 따라 다양했습니다.

17 옛날에는 계절마다 농사와 관련된 세시 풍속이 다양했습니다.

18 여름에는 모내기를 마친 마을 사람들이 풍년이 들기를 바라며 농악을 울리고 놀이를 즐겼고, 겨울에는 보름달을 보며 새해에도 풍년이 들길 기원했습니다.

19 오늘날에는 농사와 관련된 풍속은 많이 사라졌고, 대부분 설날이나 추석과 같은 큰 명절을 중심으로 한 세시 풍속만 이어져 내려오고 있습니다.

20 부채에 다양한 방법으로 그림을 그려 예쁘게 꾸민 후 나무젓가락을 붙여 손잡이를 만들어 완성합니다.

2회   3. ① 가족의 구성과 역할 변화   31~33쪽

1 결혼   **2** 예 신랑과 신부가 평생 행복하게 살기를 바란다는 뜻으로 신랑이 신부 측에 건네주었다.   **3** ②   **4** 폐백   **5** 결혼식   **6** ①   **7** ⑤   **8** (3) ○ (4) ○   **9** 확대 가족   **10** ㉡, ㉣   **11** 핵가족   **12** ①, ②   **13** ①, ③   **14** ③   **15** ⑤   **16** ④   **17** 예 남녀의 역할 구분이 없어지고 있다. 남녀가 평등하다는 의식이 높아지고 있다.   **18** ⑤   **19** ②, ④   **20** 실천

풀이

2 기러기는 한번 짝을 맺으면 평생 함께한다고 알려져 있습니다.

3 신랑과 신부는 결혼식에서 많은 사람의 축하를 받고 부부라는 새로운 가족이 될 것을 약속합니다.

4 폐백은 혼례를 마친 신부가 집안 어른들께 처음으로 드리는 인사를 말합니다.

6 주례는 결혼식에서 신랑과 신부에게 부부가 되었음을 선언하는 사람입니다.

7 남자와 여자가 만나 결혼하면서 새로운 가족이 만들어집니다.

8 옛날과 오늘날의 결혼식 모습은 달라졌지만 가족과 친척이 모여 신랑과 신부의 행복한 미래를 축복해 주는 모습은 같습니다.

9 확대 가족은 가족 구성원의 수가 많고 가족 구성이 비교적 복잡합니다.

10 결혼한 자녀와 함께 사는 ㉡, ㉣의 가족 구성원이 확대 가족에 속합니다.

11 (가)는 결혼하지 않은 자녀와 부모가 함께 사는 가족인 핵가족입니다.

12 (나)는 결혼한 자녀와 부모가 함께 사는 가족인 확대 가족입니다.

13 오늘날 사람들은 주로 취업이나 자녀 교육을 위해서 다른 지역으로 이사를 갑니다.

14 옛날에는 집안일을 주로 여자가 하고 바깥일은 주로 남자가 하는 등 가족 구성원의 역할이 구분되어 있었습니다.

15 (가) 그림을 통해 부모가 모두 일하는 맞벌이 가정이 증가한 오늘날 가족의 모습을 알 수 있습니다.

16 가족회의는 가족 구성원이 모두 모여 집안의 중요한

문제에 대해 의논하고 가정의 중요한 일을 부모와 자녀가 함께 결정하기 위해서 엽니다.

18 가족 구성원 간의 생각이 달라 어려움을 겪거나 마음이 맞지 않아 다투게 되는 가족 간의 갈등은 누구나 겪을 수 있습니다.

19 가족 간의 갈등을 해결하기 위해서는 가족 모두가 서로 존중하고 배려하는 마음을 가져야 합니다.

20 가족 간의 갈등을 해결하려면 자신의 역할을 바르게 알고 실천하는 태도가 중요합니다.

2회   3. ② 다양한 가족이 살아가는 모습   34~36쪽

1 ③   **2** ⑤   **3** 입양 가족   **4** (가) ㉤ (나) ㉥   **5** ⑤   **6** ③   **7** 가족 구성원   **8** ⑤   **9** 한 부모 가족   **10** ㉎ 생일을 챙겨 주는 아이들이 사랑스럽고 고마웠을 것이다.   **11** ①   **12** ④   **13** (1) ○ (2) ○   **14** 반려동물   **15** (가)   **16** ④   **17** 존중   **18** ⑤   **19** 씨앗   **20** ④

풀이

1 동훈이 어머니께서는 베트남이 고향이시고 베트남 음식에 익숙하기 때문에 친구들에게 베트남 고추를 이용하여 떡볶이를 만들어 주셨습니다.

2 동훈이네 가족은 어머니께서 베트남에서 오신 다문화 가족입니다.

3 입양을 통해 새로운 가족을 만든 입양 가족의 모습을 나타내고 있습니다.

4 (가)는 아버지의 고향이 스리랑카인 다문화 가족이고, (나)는 어머니와 아이들이 함께 사는 한 부모 가족입니다.

5 (나)는 한 부모 가족입니다. 한 부모 가족은 아버지와 어머니 중 어느 한 분과 자녀가 함께 사는 가족을 말합니다.

6 오늘날 우리 사회에는 다양한 형태의 가족이 있으며, 우리 가족과 같거나 비슷한 형태의 가족도 있고, 다른 형태의 가족도 있습니다.

7 가족의 형태는 가족 구성원과 상황에 따라 달라질 수 있습니다.

8 제시된 자료는 인터넷 영상을 통해 가족이 살아가는 모습을 살펴본 것입니다.

9 아빠가 혼자서 키우셨다는 것을 통해 한 부모 가족이라는 것을 알 수 있습니다.

10 자신들을 키우느라 고생하신 아버지를 생각하는 아이들의 마음도 느낄 수 있습니다.

11 제시된 자료의 혜나네 가족은 아버지와 어머니의 재혼으로 새롭게 만들어진 재혼 가족입니다.

12 혜나가 건축가가 되고 싶은 까닭은 가족을 위한 집을 짓고 이층에 혜나 방과 동생들 방을 만들고 싶기 때문입니다.

13 새롭게 가족이 된 모든 사람들이 혜나의 학예회에 참석하여 열심히 할 수 있도록 응원할 것입니다.

14 오늘날에는 반려동물을 가족으로 생각하는 사람들이 많이 늘어나고 있습니다.

15 (가)는 그림 그리기, (나)는 노랫말 바꾸기로 가족의 형태를 나타낸 것입니다.

16 아빠가 생기고 가족이 새 출발을 한다는 내용으로 보아 관계 깊은 가족은 재혼 가족입니다.

17 다양한 가족의 생활 모습을 있는 그대로 받아 들여야 합니다.

18 우리 가족과 다른 형태의 가족이더라도 바르지 않은 가족으로 여기면 안 됩니다. 다양한 가족의 모습을 존중해야 합니다.

19 싹을 틔우고 계속 자라날 것이라는 사실을 통해 가족이 소중한 까닭을 씨앗에 비유하여 표현했음을 알 수 있습니다.

20 다른 가족이 겪는 어려움에도 관심을 가지고 도와 줘야 합니다.

11종 검정 교과서

사회

완벽 분석 종합평가

선생님이 **강력 추**천하는

개념 PLUS
단원평가

정답과 풀이

사회

3·2

3~4학년군

교육의 길잡이·학생의 동반자

(주)교학사

1 환경에 따라 다른 삶의 모습

1 우리 고장의 환경과 생활 모습

개념을 확인해요
9~11쪽

1 자연환경 2 인문 환경 3 산 4 들 5 염
전 6 여름 7 가을 8 날씨 9 여름 10 겨
울 11 바다 12 곡식, 채소 13 도시 14 목
장 15 계단식 논 16 여가 생활 17 자연환경
18 인문 환경 19 면담 20 환경

개념을 다져요
12~13쪽

1 (1)-㉠, ㉢ (2)-㉡, ㉣ 2 ②, ⑤ 3 (1) × (2)
○ (3) ○ 4 가을 5 ⑤ 6 계단식 논 7 ⑤
8 ②

풀이

1 자연환경은 사람이 만들지 않은 자연 그대로의 것이
고, 인문 환경은 사람들이 만든 환경입니다.

> **더 알아볼까요!**
>
> **자연환경과 인문 환경**
> • 자연환경: 땅의 생김새와 날씨 등 자연적으로 만들어진 환경
> • 인문 환경: 인간이 자연을 토대로 만들어 낸 환경

2 들은 농사를 짓거나, 도로와 주택 등을 만드는 데 이
용됩니다.

3 우리나라는 봄, 여름, 가을, 겨울의 사계절이 있고
계절에 따라 날씨가 달라집니다.

4 산으로 단풍 구경을 가는 계절은 가을입니다. 가을에
는 논과 밭에서 곡식이나 열매를 수확하기도 합니다.

5 ①은 산이 많은 고장, ②는 넓은 들이 있는 고장, ③,
④는 도시에 사는 사람들이 주로 하는 일입니다.

6 산에는 비탈진 곳이 많아 농사지을 장소가 충분하지
않기 때문에 경사지를 계단처럼 만들어 이용합니다.

7 여가 생활은 일이나 공부를 하고 남는 시간에 하는
자유로운 활동으로 즐거움을 얻을 수 있습니다.

8 강에서 래프팅하기는 자연환경을 이용한 여가 생활이
고, 나머지는 인문 환경을 이용한 여가 생활입니다.

1회 실력을 쌓아요
14~16쪽

1 자연환경 2 (다), (라), (바) 3 ⑤ 4 ① 5
④ 6 ② 7 ②, ④ 8 가을 9 ⑤ 10 (1) 7월
(2) 7월 11 ⑤ 12 ② 13 ⑤ 14 ⑤ 15 **예**
산에는 비탈진 곳이 많아 농사지을 장소가 충분하
지 않기 때문에 경사지를 계단처럼 만들어 이용한
다. 16 ② 17 ③ 18 ㉠, ㉢ 19 ㉡ → ㉠ →
㉢ → ㉣ 20 **예** 주말마다 친구들과 도서관에 가
서 책을 읽는다.

풀이

1 제시된 자료들은 우리 고장에서 볼 수 있는 대표
적인 자연환경을 나타낸 것입니다.

2 눈, 비, 우박 등은 날씨에 영향을 주는 요소입니
다.

3 인문 환경은 사람들이 만든 환경을 말합니다. 기
온, 하천, 바다, 바람은 자연환경에 해당합니다.

4 고장 사람들은 산에 공원이나 등산로를 만들어
운동이나 산책을 합니다.

5 들은 농사를 짓거나, 도로와 주택 등을 만드는 데
이용됩니다. 스키장은 산을 이용하여 만든 시설
입니다.

6 염전은 바닷물을 모아서 막아 놓고, 햇볕이나 바
람 등 자연의 힘으로 바닷물을 증발시켜 소금을
만드는 시설입니다.

7 ①, ③은 겨울, ⑤는 봄의 생활 모습입니다.

8 단풍이 드는 계절은 가을입니다.

9 가을에는 곡식이나 열매를 수확합니다. ①은 봄,
②는 여름, ③, ④는 겨울의 생활 모습입니다.

10 기온이 가장 낮은 달은 1월이고, 강수량이 가장
적은 달도 1월입니다.

11 민우네 고장은 봄, 여름, 가을, 겨울의 사계절이 있
고, 계절별로 기온과 강수량에 차이가 있습니다.

12 꿀을 얻기 위해 벌을 기르는 것은 산이 많은 고장
사람들이 하는 일입니다.

13 넓은 들이 있는 고장에 사는 사람들은 주로 논과
밭에서 농사를 짓습니다.

14 도시에 사는 사람들은 다양한 일을 하며 살아갑
니다.

15 산이 많은 고장에서는 비탈진 땅을 활용하려고

산을 깎아서 농사를 짓기도 합니다.

16 산이 많은 고장의 사람들은 목장에서 소를 키우기도 합니다. ①은 바다가 있는 고장, ③은 도시, ④는 넓은 들이 있는 고장에서 많이 볼 수 있는 시설입니다.

17 여가 생활은 즐거움을 얻고자 일을 하고 남는 시간에 자유롭게 하는 활동을 말합니다.

18 ①은 산, ②는 놀이공원, ③은 강, ④는 영화관에서 이루어지는 여가 생활입니다.

더 알아볼까요!

여가 생활의 종류
- 자연환경을 이용한 여가 생활
  - 바다에서 물놀이를 합니다.
  - 숲에서 캠핑을 합니다.
- 인문 환경을 이용한 여가 생활
  - 영화관에서 영화를 봅니다.
  - 놀이공원에서 놀이 기구를 탑니다.

19 면담 조사란 알아보고자 하는 내용을 면담 대상자를 만나 직접 물어보는 것을 말합니다.

20 자신이 주로 하는 여가 생활이 자연환경과 인문환경 중 어떤 것을 이용한 것인지 생각해 봅니다.

2회 실력을 쌓아요 17~19쪽

1 ② **2** ③ **3** 인문 환경 **4** ①, ④ **5** ② **6** 하천 **7** ③ **8** (가) **9** ③ **10** 예 각 계절별로 기온과 강수량이 다르기 때문이다. **11** ⓒ **12** ㉠ 여름 ⓒ 겨울 **13** ⑤ **14** (가) **15** ② **16** (1) 예 스키장 (2) 예 주변에 식당이나 숙박 시설을 만들어 운영한다. **17** 주원 **18** 예 서영이는 인문 환경인 영화관을 이용하여 여가 생활을 했다. **19** ① **20** ②

풀이

1 눈, 비, 바람, 기온 등과 같이 날씨에 영향을 주는 요소는 자연환경에 속합니다.

2 기온은 날씨에 영향을 주는 요소이고, 나머지는 땅의 생김새를 나타냅니다.

---

3 도로는 이동을 편리하게 하기 위해 사람들이 만든 환경입니다.

4 ②, ⑤는 들, ③은 바다를 이용하는 모습입니다.

5 들은 편평하고 넓게 트인 땅으로, 농사를 짓거나 도로와 주택 등을 만들어 이용합니다.

6 고장 사람들은 하천 주변에 공원을 만들어 운동이나 산책을 하는 데 이용합니다.

7 고장 사람들은 바다를 이용해 고기를 잡고, 염전을 만들어 소금을 얻기도 합니다.

8 봄에는 꽃구경을 하는 사람들이 많습니다.

더 알아볼까요!

계절에 따른 생활 모습
- 봄: 주변의 산이나 공원으로 꽃구경을 갑니다.
- 여름: 더위를 피해 해수욕을 즐깁니다.
- 가을: 논과 밭에서 곡식이나 열매를 수확합니다.
- 겨울: 눈썰매장에서 신나게 썰매를 탑니다.

9 ③은 더운 여름철의 생활 모습입니다.

10 각 계절별로 기온과 강수량이 다르기 때문에 사람들의 생활 모습도 달라집니다.

11 그래프를 사용하면 조사한 자료를 정리해 알아보기 쉽게 나타낼 수 있습니다.

12 우리나라는 기온과 강수량이 계절에 따라 달라집니다.

13 바다가 있는 고장에 사는 사람들은 주로 물고기를 잡거나 김과 미역을 기르는 일을 합니다.

14 제시된 글은 넓은 들이 있는 고장에 사는 사람들이 주로 하는 일을 나타낸 것입니다.

15 ②는 산이 많은 고장에 사는 사람들이 하는 일입니다.

16 산이 많은 고장에 사는 사람들은 산비탈을 이용해 스키장을 만들고 그 주변에서 식당이나 숙박 시설을 운영하기도 합니다.

17 주원이는 여름 방학 때 가족과 자주 등산을 했습니다.

18 여름 방학 때 서영이는 영화 감상, 민우는 물놀이, 주원이는 등산을 즐겼습니다.

19 숲에서 캠핑하기는 자연환경을 이용한 여가 생활입니다.

20 면담 시 녹음을 할 때는 반드시 상대방의 동의를 얻어야 합니다.

1회 탐구 서술형 평가

1 (1) ① (가), (라), (마) ② (나), (다), (바)
(2) 예 자연환경은 사람이 만들지 않은 자연 그대로의 것이고, 인문 환경은 사람들이 만든 환경이다.
2 예 들에 아파트와 학교를 짓거나 도로를 만든다. 하천에 다리와 산책로를 만들어 이용한다.
3 (1) ① 7 ② 1
(2) 예 봄, 여름, 가을, 겨울의 사계절이 있고 계절에 따라 날씨가 달라진다. 여름에는 기온이 높아 덥고 비가 많이 오며, 겨울에는 기온이 낮아 춥고 눈이 내린다.
4 (1)

(가)	예 곡식과 채소 등을 재배한다. 가축을 기른다.
(나)	예 물고기를 잡거나 김과 미역을 기른다. 해녀들이 바다에 나가서 전복, 멍게 등 해산물을 직접 구한다.
(다)	예 산비탈에 논을 만들어 벼를 재배하거나, 밭을 만들어 채소를 재배한다. 목장에서 소를 키운다.
(라)	예 공장이나 회사에서 일한다. 백화점이나 할인점에서 물건을 판매하고, 음식을 만들어 팔기도 한다.

(2) 각 고장마다 자연환경과 인문 환경이 다르기 때문이다.

풀이

1 (1) 산, 바다, 눈은 자연환경이고, 도로, 아파트, 논은 인문 환경입니다.
(2) 사람들은 자연환경을 이용해 여러 가지 시설을 만드는 데, 이를 인문 환경이라고 합니다.

상	자연환경과 인문 환경을 구분할 수 있고, 둘의 차이점에 대해 잘 알고 있습니다.
중	자연환경과 인문 환경을 구분할 수 있지만, 둘의 차이점에 대해서는 알지 못합니다.
하	자연환경과 인문 환경을 구분하지 못하고, 둘의 차이점에 대해서는 알지 못합니다.

2 고장 사람들은 들과 하천 등의 자연환경을 이용하여 여러 가지 시설을 만들어 이용하고 있습니다.

상	위성 사진을 보고 고장 사람들이 땅을 어떻게 이용하고 있는지 잘 썼습니다.
중	위성 사진을 보고 고장 사람들이 땅을 어떻게 이용하고 있는지 일부만 썼습니다.
하	위성 사진을 보고 고장 사람들이 땅을 어떻게 이용하고 있는지 쓰지 못했습니다.

3 (1) 7월에는 기온이 가장 높고 강수량도 가장 많은 반면, 1월에는 기온이 가장 낮고 강수량도 가장 적습니다.
(2) 우리나라는 사계절이 뚜렷하고 계절에 따른 기온과 강수량의 차이가 큰 편입니다.

상	그래프를 잘 분석했고 고장의 계절 특징에 대해서도 잘 알고 있습니다.
중	그래프를 잘 분석했지만 고장의 계절 특징에 대해서는 알지 못합니다.
하	그래프를 분석하지 못했고 고장의 계절 특징에 대해서도 알지 못합니다.

4 (1) ㉮는 넓은 들이 있는 고장, ㉯는 바다가 있는 고장, ㉰는 산이 많은 고장, ㉱는 도시입니다.
(2) 각 고장 사람들은 자연환경이나 인문 환경을 이용해 다양한 일을 하며 살아갑니다.

상	각 고장 사람들이 하는 일과 고장마다 사람들이 하는 일이 다른 까닭을 잘 알고 있습니다.
중	각 고장 사람들이 하는 일과 고장마다 사람들이 하는 일이 다른 까닭 중 일부만 알고 있습니다.
하	각 고장 사람들이 하는 일과 고장마다 사람들이 하는 일이 다른 까닭을 알지 못합니다.

2회 탐구 서술형 평가

1 (1) ① 산, 하천 등 ② 아파트, 다리, 도로 등
(2) 예 산에 공원이나 등산로를 만들어 이용한다. 하천 주변에 공원을 만들어 운동이나 산책을 한다.
2 (1) 여름
(2) 예 얇은 옷을 입는다. 냉면이나 수박 등 시원한 음식을 먹는다. 에어컨과 선풍기를 사용한다. 더위를 피해 계곡이나 바다로 놀러 간다.
3 (1) 예 높은 건물이 많다. 도로가 잘 발달되어 있다. 공장이나 아파트가 있다.
(2) 예 공장이나 회사에서 일한다. 백화점이나 할인점에서 물건을 판매한다. 버스나 택시를 운전한다.
4 (1) (나), (라), (바)
(2) 예 스스로 즐거움을 얻고자 남는 시간에 하는 자유로운 활동이다.

풀이 ▶

1 (1) 자연환경은 땅의 생김새와 날씨 등 자연적으로 만든 환경이고, 인문 환경은 자연을 토대로 사람들이 만든 환경을 말합니다.

(2) 산은 공원, 등산로 등으로 이용하고, 하천은 주변에 공원을 만들어 이용하고 있습니다.

상	자연환경과 인문 환경을 구분했으며 고장 사람들이 자연환경을 이용하는 모습을 예를 들어 잘 썼습니다.
중	자연환경과 인문 환경을 구분했지만 고장 사람들이 자연환경을 이용하는 모습을 예를 들어 쓰지 못했습니다.
하	자연환경과 인문 환경을 구분하지 못하고 고장 사람들이 자연환경을 이용하는 모습도 예를 들어 쓰지 못했습니다.

2 (1) 여름에는 해수욕장으로 피서를 떠나는 사람들이 많습니다.

(2) 여름에는 더위를 피하기 위한 생활을 합니다.

상	신문 기사에 나타난 계절과 그 계절의 생활 모습에 대해 잘 알고 있습니다.
중	신문 기사에 나타난 계절은 알지만 그 계절의 생활 모습에 대해서는 알지 못합니다.
하	신문 기사에 나타난 계절과 그 계절의 생활 모습에 대해 알지 못합니다.

3 (1) 도시는 높은 건물이 많고 교통이 편리하며, 공공 기관과 문화 시설이 많습니다.

(2) 도시에서는 사람들이 인문 환경을 활용해 매우 다양한 일을 합니다.

상	도시의 모습과 도시에 사는 사람들이 하는 일에 대해 잘 알고 있습니다.
중	도시의 모습과 도시에 사는 사람들이 하는 일에 대해 일부만 알고 있습니다.
하	도시의 모습과 도시에 사는 사람들이 하는 일에 대해 알지 못합니다.

4 (1) 등산은 산, 영화 감상은 영화관, 낚시는 강, 컴퓨터 게임은 피시방, 래프팅은 강, 축구는 운동장에서 합니다.

(2) 여가 생활이란 일이나 공부로부터 벗어난 자유로운 시간에 취미 활동, 운동 등 여러 가지 활동을 하는 것을 말합니다.

상	여가 생활의 종류를 구분하고 그 뜻에 대해서 잘 알고 있습니다.
중	여가 생활의 종류를 구분하지만 그 뜻에 대해서는 알지 못합니다.
하	여가 생활의 종류를 구분하지 못하고 그 뜻에 대해서도 알지 못합니다.

2 환경에 따른 의식주 생활 모습

개념을 확인해요 25~27쪽

1 의식주 2 옷, 음식, 집 3 바람 4 날씨
5 사막 6 털 7 냉면 8 산지 9 생선 10 자연환경 11 아파트 12 홍수 13 우데기
14 너와집 15 통나무 16 화산 17 수상 가옥
18 재료 19 자연환경 20 그림

개념을 다져요 28~29쪽

1 의식주 2 ① 3 여름 4 ② 5 ③ 6 자연환경 7 ② 8 나무

풀이 ▶

1 의식주는 옷, 음식, 집을 통틀어 이르는 말로 인간 생활의 세 가지 기본 요소입니다.

2 음식은 영양분을 얻어 체력을 유지하기 위해 필요합니다.

3 여름에는 햇볕을 막는 모자를 쓰거나 바람이 잘 통하는 소재로 만든 옷을 입어 더위를 피합니다.

4 사막에서는 뜨거운 햇볕과 모래바람을 막기 위한 옷차림을 합니다.

5 평양은 메밀이 많이 생산되기 때문에 메밀을 냉면의 면발로 사용합니다.

6 자연환경은 고장 사람들의 의식주 생활에 많은 영향을 줍니다.

7 울릉도는 겨울에 눈이 많이 내리기 때문에 본채 바깥쪽에 따로 우데기를 설치하여 눈이 집에 들어오는 것을 막았습니다.

8 산간 지역에서는 집의 지붕을 얹기 위해 주변에서 쉽게 구할 수 있는 나무를 사용했습니다.

1회 실력을 쌓아요

30~32쪽

1 ㉠, ㉡, ㉢ **2** ⑤ **3** 〔예〕 잠을 자거나 쉬기 위해서이다. **4** ㉠ 여름 ㉡ 겨울 **5** 날씨 **6** (다) **7** (1) (가) (2) 〔예〕 뜨거운 햇볕과 모래바람을 막기 위해서이다. **8** ③ **9** 평양냉면 **10** 어리굴젓, 옥돔구이 **11** ②, ③ **12** ㉠, ㉣, ㉤ **13** ③ **14** ①, ③ **15** ③ **16** 〔예〕 여름철 홍수로 물에 잠길 위험이 있는 집을 보호하기 위해서이다. **17** 우데기 **18** ⑤ **19** ② **20** ③

풀이

1 옷(의), 음식(식), 집(주)은 사람이 살아가는 데 기본적이고 필수적인 요소입니다.

2 무인도에는 사람이 살지 않기 때문에 시장이 없습니다.

3 사람이 살아가려면 안전하고 편안하게 쉴 수 있는 집이 필요합니다.

4 여름에는 더위를 피하기 위한 옷차림을 하고, 겨울에는 추위를 막기 위한 옷차림을 합니다.

5 고장의 날씨에 따라 다양한 의생활 모습이 나타납니다.

6 춥고 눈이 많이 오는 고장(캐나다)에서는 동물의 털과 가죽으로 만든 두꺼운 옷을 입습니다.

더 알아볼까요!

세계 여러 고장 사람들의 의생활 모습

• 사막이 있는 고장: 뜨거운 햇볕과 모래바람을 막으려고 긴 옷을 입고 머리에는 천을 둘러 감습니다.

• 덥고 비가 많이 내리는 고장: 바람이 잘 통하는 긴 옷을 입고 챙이 넓은 모자를 씁니다.

• 춥고 눈이 많이 오는 고장: 동물의 털과 가죽으로 만든 두꺼운 옷을 입습니다.

• 낮과 밤의 기온차가 큰 고장: 낮의 뜨거운 햇볕을 막고 밤의 추위를 견디려고 망토와 같은 긴 옷을 걸치고 모자를 씁니다.

7 사막에서는 뜨거운 햇볕과 모래바람을 막으려고 긴 옷을 입고 머리에는 천을 둘러 감습니다.

8 베트남은 덥고 비가 많이 내리기 때문에 바람이 잘 통하는 긴 옷을 입고 챙이 넓은 모자를 씁니다.

9 평양냉면은 메밀을 면발로 사용합니다.

10 서산 근처 바닷가에서는 굴이 잘 자라 어리굴젓이 유명하고, 옥돔은 주로 제주 바다에서 잡힙니다.

11 감자 옹심이가 발달한 영월은 산지가 많아 밭농사를 주로 지으며, 특히 날씨가 서늘해 감자를 많이 심습니다.

12 날씨가 덥고 습한 고장에서는 파인애플, 바나나, 망고와 같은 열대 과일과 이를 이용한 음식이 많습니다.

13 산지가 있는 고장에서는 치즈를 이용한 음식이 많은데, 산지에서 소를 키우는 낙농업이 발달했기 때문입니다.

14 고장의 땅 생김새나 날씨와 같은 자연환경이 고장 사람들의 식생활 모습에 영향을 미칩니다.

15 수상 가옥은 열대 기후 지역에서 발달한 집의 형태로, 물 위에 지은 집입니다.

16 여름철 홍수로 집이 물에 잠길 위험이 있는 고장에서는 땅 위에 터를 돋우어 높은 곳에 집을 짓는데, 이를 터돋움집이라고 합니다.

17 울릉도는 겨울철에 눈이 많이 오기 때문에 우데기를 설치하여 집에 눈이 들어오는 것을 막았습니다.

18 산간 지역에서는 주변에서 쉽게 구할 수 있는 나뭇조각으로 지붕을 얹었는데, 이러한 집을 너와집이라고 합니다.

19 터키의 카파도키아 고장 사람들은 화산 폭발로 만들어진 단단하지 않은 바위의 속을 파서 집을 지었습니다.

20 제시된 사진은 환경에 따른 주생활 모습을 작은 책으로 만든 것입니다.

2회 실력을 쌓아요

33~35쪽

1 옷, 음식, 집 **2** ㉠ 옷, 장갑, 신발, 모자 등 ㉡ 식 ㉢ 주 **3** 의(옷) **4** 〔예〕 고장별로 날씨가 다르기 때문이다. **5** ④, ⑤ **6** ③ **7** ⑤ **8** 망토 **9** ⑤ **10** ①, ⑤ **11** 간고등어 **12** ② **13** 〔예〕 고장의 날씨나 땅의 생김새와 같은 자연환경은 그 고장 사람들의 식생활에 많은 영향을 준다. **14** ② **15** (가) **16** ④ **17** ⑤ **18** ② **19** (1) 〔예〕 고장에서 쉽게 구할 수 있는 재료로 집을 지었다. (2) 〔예〕 자연환경에 따라 집의 형태가 다르다. **20** ④

풀이

1 사람이 살아가는 데 가장 기본적이고 필수적인 요소는 의식주입니다.

2 의식주에서 '의'는 '옷', '식'은 '음식', '주'는 '집'을 말합니다.

3 의식주 중 옷의 필요성을 설명한 글입니다.

4 우리나라는 계절마다 고장별로 근소한 기온 차이가 있고, 이로 인해 옷차림에도 차이가 발생합니다.

5 장갑, 목도리, 두꺼운 옷은 겨울철 옷차림입니다.

6 사막에서는 더위를 피하고 뜨거운 햇볕과 모래바람을 막을 수 있는 옷을 입습니다.

7 ⑤는 덥고 습한 고장에 사는 사람들의 옷차림입니다.

8 망토는 소매가 없이 어깨 위로 걸쳐 둘러 입도록 만든 외투를 말합니다.

9 전어구이, 문어숙회 등의 재료는 바다에서 얻을 수 있습니다.

10 전주는 비빔밥이 유명합니다.

11 안동 간고등어는 동해안 영덕항에서 잡힌 고등어를 소금에 절여 내륙에 위치한 안동으로 가져와 먹던 것에서 유래한 음식입니다.

12 산지가 많고 날씨가 서늘한 영월에서는 감자를 많이 심으며, 감자로 옹심이(새알)를 만듭니다.

13 고장의 날씨나 땅의 생김새에 따라 식생활 모습이 달라집니다.

14 땅에 비해 많은 사람이 모여 살고 있는 도시에는 아파트가 많습니다.

15 여름철 홍수로 집이 물에 잠길 위험이 있는 고장에서는 땅 위에 터를 돋우어 높은 곳에 집을 지었습니다.

16 겨울철에 눈이 많이 오는 울릉도에서는 눈이 많이 와도 집 안을 자유롭게 다닐 수 있도록 우데기와 같은 벽을 만들었습니다.

더 알아볼까요!

자연환경과 관련된 고장의 집

· 터돋움집: 여름철 홍수로 집이 물에 잠길 위험이 있는 고장에서는 땅 위에 터를 돋우어 높은 곳에 집을 지었습니다.

· 우데기집: 울릉도에서는 눈이 많이 와도 집 안을 자유롭게 다닐 수 있도록 우데기를 설치한 집을 지었습니다.

· 너와집: 나무를 쉽게 구할 수 있는 산간 지역에서는 나뭇조각으로 지붕을 얹은 집을 지었습니다.

17 (다)의 이즈바는 러시아의 날씨가 추운 고장에서 볼 수 있는 집으로, 이 지역은 날씨가 추워 나무가 곧게 자라기 때문에 통나무로 집을 지었습니다.

18 산지에 있는 고장에서는 나무를 쉽게 구할 수 있어 나뭇조각으로 지붕을 얹은 집을 지었습니다.

19 고장마다 날씨나 땅의 생김새에 따라 자연환경을 이용하거나 극복하는 모습이 다르기 때문입니다.

20 ④의 백과사전 만들기는 우리들이 하기 어려운 활동입니다.

1회 단원 서술형 평가

36~37쪽

1 (1) 예 잠을 자고 쉬기 위해서이다. 무서운 동물들을 피하기 위해서이다. 더위와 추위를 피하기 위해서이다.

(2) 예 입을 옷과 먹을 음식, 잠을 자거나 쉴 수 있는 집이 필요하다.

2 (1) 베트남 - (나), 캐나다 - (다), 사우디아라비아 - (가)

(2) 예 더운 날씨를 피하고 뜨거운 햇볕과 모래바람을 막기 위해서이다.

3 (1) ㉠ 평양냉면, ㉡ 전주비빔밥, ㉢ 간고등어

(2) 예 영월은 산지가 많아 밭농사를 주로 짓는데, 날씨가 서늘해 감자를 많이 심기 때문이다.

(3) 예 고장마다 땅의 생김새와 날씨와 같은 자연환경이 다르기 때문이다.

풀이

1 (1) 집은 사람들이 안전하고 편안하게 쉬기 위해 필요합니다.

(2) 의식주는 사람이 살아가는 데 가장 기본적이고 필수적인 것입니다.

상	사람들이 살아가는 데 꼭 필요한 의식주와 의식주가 필요한 까닭에 대해 잘 알고 있습니다.
중	사람들이 살아가는 데 꼭 필요한 의식주와 의식주가 필요한 까닭에 대해 일부만 알고 있습니다.
하	사람들이 살아가는 데 꼭 필요한 의식주와 의식주가 필요한 까닭에 알지 못합니다.

2 (1) 고장의 날씨에 따라 다양한 의생활 모습을 볼 수 있습니다.
(2) 사막 지역은 기온이 높고 햇볕과 자외선이 강하기 때문에 몸 전체를 휘감는 옷을 입습니다.

상	세계 여러 나라 사람들의 의생활 모습과 그러한 모습이 나타난 까닭을 잘 알고 있습니다.
중	세계 여러 나라 사람들의 의생활 모습은 잘 알지만 그러한 모습이 나타난 까닭을 알지 못합니다.
하	세계 여러 나라 사람들의 의생활 모습과 그러한 모습이 나타난 까닭에 대해 알지 못합니다.

3 (1) 각 고장의 땅 생김새와 자연환경이 다르기 때문에 고장마다 발달한 음식이 다릅니다.
(2) 강원도 영월에서는 많이 생산되는 감자로 옹심이(새알)를 만듭니다.
(3) 자연환경은 고장 사람들의 식생활 모습에 많은 영향을 끼칩니다.

상	각 고장을 대표하는 음식을 알고, 음식이 발달한 까닭에 대해서도 잘 알고 있습니다.
중	각 고장을 대표하는 음식은 알지만, 음식이 발달한 까닭에 대해서는 알지 못합니다.
하	각 고장을 대표하는 음식과 음식이 발달한 까닭을 알지 못합니다.

2회 탐구 서술형 평가

38~39쪽

1 (1) ○표: 신발, 옷(셔츠), 모자 / △표: 빵. 찌개, 비빔밥 / □표: 아파트, 한옥, 단독 주택
(2) 예 의식주는 우리가 살아가는 데 가장 기본적이고 필수적인 것이기 때문이다.
2 (1) ·여름철 옷차림-예 더위를 피하려고 바람이 잘 통하는 소재로 만든 옷을 만든 옷을 입거나 햇볕을 막는 모자를 쓴다. / ·겨울철 옷차림-예 추위를 막기 위해 두꺼운 옷을 입고 장갑을 끼거나 목도리를 두른다.
(2) 예 계절에 따라 날씨가 다르기 때문이다.
3 (1) 날씨가 덥고 습한 고장
(2) 예 생선을 이용한 음식이 많은데 그 까닭은 해산물이 많이 잡히기 때문이다.
(3) 예 치즈를 이용한 음식이 많은데 이는 소를 키우는 낙농업이 발달했기 때문이다.

4 (1) 예 나무를 사용하여 집을 지었다.
(2) ① 예 주변에서 나무를 쉽게 구할 수 있기 때문이다. ② 예 날씨가 추워 나무가 곧게 자라 통나무를 구하기 쉽기 때문이다.

풀이

1 (1) '의'는 옷, '식'은 음식, '주'는 집을 말합니다.
(2) 옷은 몸을 보호하기 위해, 음식은 영양분을 얻기 위해, 집은 안전하고 편안하게 쉬기 위해 필요합니다.

상	의식주가 무엇인지 알고, 그것이 생활에 꼭 필요한 까닭에 대해 잘 알고 있습니다.
중	의식주가 무엇인지 알지만, 그것이 생활에 꼭 필요한 까닭에 대해서는 알지 못합니다.
하	의식주가 무엇인지 알지 못하고, 그것이 생활에 꼭 필요한 까닭에 대해서 알지 못합니다.

2 (1) 우리나라는 여름에는 덥고 겨울에는 춥습니다.
(2) 여름에는 더위를 피하기 위해 시원한 옷차림을 하고, 겨울에는 추위를 막기 위해 따뜻한 옷차림을 합니다.

상	계절에 따른 옷차림과 옷차림이 달라지는 까닭에 대해서 잘 알고 있습니다.
중	계절에 따른 옷차림은 알지만 옷차림이 달라지는 까닭에 대해서는 알지 못합니다.
하	계절에 따른 옷차림과 옷차림이 달라지는 까닭에 대해서 알지 못합니다.

3 (1) 날씨가 덥고 습한 고장에서는 파인애플, 바나나, 망고와 같은 열대 과일을 이용한 음식이 발달했습니다.
(2) 바다로 둘러싸인 섬 지역에서는 해산물이 많이 잡히기 때문에 생선초밥과 같은 생선을 이용한 음식이 발달했습니다.
(3) 산지가 있는 고장에서는 치즈를 이용한 음식이 많은데 이는 산지에서 소를 키우는 낙농업이 발달했기 때문입니다.

상	세계 여러 고장의 자연환경에 따라 발달한 음식을 알고, 그 음식이 발달한 까닭에 대해서도 잘 알고 있습니다.
중	세계 여러 고장의 자연환경에 따라 발달한 음식은 알지만, 그 음식이 발달한 까닭에 대해서는 알지 못합니다.

| 하 | 세계 여러 고장의 자연환경에 따라 발달한 음식과 그 음식이 발달한 까닭에 대해 알지 못합니다. |

4 (1) 너와집은 나뭇조각으로 지붕을 얹은 집이고, 이즈바는 통나무로 지은 집입니다.
(2) 고장에서 쉽게 구할 수 있는 재료로 집을 짓는 점은 어느 고장이나 비슷합니다.

상	두 집의 공통점과 자연환경을 활용해 집을 지은 까닭을 잘 알고 있습니다.
중	두 집의 공통점과 자연환경을 활용해 집을 지은 까닭 중 일부만 알고 있습니다.
하	두 집의 공통점과 자연환경을 활용해 집을 지은 까닭을 알지 못합니다.

1회 단원 평가 〔연습〕
40~42쪽

1 환경　**2** ④　**3** 땅의 생김새-(나), (다) / 날씨에 영향을 주는 요소-(가), (라)　**4** 인문 환경
5 (가)　**6** 예 바다에서 물고기를 잡는다.　**7**
(1)-㉠ (2)-㉡ (3)-㉢ (4)-㉢　**8** (1) 여름 (2) 겨울　**9** ①　**10** 예 도시에는 많은 시설을 비롯한 인문환경이 있기 때문이다.　**11** ③　**12** ②　**13**
(1) 강원도 평창군 (2) 부산광역시　**14** ⑤　**15** ③
16 ③　**17** ㉠ 열대 과일 ㉡ 생선　**18** ②　**19** 예 눈이 집 안으로 들어오는 것을 막아 눈이 많이 와도 집 안을 자유롭게 다니기 위해서이다.　**20** 바위

풀이 ▶

1 환경은 자연 그대로의 환경과 사람들이 만든 환경으로 구분할 수 있습니다.

2 산, 들, 하천, 바다와 같은 땅의 생김새와 날씨에 영향을 주는 눈, 비, 바람, 기온 등을 자연환경이라고 합니다.

3 땅의 생김새(지형)와 날씨에 영향을 주는 요소들을 통틀어 자연환경이라고 부릅니다.

4 인문 환경은 인간이 자연을 토대로 만들어 낸 환경입니다.

5 (가)는 고장 사람들이 산을 공원이나 등산로로 만들어 이용하는 모습입니다.

6 이밖에도 염전을 만들어 소금을 얻거나 양식장을 만들어 해산물을 기르기도 합니다.

7 봄에는 꽃구경을 하는 사람들이 많고, 여름에는 더위를 피해 해수욕을 즐깁니다. 가을에는 논과 밭에서 곡식을 수확하고, 겨울에는 눈썰매장에서 신나게 썰매를 탑니다.

8 우리나라는 봄, 여름, 가을, 겨울의 사계절이 있고, 계절에 따라 날씨가 달라집니다.

9 이밖에도 바다가 있는 고장에 사는 사람들은 관광객을 대상으로 식당이나 숙박 시설을 운영하기도 합니다.

10 도시에서는 많은 공장, 넓은 도로 등의 인문 환경을 이용해 사람들이 다양한 일을 합니다.

11 영화 감상, 박물관 관람, 도서관에서 책 읽기 등은 인문 환경을 이용한 여가 생활 모습입니다.

12 사람이 살아가려면 몸을 보호하기 위한 옷과 영양분을 얻기 위한 음식이 필요합니다. 또한 안전하고 편안하게 쉴 수 있는 집도 필요합니다.

13 강원도 평창군은 아침, 저녁으로 서늘해서 긴소매 옷을 입고, 부산광역시는 더위가 가시지 않아 반소매 옷을 입습니다.

14 사막 지역에서는 뜨거운 햇볕과 모래바람을 막으려고 긴 옷을 입고 머리에는 천을 둘러 감습니다.

15 높은 산이 있어 낮과 밤의 기온차가 큰 고장에서는 낮의 뜨거운 햇볕과 밤의 추위로부터 몸을 보호하기 위해 망토와 같은 긴 옷을 입고 모자를 씁니다.

16 서산은 근처 바닷가에서 굴이 잘 자라기 때문에 어리굴젓이 유명하고, 제주는 제주 바다에서 잡히는 옥돔을 이용한 옥돔구이가 유명합니다.

17 고장의 땅 생김새나 날씨와 같은 자연환경이 고장 사람들의 식생활 모습에 영향을 미칩니다.

18 (가)는 터돋움집으로 여름철 홍수로 물에 잠길 위험이 있는 고장에서는 땅 위에 터를 돋우어 높은 곳에 집을 지었습니다.

19 겨울철에 눈이 많이 내리는 울릉도에서는 눈이 많이 와도 집 안을 자유롭게 다닐 수 있도록 우데기와 같은 벽을 만들었습니다.

20 터키의 카파도키아 고장 사람들은 화산 폭발로 만들어진 단단하지 않은 바위에 동굴을 뚫어 집을 지었습니다.

2회 단원 평가 기출
43~45쪽

1 자연환경-(가), (다), (라) / 인문 환경-(나), (마), (바) 2 (1) 예 땅의 생김새와 날씨에 영향을 주는 요소이다. (2) 예 자연을 토대로 인간이 만든 환경이다. 3 ④ 4 가을 5 여름 6 ① 7 예 기온이 높아 덥고 비가 많이 온다. 8 그래프 9 ①, ⑤ 10 ① 11 ㉠, ㉣ 12 ㉡ → ㉢ → ㉠ → ㉣ 13 의식주 14 (나), (마) 15 (1)-㉡ (2)-㉠ 16 (1) (나) (2) (가) (3) (라) 17 예 세계 각 고장의 날씨에 따라 전통 의생활 모습이 다양하게 나타나고 있다. 18 ③ 19 ⑤ 20 나뭇조각

풀이

1 우리 주변은 자연환경과 사람들이 만든 인문 환경이 둘러싸고 있습니다.

2 우리 주변에는 산, 하천, 바다 등 자연 그대로의 환경과 도로, 공장, 시장 등 사람들이 만든 환경이 있습니다.

3 ①과 ③은 들, ②는 산, ⑤는 바다를 이용하는 모습입니다.

4 단풍이 들어 산으로 나들이를 가는 계절은 가을입니다.

5 더위를 피해 해수욕을 즐기는 계절은 여름입니다.

6 썰매나 스키는 겨울과 관련이 있습니다.

7 우리나라는 계절에 따라 날씨가 다릅니다. 여름에는 기온이 높아 비가 많이 오고, 겨울에는 기온이 낮아 춥고 눈이 내리기도 합니다.

8 그래프는 직선, 막대, 그림 등으로 한눈에 알아볼 수 있도록 정리한 자료입니다.

9 제시된 고장은 넓은 들이 있는 고장으로 논과 밭을 볼 수 있습니다.

10 염전은 바다가 있는 고장에서 볼 수 있는 인문 환경입니다.

11 강에서 낚시를 하는 것과 바닷가에서 물놀이를 하는 것은 자연환경을 이용한 여가 생활 모습입니다.

12 면담 조사를 할 때에는 가장 먼저 면담 내용, 면담할 사람, 조사 기간 등을 계획해야 합니다.

13 사람이 살아가는 데 반드시 필요한 입는 옷과 먹을 음식, 자거나 쉴 수 있는 집을 통틀어 의식주라고 합니다.

14 밥, 빵, 음료수 등은 사람들이 살아가는 데 필요한 영양분을 주는 음식에 속합니다.

15 여름에는 바람이 잘 통하는 모시와 같은 시원한 옷을 입고, 겨울에는 바람을 막고 몸을 따뜻하게 하는 두꺼운 옷을 입습니다.

16 (다)는 사막이 있는 고장에서 입는 옷을 나타냅니다.

17 고장의 날씨에 따라 다양한 의생활 모습을 볼 수 있습니다.

18 평양은 쌀농사보다 밭농사를 많이 지을 수 있어서 메밀을 이용한 음식이 발달했습니다.

19 여름철 홍수로 집이 물에 잠길 위험이 있는 고장에서는 땅 위에 터를 돋우어 높은 곳에 집을 지었습니다.

20 나무를 쉽게 구할 수 있는 고장에서는 나뭇조각으로 지붕을 얹은 집을 지었습니다.

3회 단원 평가 실전
46~48쪽

1 ④ 2 ③ 3 (1) 가을 (2) 겨울 4 (1) (나) (2) (가) 5 ② 6 예 여름에는 기온이 높아 덥고 비가 많이 오며, 겨울에는 기온이 낮아 춥고 눈이 내리기도 한다. 7 ③ 8 환경 9 ⑤ 10 예 면담을 하기 전에 주제에 맞는 질문을 미리 준비한다. 11 ① 12 의생활 13 겨울 14 베트남 15 예 동물의 털과 가죽으로 만든 두꺼운 옷을 입는다. 16 평양 17 ④ 18 (1)-㉡ (2)-㉠ 19 ③ 20 ②

풀이

1 사람들이 고장의 자연환경을 이용해 만든 과수원은 자연환경이 아닌 인문 환경에 속합니다.

2 염전을 만들어 소금을 얻는 것은 바다를 이용하는 모습입니다.

3 이밖에도 가을에는 단풍 구경을 가고, 겨울에는 난로나 온풍기 등을 사용하는 모습을 볼 수 있습니다.

4 제시된 그래프에서 세로가 무엇을 나타내는지 살펴보아야 합니다. (가)의 세로는 강수량, (나)의 세로는 기온을 나타내고 있습니다.

5 민우네 고장의 평균 기온은 7월이 가장 높고 1월이 가장 낮습니다. 평균 강수량은 7월이 가장 많고 1월이 가장 적습니다.

6 제시된 그래프를 보면 민우네 고장은 봄, 여름, 가을, 겨울의 사계절이 있고 계절에 따라 날씨가 달라짐을 알 수 있습니다.

7 바다에서 양식을 하는 모습과 해녀가 바다에 나가서 해산물을 따는 모습은 바다가 있는 고장에 사는 사람들이 하는 일입니다.

8 고장 사람들은 자연환경이나 인문 환경을 이용해 다양한 일을 하며 살아갑니다.

9 놀이공원에서 놀이 기구를 타는 것은 인문 환경을 이용한 여가 생활이고, 나머지는 모두 자연환경을 이용한 여가 생활입니다.

10 이밖에도 질문은 예의 바르게 하고, 상대방의 답변을 잘 정리합니다.

11 로빈슨 크루소는 잠을 자고 쉬기 위해, 무서운 동물들을 피하기 위해 나뭇가지로 집을 만들었습니다.

12 옷, 모자, 신발, 목도리 등은 의생활을 하기 위해 필요한 것입니다.

13 겨울에는 날씨가 춥기 때문에 바람을 막고 몸을 따뜻하게 하려고 솜을 넣어 만든 옷을 입습니다.

14 덥고 비가 많이 내리는 베트남에서는 바람이 잘 통하는 긴 옷을 입고 챙이 넓은 모자를 씁니다.

15 춥고 눈이 많이 오는 고장에 사는 사람들은 동물의 털로 만든 두꺼운 외투를 입고 발목까지 감싸는 부츠를 신습니다.

16 평양은 날씨가 서늘하고 비가 많이 내리지 않아 밭농사로 메밀을 많이 재배했습니다.

17 전주는 주변의 넓은 들과 산에서 쌀과 채소를 쉽게 구할 수 있고 장맛이 좋아 비빔밥이 발달했습니다.

18 날씨가 덥고 습한 고장에서는 열대 과일을 이용한 음식이 발달하였고, 바다로 둘러싸인 고장에서는 생선을 이용한 음식이 발달하였습니다.

19 겨울철에 눈이 많이 내리고 찬바람이 부는 울릉도에서는 눈이 많이 와도 집 안을 자유롭게 다닐 수 있도록 우데기와 같은 벽을 만들었습니다.

20 일년 내내 덥고 습한 열대 기후 지역에 사는 사람들은 더위와 해충을 피하기 위해 수상 가옥을 지어 생활하고 있습니다.

---

2   **시대마다 다른 삶의 모습**

1 **옛날과 오늘날의 생활 모습**

개념을 확인해요
51~53쪽

1 자연　2 주먹도끼　3 농사　4 그릇　5 유적지　6 청동　7 제사장　8 철　9 농사 도구　10 소　11 토기　12 시루　13 전기밥솥　14 방직기　15 움집　16 귀틀집　17 초가집　18 온돌　19 기와집　20 아파트

개념을 다져요
54~55쪽

1 ②　2 ⑤　3 ②　4 ③　5 ①　6 ④　7 ②　8 ④

풀이▶

1 돌을 깨뜨려서 만든 주먹도끼를 이용하던 시대에는 추위나 짐승들의 공격을 피하려고 동굴이나 바위 그늘에서 살았습니다.

2 철로 만든 농사 도구를 사용하면서 농업은 크게 발달했고, 철로 만든 무기를 가진 사람들은 전쟁에서 쉽게 이길 수 있었습니다.

3 처음으로 농사를 짓기 시작한 사람들은 땅을 파기 위해서 돌을 날카롭게 갈아 나무에 연결하여 만든 돌괭이를 사용했습니다. ①은 철로 만든 괭이, ②는 돌괭이, ③은 트랙터, ④는 쟁기입니다.

4 농사 도구가 발달하면서 한 사람이 농사짓는 땅이 넓어지게 되었고, 농사짓는 사람들의 수는 점차 줄어들었습니다.

5 ㉠의 가락바퀴는 옷을 만들기 위해 사용했던 도구입니다.

6 방직기를 사용하면 사람이 직접 하지 않아도 쉽고 빠르게 많은 양의 옷감을 만들 수 있습니다.

7 먹을거리를 찾아 이동 생활을 했던 옛날 사람들은 짐승의 공격을 피하고 추위를 막을 수 있는 동굴이나 바위 그늘에서 살았습니다.

8 나무와 흙으로 만든 초가집은 한 해 농사가 끝나면 볏짚을 엮어 새로 지붕을 덮었습니다.

1회 실력을 쌓아요
56~58쪽

1 주먹도끼 **2** ⑤ **3** ②, ④ **4** ④ **5** ①, ⑤ **6** ③ **7** ⑩ 실제 유물의 생생한 모습을 볼 수 있다. **8** ④ **9** ③ **10** ② **11** 반달 돌칼 **12** ④ **13** ⑩ 한 사람이 농사지을 수 있는 논밭의 넓이가 커졌고 수확하는 곡식의 양이 늘어났다. **14** ④ **15** ③ **16** ③ **17** ③ **18** ⑤ **19** 온돌 **20** ④

풀이

1 주먹도끼는 손에 쥐고 쓸 수 있는 형태의 도구로, 동물을 사냥하거나 털과 가죽을 분리할 때 사용했습니다.

2 주먹도끼는 옛날에 살았던 사람들이 돌을 깨뜨려서 만든 도구입니다.

3 돌과 나무를 생활 도구로 사용했던 사람들은 동물의 가죽이나 풀잎으로 만든 옷을 입었습니다.

4 사람들은 강가나 해안가에 모여 살기 시작하면서 낚시 도구로 물고기를 잡아먹고, 농사를 지어 곡식을 얻고 가축을 길렀습니다.

5 석기 시대의 모습을 살펴볼 수 있는 곳에는 서울 암사동 유적, 연천 전곡 선사 박물관, 공주 석장리 박물관, 양양 오산리 선사 유적 박물관, 부천 고강 선사 유적 공원 등이 있습니다.

6 박물관이나 유적지에 가면 옛날 사람들의 도구와 생활을 체험해 볼 수 있지만, 이 시대에는 글로 기록된 것이 남아 있지 않기 때문에 글과 그림은 살펴볼 수 없습니다.

7 이밖에도 박물관이나 유적지에서 진행하는 다양한 체험 활동에 참여할 수 있습니다.

8 자연에서 얻은 도구를 이용하던 우리 조상들을 점차 청동과 같은 금속으로 도구를 만들어 사용하기 시작했습니다.

9 거친무늬 청동 거울은 하늘에 제사를 지내는 제사장이 사용했던 물건입니다.

10 돌로 만든 농사 도구에 비해 철로 만든 농사 도구를 이용하면 농사를 지을 때 힘이 덜 듭니다.

11 얇은 돌을 갈아서 날카롭게 만든 반달 돌칼은 익은 곡식을 자르는 데 사용했습니다.

12 처음 농사를 지을 때에는 기다란 나무 막대기 끝에 뾰족한 돌을 묶어 만든 돌괭이를 사용해 땅을 갈았습니다.

13 농사 도구가 발달하면서 사람들은 더 다양하고 많은 양의 곡식과 채소, 과일을 얻을 수 있게 되었습니다.

14 옛날 사람들이 음식을 만들기 위해 처음으로 사용했던 도구는 토기입니다.

15 옛날 사람들은 식물의 줄기를 얇게 뜯어 가락바퀴에 꽂은 막대기에 꼬아서 실을 만들었습니다.

16 옛날 사람들은 열매를 따거나 동물을 사냥해 먹을거리를 구했고, 먹을 것을 찾아 이동 생활을 했기 때문에 동굴이나 바위 그늘에 살았습니다.

17 움집은 땅을 파고 기둥을 세운 후 비바람을 막기 위해 그 위에 풀과 짚을 덮어 만들었습니다.

18 ㉠은 귀틀집, ㉡은 초가집입니다. 하나의 방 안에서 도구를 손질하고 음식을 만들어 먹었던 곳은 움집입니다.

19 온돌은 아궁이에서 나오는 열을 사용해 열에너지를 절약할 수 있고, 연기가 굴뚝으로 빠져나가기 때문에 방 안의 공기가 깨끗하게 유지됩니다.

20 아파트는 거실과 주방이 연결되어 있고 화장실이 집 안에 있어 사용하기 편리합니다.

정답과 풀이

2회 실력을 쌓아요

1 ①   2 예 청동은 귀하고 다루기 어려웠기 때문이다.   3 제사장   4 ②   5 (나) → (가) → (라) → (다)   6 ⑤   7 시루   8 예 철로 만든 무거운 솥뚜껑을 덮으면 솥 안의 뜨거운 김이 빠져나가지 못하기 때문에 쌀이 골고루 익을 수 있다.   9 ①   10 예 다양한 종류의 옷을 쉽고 빠르게 만들 수 있게 되었다.   11 귀틀집   12 (가)   13 ④   14 아파트   15 온돌   16 ③, ⑤   17 움집   18 ②   19 ③   20 ④

풀이 ▶

1 빗살무늬 토기를 만들어 사용했던 시대에는 사람들이 강가나 해안가에 모여 살기 시작했고, 강 근처의 땅을 일구어 농사를 짓고 가축을 길렀습니다.

2 청동은 귀하고 다루기 어려워서 무기나 장신구, 제사를 지내는 도구를 만드는 데 주로 쓰였습니다.

3 제시된 사진의 비파형 동검과 거친무늬 청동 거울은 제사 의식에 사용되었던 도구입니다.

4 철로 만든 농사 도구를 사용하면서 농업은 크게 발달했습니다.

5 곡식을 수확하는 도구는 '반달 돌칼 → 철로 만든 낫 → 탈곡기 → 수확기(콤바인)'의 순서로 발달해 왔습니다.

6 농사 도구가 발달하면서 사람들은 더 다양하고 많은 곡식과 채소, 과일을 얻을 수 있게 되었습니다.

7 시루는 바닥의 구멍에서 올라오는 뜨거운 김으로 생선이나 떡을 쪄서 먹었습니다.

8 가마솥에 밥을 하면 철로 만든 무거운 뚜껑이 솥 안의 뜨거운 김이 빠져나가지 못하게 하여 쌀을 골고루 익혀 주기 때문에 밥이 잘 익습니다.

9 옷을 만드는 도구는 '가락바퀴 → 베틀 → 재봉틀, 방직기'의 순서로 발달했습니다.

10 오늘날에는 기계를 이용해 빠르고 편리하게 다양한 옷감을 만듭니다.

11 통나무로 지은 귀틀집은 움집보다 크고 튼튼했습니다.

12 농사를 짓던 사람들은 나무와 흙으로 만든 (가)와 같은 초가집에 살았습니다.

13 초가집은 볏짚이 썩기 쉬워 해마다 지붕을 바꾸어야 했지만, 기와집의 기와는 썩지 않아 오랫동안 지붕을 바꾸지 않고 살 수 있었습니다.

14 오늘날 도시에서 많이 볼 수 있는 아파트는 높게 지어 여러 층으로 만들기 때문에 좁은 땅에 많은 사람이 모여 살 수 있습니다.

15 데워진 돌이 오랜 시간동안 식지 않고 열기를 방바닥으로 전달해 방을 따뜻하게 유지할 수 있습니다.

더 알아볼까요!

온돌의 좋은 점

- 아궁이에서 나오는 열이 통로에 오랫동안 머물 수 있도록 만들어져 열에너지를 절약할 수 있습니다.
- 연기가 굴뚝으로 빠져 나가기 때문에 방안의 공기가 깨끗하게 유지됩니다.
- 아궁이에서 불을 때어 난방과 함께 밥을 지어 먹을 수 있습니다.

16 온돌은 아궁이에서 나오는 열을 사용해 열에너지를 절약할 수 있고, 연기가 굴뚝으로 빠져나가기 때문에 방 안의 공기가 깨끗하게 유지됩니다.

17 제시된 글은 움집을 짓고 돌괭이로 땅을 갈아 밭을 만든 시대에 살았던 옛날 사람들의 생활 모습을 설명하고 있습니다.

18 넓은 마당에서 동물을 기르고 농사일을 했던 곳은 초가집입니다.

19 아파트는 오늘날 많은 사람들이 살고 있는 집의 형태입니다. 아파트에서는 온 가족이 같이 식사 준비를 하고 거실에서 이야기를 나누며 많은 시간을 함께 보냅니다.

20 옛날 사람들은 화장실을 뒷간이라고 불렀는데, 주로 농사를 지었던 우리 조상들에게 뒷간은 곡식을 잘 자라게 해 줄 거름을 만드는 중요한 장소였습니다.

1 (1) (가)

(2) ① 예 추위를 피하고 동물들의 공격을 막기 위해 동굴이나 바위 그늘에 살았다. ② 예 농사를 짓기 시작하면서 한 곳에 모여 움집을 짓고 살았다.

2 (1) (나), 청동

(2) ① 철 ② 예 농업이 크게 발달했고, 전쟁에서 쉽게 이길 수 있었다.

3 (1) (나) → (가) → (다) → (라)

(2) 예 시루 바닥의 구멍으로 뜨거운 김이 올라오게 하여 시루 안의 음식을 익혔다.

4 (1) (가) 귀틀집 (나) 초가집

(2) 예 마루가 생겼다. 방이 땅에서 떨어지게 지었다.

풀이

1 (1) (가)는 돌을 깨뜨려서 도구를 만들어 사용하던 시대의 생활 모습이고, (나)는 돌을 갈아서 도구를 만들어 사용하던 시대의 생활 모습입니다.

(2) (가) 시대의 사람들은 먹을거리를 찾아 이동 생활을 했고, (나) 시대의 사람들은 농사를 짓기 시작하면서 정착 생활을 했습니다.

상	자연에서 얻은 도구를 사용하던 시대의 생활 모습과 의식주를 잘 알고 있습니다.
중	자연에서 얻은 도구를 사용하던 시대의 생활 모습과 의식주 중 일부만 알고 있습니다.
하	자연에서 얻은 도구를 사용하던 시대의 생활 모습과 의식주를 알지 못합니다.

2 (1) (가)는 철로 만든 농기구, (나)는 청동으로 만든 거친무늬 거울, (다)는 철로 만든 무기입니다.

(2) 철로 만든 농기구와 무기는 더 튼튼하고 날카로웠습니다.

상	생활 도구의 발달 과정과 도구의 발달에 따른 생활 모습의 변화를 잘 알고 있습니다.
중	생활 도구의 발달 과정과 도구의 발달에 따른 생활 모습의 변화 중 일부만 알고 있습니다.
하	생활 도구의 발달 과정과 도구의 발달에 따른 생활 모습의 변화에 대해 알지 못합니다.

3 (1) 음식을 만든 도구는 '토기 → 시루 → 가마솥 → 전기밥솥'의 순서로 발달했습니다.

(2) 바닥의 구멍에서 올라오는 뜨거운 김으로 생선이나 떡을 쪄서 먹었습니다.

상	음식을 만드는 도구의 발달 과정과 도구를 이용해 음식을 만드는 원리를 잘 알고 있습니다.
중	음식을 만드는 도구의 발달 과정은 알지만 도구를 이용해 음식을 만드는 원리는 알지 못합니다.
하	음식을 만드는 도구의 발달 과정과 도구를 이용해 음식을 만드는 원리를 알지 못합니다.

4 (1) (가)는 귀틀집, (나)는 초가집입니다.

(2) 초가집은 문을 나무와 한지를 이용해 만들었습니다.

상	우리 조상들이 살았던 집과 그 집의 특징에 대해 잘 알고 있습니다.
중	우리 조상들이 살았던 집은 알지만 그 집의 특징에 대해서는 알지 못합니다.
하	우리 조상들이 살았던 집과 그 집의 특징에 대해 알지 못합니다.

1 (1) ① 주먹도끼 ② 예 손에 쥐고 동물을 사냥하거나 동물의 가죽을 벗길 때 사용하였다.

(2) 예 동물의 가죽이나 풀잎으로 옷을 만들어 입었고 열매를 따거나 동물을 사냥해 먹을거리를 얻었다.

2 (1) 예 곡식을 수확하기 위해서 사용하는 도구이다.

(2) 예 한 사람이 농사지을 수 있는 논밭의 넓이가 커졌고, 수확하는 곡식의 양이 늘어났다.

3 (1) (다)

(2) (다) → (가) → (나)

(3) 예 기계를 이용해 다양한 옷감을 빠르고 편리하게 만들 수 있다.

4 (1) (가) 움집 (나) 초가집 (다) 기와집

(2)

> 저는 [예 초가집]에서 살아 보고 싶습니다. 왜냐하면 예 가마솥으로 밥을 지어 먹고 제가 좋아하는 동물을 마당에서 키워 보고 싶기 때문입니다.

풀이 ▶

1 (1) (가)는 자연에서 얻은 도구를 그대로 사용하던 시대의 생활 모습이고, (나)는 시간이 흐른 뒤에 돌을 깨뜨리지 않고 갈아서 도구를 만들어 사용하던 시대의 생활 모습입니다.

(2) 이밖에도 돌을 깨뜨려서 만든 도구를 사용했던 사람들은 불에 직접 음식을 구워 먹었고, 동굴이나 바위 그늘에서 추위나 짐승들의 공격을 피하면서 살았습니다.

상	돌과 나무로 도구를 만들어 쓰던 시대에 사용했던 도구와 그 시대 사람들의 생활 모습을 잘 알고 있습니다.
중	돌과 나무로 도구를 만들어 쓰던 시대에 사용했던 도구와 그 시대 사람들의 생활 모습 중 일부만 알고 있습니다.
하	돌과 나무로 도구를 만들어 쓰던 시대에 사용했던 도구와 그 시대 사람들의 생활 모습을 알지 못합니다.

2 (1) 반달 돌칼, 철로 만든 낫, 탈곡기, 수확기(콤바인)는 모두 곡식을 수확하는 데 사용하는 농사 도구입니다.

(2) 농사 도구가 발달하면서 사람들은 더 다양하고 많은 양의 곡식과 채소, 과일을 얻을 수 있게 되었습니다.

상	농사 도구의 발달과 이에 따른 생활 모습의 변화를 잘 알고 있습니다.
중	농사 도구의 발달과 이에 따른 생활 모습의 변화 중 일부만 알고 있습니다.
하	농사 도구의 발달과 이에 따른 생활 모습의 변화를 알지 못합니다.

3 (1) 식물의 줄기를 얇게 뜯어 가락바퀴에 꽂은 막대기에 꼬아서 실을 만들었습니다.

(2) 옷을 만드는 도구는 '가락바퀴 → 베틀 → 재봉틀, 방직기'의 순서로 발달했습니다.

(3) 방직기를 사용하면 사람이 직접 하지 않아도 쉽고 빠르게 많은 양의 옷감을 만들 수 있습니다.

상	옷을 만드는 도구의 발달 과정과 각 도구의 쓰임새를 잘 알고 있습니다.
중	옷을 만드는 도구의 발달 과정과 각 도구의 쓰임새 중 일부만 알고 있습니다.
하	옷을 만드는 도구의 발달 과정과 각 도구의 쓰임새를 알지 못합니다.

4 (1) (가)는 움집, (나)는 초가집, (다)는 기와집입니다.

(2) (가) 움집에 살던 사람들은 하나의 방에서 도구를 손질하고 음식을 만들어 먹으며 살았지만, (나) 초가집에 사는 사람들은 용도에 맞게 공간을 나누어 사용했습니다.

상	각 집의 특징과 집에 따라 달라지는 생활 모습에 대해 잘 알고 있습니다.
중	각 집의 특징과 집에 따라 달라지는 생활 모습 중 일부만 알고 있습니다.
하	각 집의 특징과 집에 따라 달라지는 생활 모습에 대해 알지 못합니다.

2 옛날과 오늘날의 세시 풍속

개념을 확인해요   67~69쪽

1 명절   2 풍속   3 세시 풍속   4 정월 대보름
5 한식   6 창포물   7 삼복   8 추석   9 중양절
10 동지   11 설날   12 윷놀이   13 복조리
14 세배   15 농사   16 성묘   17 직업   18 부채   19 윷놀이   20 윷말

개념을 다져요   70~71쪽

1 ①, ④   2 ③   3 ②   4 (1) 동지 (2) 삼복 (3) 추석 (4) 정월 대보름   5 ④   6 ①   7 ②   8 ③

1 추석은 설날과 더불어 우리나라의 대표적인 명절입니다.

2 ① 세배하기, ② 널뛰기, ④ 차례 지내기, ⑤ 윷놀이 하기는 설날에 하는 세시 풍속이지만 ③ 송편 빚기는 추석에 하는 세시 풍속입니다.

3 성묘하기는 한식에 했던 세시 풍속이고, 정월 대보름에는 쥐불놀이, 달집태우기, 오곡밥 먹기, 부럼 깨물기 등의 세시 풍속을 했습니다.

4 (1)은 동지에 나쁜 기운을 내쫓기 위해 먹었던 팥죽이고, (2)는 삼복에 무더위를 이겨 내기 위해 먹었던 닭백숙입니다. (3)은 추석에 먹었던 송편이고, (4)는 정월 대보름에 먹었던 부럼입니다.

5 옛날 사람들은 한 해의 운세를 점치기 위해서 윷놀이를 했습니다.

6 옛날에는 설날에 야광귀에게 신발을 빼앗기지 않도록 방 안에 신발을 두는 세시 풍속이 있었습니다.

7 단오 부채 만들기의 준비물에는 흰 종이, 나무젓가락, 물감, 사인펜, 색종이 등이 있습니다.

8 윷을 던져서 사진과 같이 '걸'이 나오면 세 칸을 움직일 수 있습니다.

1회 실력을 쌓아요

72~74쪽

1 ③ **2** 차례 **3** ④ **4** ⑤ **5** ⑤ **6** ② **7** ㉠ 나쁜 기운을 쫓아내고 풍년을 기원하면서 새해 소원을 빌기 위해서이다. **8** ② **9** ③ **10** ㉠ 창포물에 머리를 감으면 머리카락이 건강해지기 때문이다. **11** 추석 **12** ⑤ **13** ③ **14** ⑤ **15** ⑤ **16** ④ **17** ④ **18** 단오 부채 **19** ㉣ **20** ㉠ 마을의 평안과 풍년을 빌기 위해서이다.

풀이

1 추석과 설날은 우리나라의 대표적인 명절입니다.

2 설날이나 추석 같은 명절에 조상에게 올리는 제사를 '차례'라고 합니다.

3 명절에는 다양한 계절 음식으로 차례상을 차리고 음식을 서로 나누어 먹으며, 멀리 떨어져 살고 있는 가족과 친척들을 만나 소식을 나눕니다.

4 설날, 추석 등 명절날에 하는 일과 놀이, 먹는 음식, 입는 옷과 같이 해마다 일정한 시기에 되풀이하여 행해 온 고유의 풍속을 세시 풍속이라고 합니다.

5 쥐불놀이와 달집태우기는 정월 대보름에 하는 세시 풍속입니다.

6 쥐불놀이는 들판에 나가 작은 구멍을 여러 개 뚫어 놓은 깡통에 짚단 등을 넣고 불을 붙여 빙빙 돌리다가 던져서 논밭 두렁의 잡초 등을 태워 해충이나 쥐의 피해를 줄이기 위해 했던 세시 풍속입니다.

7 정월 대보름에는 쥐불놀이와 달집태우기를 하면서 들판의 잔디와 잡초를 태워 해충을 줄이고, 마을의 안녕과 풍년을 기원했습니다.

8 한식에는 불을 사용하지 않는 풍속이 있었기 때문에 그날에는 찬 음식을 먹는다고 하여 '한식'이라는 이름이 붙여졌습니다.

9 한 해 농사가 잘되기를 기원하면서 조상들의 산소에 성묘를 했던 명절은 한식입니다.

10 창포물에는 나쁜 병균을 물리치는 효과가 있기 때문에 단오날에는 나쁜 기운을 쫓는다는 의미로 창포물에 머리를 감았습니다.

11 강강술래는 추석날 보름달 아래에서 여러 사람이 함께 손을 잡고 원을 그리며 빙빙 돌면서 춤을 추고 노래를 부르는 놀이입니다.

12 음력 9월 9일, 중양절에는 단풍이 들고 국화꽃이 핀 높은 산에 올라가 건강을 기원하며 국화로 술과 떡을 만들어 먹었습니다.

13 일 년 중에 밤이 가장 긴 날인 동지에 우리 조상들은 나쁜 기운을 쫓는 의미로 팥죽을 만들어 먹었습니다.

14 야광귀는 설날 밤에 아이들 신발을 훔쳐 달아난다는 귀신으로, 야광귀에게 신발을 빼앗기면 일 년 내내 운이 나쁘다고 믿었습니다.

15 옛날 설에는 윷놀이로 한 해의 운세를 점치기도 했지만, 오늘날 설에는 재미로 윷놀이를 합니다.

16 봄의 한식에는 농사가 잘될 수 있도록 조상들의 산소에 성묘를 하는 세시 풍속이 있었습니다.

17 오늘날에는 교통과 통신, 과학의 발달로 직업이 다양해지고 옛날보다 농사를 짓는 사람들이 줄었기 때문에 농사를 중심으로 행해졌던 세시 풍속의 모습이 많이 바뀌었습니다.

더 알아볼까요!

세시 풍속의 변화
• 오늘날에는 교통과 통신, 과학의 발달로 직업이 다양해지면서 세시 풍속의 모습이 많이 바뀌었습니다.
• 농사와 관련된 세시 풍속은 사라진 것이 많습니다.
• 대부분 설날이나 추석 같은 큰 명절을 중심으로 한 세시 풍속만 이어져 내려오고 있습니다.

18 건강하게 여름을 보내라는 의미에서 서로 주고받았던 단오 부채를 만드는 과정을 나타낸 것입니다.

19 다양한 방법으로 원하는 그림을 그려 부채를 완성한 후 친구들과 만든 부채를 주고받습니다.

20 옛날에는 마을 사람들이 함께 윷놀이를 하면서 마을의 평안과 풍년을 기원했습니다.

2회 실력을 쌓아요

75~77쪽

1 차례　**2** ②　**3** ①　**4** ②　**5** ①　**6** ③, ⑤
7 ⑩ 한 해 농사가 잘되기를 조상들에게 기원하기 위해서이다.　**8** ①　**9** ③　**10** ⑩ 수확한 곡식과 과일로 조상들에게 감사의 의미를 담아 차례를 지낸다. 보름달을 보며 소원을 빈다.　**11** ①, ②
12 ③　**13** 야광귀　**14** ④　**15** ④　**16** (가) 봄
(나) 가을 (다) 여름 (라) 겨울　**17** ⑩ 옛날 우리 조상들은 농사를 짓고 살았고, 날씨와 계절의 변화는 농사를 짓는 데 많은 영향을 주었기 때문이다.
18 (1) ○ (3) ○ (4) ○　**19** ②　**20** ③, ④

풀이 ▶

1 설날이나 추석에는 가족 모두가 정성스럽게 음식을 준비해서 차례를 지냅니다.

2 우리나라의 명절에는 설날과 추석, 정월 대보름, 한식, 단오, 동지 등이 있습니다. '춘절'은 중국의 설날입니다.

3 음력 9월 9일은 중양절이고, 추석은 음력 8월 15일입니다.

4 설날에는 차례 지내기, 세배하기, 설빔 입기, 덕담하기, 복조리 걸기, 야광귀 쫓기, 윷놀이, 널뛰기, 머리카락 태우기 등 다양한 세시 풍속이 있습니다.

5 정월 대보름의 이른 아침에는 딱딱한 견과류를

씹어 먹는 부럼 깨물기를 하면서 한 해의 건강을 빌었습니다.

6 정월 대보름에는 쥐불놀이와 달집태우기를 하면서 나쁜 기운을 쫓아내고, 새해 소원을 빌었습니다.

7 사람들은 씨를 뿌리는 시기인 한식이 되면 한 해 농사가 잘되기를 기원하며 조상들의 산소에 성묘를 했습니다.

8 찬 음식을 먹는 것은 불을 사용하지 않는 풍속이 있는 한식 때 하는 일입니다.

9 옛날부터 사람들은 삼복에 닭백숙이나 육개장처럼 영양이 풍부한 음식을 먹으면서 더위를 이겨 냈습니다.

10 이밖에도 추석에는 성묘를 하고, 풍요와 건강을 기원하며 송편과 토란국을 만들어 먹었으며, 줄다리기와 강강술래 같은 놀이를 하기도 했습니다.

11 사람들은 음력 9월 9일 중양절이 되면 단풍이 들고 향기로운 국화꽃이 핀 높은 산에 올라갔습니다.

12 동지는 일 년 중에 밤이 가장 긴 날로, 한 해를 마무리하고 새해를 맞이하는 명절입니다.

13 야광귀는 설날 밤에 아이들 신발을 훔쳐 달아난다는 귀신으로, 야광귀에게 신발을 빼앗기면 1년 내내 운이 나쁘다고 믿었습니다.

14 옛날 설날에는 복조리를 걸어 놓고 복이 많이 들어오기를 비는 세시 풍속이 있었습니다.

15 옛날과 오늘날 모두 설날에는 차례를 지내고, 복을 기원하며, 세배를 합니다. 그러나 오늘날 설날에는 재미로 윷놀이를 하지만 옛날 설날에는 윷놀이로 한 해 운세를 점치기도 했습니다.

16 (가)는 봄, (나)는 가을, (다)는 여름, (라)는 겨울의 세시 풍속을 나타낸 것입니다.

17 옛날 우리 조상들은 주로 농사를 짓고 살았으며, 날씨와 계절의 변화는 농사를 짓는 데 많은 영향을 주었기 때문에 세시 풍속도 계절에 따라 다양했습니다.

18 오늘날에는 계절과 날씨에 상관없이 다양한 세시 풍속을 언제든지 체험해 볼 수 있습니다.

19 단오 부채는 흰 바탕의 부채에 다양한 방법으로 원하는 그림을 그려 예쁘게 꾸민 후, 나무젓가락을 부채에 붙여 손잡이를 만들어 완성합니다.

20 윷놀이를 할 때 상대편의 윷말을 잡거나 윷이나 모가 나오면 한 번 더 던질 수 있습니다.

78~79쪽

1 (1) 세시 풍속
(2) 예 송편을 만들어 먹는다. 조상들의 산소에 성묘를 한다.
2 (1) (가) 정월 대보름 (나) 한식
(2) ① 예 나쁜 기운을 쫓아내고 새해 소원을 빈다.
② 예 조상들께 한 해 농사가 잘되기를 기원한다.
3 (1) 봄-ⓒ, 여름-ⓔ, 가을-ⓛ ⓜ, 겨울-ⓖ ⓗ
(2)

명절:	예 추석
① 먹는 음식: 예 송편, 햇과일, 햇곡식	
② 하는 일: 예 차례 지내기, 성묘하기	
③ 하는 놀이: 예 강강술래, 달맞이	
④ 입는 옷: 예 한복, 깨끗한 옷	

(3) 예 옛날에 우리 조상들은 대부분 날씨와 계절의 영향을 많이 받는 농사를 지으며 살았기 때문이다.
4 ·공통점: 예 차례를 지내고, 어른들께 세배를 하며, 서로의 복을 기원한다. / ·차이점: 예 오늘날에는 재미로 윷놀이를 하지만 옛날에는 윷놀이로 한 해의 운세를 점치기도 했다.

풀이

1 (1) 설날, 추석과 같이 해마다 같은 시기에 되풀이하여 행해 온 하는 일과 놀이, 음식 등 고유한 풍속을 세시 풍속이라고 합니다.
(2) 이밖에도 추석에는 할아버지, 할머니 댁에 가고, 멀리 떨어져 있던 가족과 친척들을 만나며, 계절에 많이 나는 재료로 음식을 만들어 함께 먹습니다.

상	세시 풍속의 뜻과 추석에 행하는 세시 풍속에 대해 잘 알고 있습니다.
중	세시 풍속의 뜻은 알지만 추석에 행하는 세시 풍속에 대해서는 알지 못합니다.
하	세시 풍속의 뜻과 추석에 행하는 세시 풍속에 대해 알지 못합니다.

2 (1) (가)는 정월 대보름에 쥐불놀이와 달집태우기를 하는 모습이고, (나)는 한식에 조상들의 산소에 성묘를 하는 모습입니다.
(2) 정월 대보름에는 쥐불놀이와 달집태우기를 하면서 나쁜 기운을 쫓아내고 새해 소원을 빌었고,

한식에는 한 해 농사가 잘되기를 기원하면서 조상들의 산소에 성묘를 했습니다.

상	정월 대보름과 한식에 행하는 세시 풍속과 세시 풍속에 담긴 의미를 잘 알고 있습니다.
중	정월 대보름과 한식에 행하는 세시 풍속과 세시 풍속에 담긴 의미 중 일부만 알고 있습니다.
하	정월 대보름과 한식에 행하는 세시 풍속과 세시 풍속에 담긴 의미를 알지 못합니다.

3 (1) 일 년 중에서 동지와 정월 대보름은 겨울, 단오는 봄, 삼복은 여름, 추석과 중양절은 가을에 속한 명절입니다.
(2) 명절 중 하나를 정해 모습을 상상해 보고 먹는 음식, 하는 일, 하는 놀이, 입는 옷으로 나누어 정리합니다.
(3) 오늘날에는 직업이 다양해지면서 주로 건물 안에서 일하는 사람들이 많기 때문에 날씨와 계절의 영향을 적게 받지만, 옛날 사람들은 농사를 지었기 때문에 날씨와 계절의 영향을 많이 받았습니다.

상	명절에 따른 세시 풍속의 모습과 계절에 따라 다양한 세시 풍속을 행했던 까닭을 잘 알고 있습니다.
중	명절에 따른 세시 풍속의 모습과 계절에 따라 다양한 세시 풍속을 행했던 까닭 중 일부만 알고 있습니다.
하	명절에 따른 세시 풍속의 모습과 계절에 따라 다양한 세시 풍속을 행했던 까닭을 알지 못합니다.

4 옛날이나 오늘날 모두 가족이 함께 모여 차례를 지내고 맛있는 음식을 먹으며, 어른들께 세배를 하는 점은 같습니다.

상	옛날과 오늘날의 설날 세시 풍속의 공통점과 차이점을 잘 알고 있습니다.
중	옛날과 오늘날의 설날 세시 풍속의 공통점과 차이점 중 일부만 알고 있습니다.
하	옛날과 오늘날의 설날 세시 풍속의 공통점과 차이점을 알지 못합니다.

1 ① 2 빗살무늬 토기 3 ① 4 ⑤ 5 예 철로 만든 농사 도구를 사용하면서 농업이 크게 발달했다. 철로 만든 튼튼한 무기로 전쟁에서 쉽게 이길 수 있었다. 6 ① 7 ㉡ 8 (나) → (다) → (라) → (가) 9 (라) 10 ① 11 ① 12 (가) 귀틀집 (나) 초가집 13 예 마루가 생겼다. 방이 땅에서 떨어지게 되었다. 14 ① 15 명절 16 ④ 17 ③ 18 예 차례를 지낸다. 어른들께 세배를 한다. 떡국과 맛있는 음식을 나누어 먹는다. 19 ③ 20 ①

풀이

1 돌을 갈아서 만든 더 발달된 도구를 사용하기 시작하면서 사람들은 먹을거리가 풍부한 강가나 해안가에 모여 살기 시작했습니다.

2 제시된 도구는 음식을 담는 데 사용했던, 흙으로 만든 그릇인 '빗살무늬 토기'입니다.

3 유적지에서는 실제 유물의 생생한 모습을 보고, 오래전에 살았던 사람들의 생활 유적을 자세히 관찰할 수 있지만, 옛날에 살았던 사람들을 직접 만날 수는 없습니다.

4 청동은 귀하고 다루기 어려워서 무기나 장신구, 제사를 지내는 도구를 만드는 데 주로 쓰였고, 일상생활에서나 농사를 지을 때는 여전히 돌과 나무로 만든 도구를 사용했습니다.

5 청동보다 훨씬 단단한 철을 이용해서 더 단단하고 날카로운 도구를 만들기 시작했습니다.

6 돌괭이와 철로 만든 괭이는 모두 땅을 갈 때 사용했던 농사 도구입니다.

7 농사짓는 도구는 돌에서 철, 철에서 소를 이용하는 도구로 바뀌었다가 오늘날에는 농기계를 사용하여 농사를 짓고 있습니다. 청동은 귀하고 다루기 어려워서 농사 도구로는 거의 쓰이지 않았습니다.

8 음식을 만드는 도구는 '토기 → 시루 → 가마솥 → 전기밥솥'의 순서로 발달해 왔습니다.

9 가마솥은 철로 만든 무거운 솥뚜껑을 덮어 쌀이 골고루 익을 수 있습니다.

10 베틀을 사용하면서 실을 만들 수 있는 식물을 재배해 옷감을 원하는 만큼 만들 수 있었습니다.

11 제시된 사진은 움집입니다. 사람들은 농사를 짓기 시작하면서 한 곳에 모여서 움집을 짓고 살았습니다.

12 (가)는 통나무를 쌓아 만든 귀틀집, (나)는 짚으로 지붕을 얹은 초가집입니다.

13 초가집은 나무와 한지로 문을 만들었습니다.

14 기와집의 안채에서는 주로 여자들이 생활했고, 사랑채에서는 남자들이 머물며 글공부를 하거나 찾아온 손님을 맞이했습니다.

15 명절은 해마다 일정하게 지키어 즐기거나 기념하는 때를 말합니다.

16 단풍이 들고 국화꽃이 피는 중양절에는 서로의 건강을 기원하며 국화꽃으로 술과 떡을 만들어 먹었습니다.

17 일 년 동안 설날, 정월 대보름, 단오, 추석, 동지의 순서로 명절을 맞이했습니다.

18 이밖에도 나쁜 기운을 몰아내고 복을 기원하는 풍속이 있으며 윷놀이를 하는 점은 달라지지 않았습니다.

19 옛날보다 농사를 짓는 사람들이 줄었기 때문에 농사와 관련된 세시 풍속의 모습이 많이 바뀌었습니다.

20 윷놀이는 옛날부터 설날과 정월 대보름 사이에 가정이나 마을에서 여럿이 함께 즐겼던 놀이입니다.

1 ① 2 ⑤ 3 ㉡ → ㉣ → ㉢ → ㉠ 4 청동 5 ③ 6 예 단단하고 날카로운 농사 도구를 만들어 더 많은 농작물을 거둘 수 있었다. 더 튼튼하고 좋은 무기로 전쟁에서 이길 수 있었다. 7 반달돌칼 8 ④ 9 ⑤ 10 동굴, 바위 그늘 11 ③ 12 ③ 13 예 아궁이에서 나오는 열이 통로에 오랫동안 머물 수 있도록 만들어져 열에너지를 절약할 수 있다. 14 ④ 15 ① 16 예 영양이 풍부한 음식을 먹으면서 더위를 이겨 내기 위해서이다. 17 ③ 18 겨울 19 세시 풍속 20 ⑤

1 농사를 짓기 시작한 것은 돌을 갈아서 만든 도구를 사용했던 시대의 일이고, 나머지는 돌을 깨뜨려서 만든 도구를 만들어 사용했던 시대의 생활 모습입니다.

2 강이나 바다에서 물고기를 잡을 때 사용한 동물의 뼈로 만든 낚시 도구입니다.

3 사람들은 돌을 이용하여 도구를 만들어 사용하다가 청동, 철 등의 금속을 이용해 도구를 만들었습니다.

4 우리 조상들은 점차 청동과 같은 금속을 도구로 사용하기 시작했지만, 청동은 귀하고 다루기 어려워서 무기나 장신구, 제사를 지내는 도구를 만드는 데 주로 쓰였습니다.

5 돌 대신 금속으로 더 단단하고 날카로운 도구를 만들어 사용하면서 사람들은 사냥 대신 동물을 키우거나 농사를 지어 먹을거리를 얻게 되었습니다.

6 철로 만든 농사 도구를 사용하면서 농업은 크게 발달했고, 철로 만든 무기를 가진 사람들은 전쟁에서 쉽게 이길 수 있었습니다.

7 곡식을 수확하는 도구는 '반달 돌칼 → 철로 만든 낫 → 탈곡기 → 수확기(콤바인)'의 순서로 발달했습니다.

8 오늘날에는 주로 전기를 연결해서 사용하는 전기밥솥에 밥을 합니다.

9 사람들은 베틀과 재봉틀, 방직기 등의 도구를 이용해서 옷을 쉽고 빠르게 만들 수 있게 되었습니다.

10 자연에서 얻은 도구를 그대로 사용하던 시대의 사람들은 먹을거리를 구하려고 옮겨 다녔기 때문에 집을 짓지 않고 동굴이나 바위 그늘에서 살았습니다.

11 옛날에 주로 농사를 짓던 사람들은 나무와 흙으로 만든 초가집에서 살았습니다.

12 흙을 구워 만든 기와로 지붕을 덮은 기와집은 튼튼하고 불에 탈 걱정이 없으며, 썩지 않아 초가집과 달리 지붕을 바꾸지 않고 오래 살 수 있었습니다.

13 이밖에도 온돌은 서양의 벽난로와 달리 연기가 굴뚝으로 빠져나가기 때문에 방 안의 공기가 깨끗하게 유지되는 장점이 있습니다.

14 사람들이 집에서 맛있는 음식을 만들거나 편안하게 휴식을 취하고, 집에 생활에 필요한 다양한 물

건을 보관하는 점은 같습니다.

15 명절에는 한복이나 깨끗한 새 옷을 입고, 다양한 계절 음식을 만들어 차례를 지내며, 멀리 떨어져 살고 있는 가족과 친척들을 만납니다.

16 우리 조상들은 여름철 가장 더운 삼복에 닭백숙이나 육개장처럼 영양이 풍부한 음식을 먹으며 더위에 지친 체력을 보충했습니다.

17 설날에는 복조리를 걸어 놓고 복이 많이 들어오기를 빌었던 세시 풍속이 있었습니다.

18 새해 복을 받기를 기원하면서 차례를 지내고, 정월 대보름에 큰 보름달을 보며 풍년을 비는 농사와 관련된 세시 풍속은 겨울에 볼 수 있었습니다.

19 오늘날에는 설날이나 추석과 같은 큰 명절 중심으로 한 세시 풍속만 이어져 내려오고 있습니다.

20 옛날에는 무더운 여름의 시작을 알리는 단오에 건강하게 여름을 보내라는 의미에서 '단오선'이라는 부채를 주고받았습니다.

3회 단원 평가 실전

86~88쪽

1 ③   2 ④   3 예) 추위를 피하거나 동물들의 공격을 막기 위해서이다.   4 ②, ④   5 ③   6 철   7 ③   8 예) 따뜻한 국물이 있는 음식을 먹을 수 있게 되었다.   9 움집   10 ⑤   11 ③   12 ①   13 ㉠   14 ②   15 ②, ⑤   16 ③   17 동지   18 (1) 가을 (2) 예) 추석에는 추수한 곡식과 과일로 차례를 지내고 맛있는 음식을 나누어 먹었다.   19 ①, ④   20 ①

풀이 ▶

1 아주 오랜 옛날에 살았던 사람들은 자연에서 얻은 돌, 흙, 풀, 나무, 가죽 등을 이용해서 도구를 만들었습니다.

2 돌을 깨뜨려서 만든 도구를 사용했던 시대에 살았던 사람들은 사냥을 하거나 식물의 열매나 뿌리를 채집하여 먹을거리를 얻었습니다.

3 자연에서 얻은 만든 도구를 사용했던 시대에 살았던 사람들은 추위를 피하거나 동물들의 공격을 막으려고 동굴이나 바위 그늘에서 살았습니다.

4 옛날 사람들이 돌로 만들었던 도구는 박물관이나 유적지에 가면 살펴볼 수 있습니다.

5 청동 방울이나 거친무늬 청동 거울, 비파형 동검은 제사를 지내는 도구로 쓰였습니다.

6 철은 청동보다 훨씬 단단했기 때문에 일상생활 도구와 무기로 널리 사용되었습니다.

7 농사일에 기계를 사용하면서 농부 한 사람이 농사지을 수 있는 땅이 넓어지고, 수확하는 곡식의 양과 종류가 늘어나게 되었습니다.

8 불에 직접 음식을 구워 먹던 사람들이 토기를 사용하면서 음식을 태우지 않고 국물이 있는 음식을 먹을 수 있게 되었습니다.

9 사람들은 농사를 짓기 시작하면서 움집을 짓고 한 곳에 모여 정착 생활을 하게 되었습니다.

10 귀틀집은 땅을 파지 않고 통나무를 네모 모양으로 쌓아 움집보다 크고 튼튼하게 지은 집입니다.

11 초가집은 볏짚이 썩기 쉬워 해마다 지붕을 바꿔야 하는 불편함이 있었습니다.

12 아파트는 좁은 땅에 많은 사람이 모여 살 수 있도록 하기 위해서 여러 층으로 높게 짓는 집의 형태로, 마당이 없습니다.

13 움집 가운데에 불을 피우고 음식을 만들어 먹었습니다.

14 초가집의 넓은 마당에서는 동물을 기르거나 농사와 관련된 여러 가지 일을 했습니다.

15 세시 풍속에는 힘든 일을 잠시 접어 두고, 몸과 마음의 휴식을 취한다는 의미가 담겨 있으며 주로 농사일, 계절의 변화와 깊은 관계가 있습니다.

16 사람들은 씨를 뿌리는 시기인 한식이 되면 한 해 농사가 잘 되기를 기원하며 조상들의 산소에 성묘를 하였습니다.

17 한 해를 마무리하고 새해를 맞이하는 명절인 동지에 우리 조상들은 나쁜 기운을 쫓는 의미로 팥죽을 만들어 먹었습니다.

18 가을의 추석에는 추수한 곡식과 과일로 차례를 지내고, 맛있는 음식을 나누어 먹는 세시 풍속이 있었습니다.

19 오늘날에는 설날이나 추석과 같은 큰 명절을 중심으로 한 세시 풍속만 지켜지고 있습니다.

20 윷놀이는 장소에 크게 영향을 받지 않고 남녀노소 누구나 즐길 수 있는 놀이입니다.

3 가족의 형태와 역할 변화

1 가족의 구성과 역할 변화

개념을 확인해요 91~93쪽

1 결혼식   2 나무 기러기   3 폐백   4 웨딩드레스   5 야외   6 신혼여행   7 축복   8 확대 가족   9 핵가족   10 확대 가족   11 핵가족   12 아버지   13 집안일   14 맞벌이   15 역할   16 여성   17 평등   18 생각   19 대화   20 가족회의

개념을 다져요 94~95쪽

1 오늘날   2 ③, ⑤   3 (1) 핵가족 (2) 확대 가족   4 핵가족   5 (1) 옛 (2) 옛 (3) 오   6 ①   7 ②, ④   8 ⑩ 내가 할 수 있는 집안일을 찾아 스스로 한다. 형제자매 간에 사이좋게 지낸다.

풀이

1 오늘날에는 주로 결혼식장에서 턱시도와 웨딩드레스를 입고 결혼식을 올립니다.

더 알아볼까요!

오늘날의 결혼식
• 신랑은 턱시도를 입고, 신부는 웨딩드레스를 입습니다.
• 결혼은 주로 결혼식장에서 합니다.
• 주례는 결혼식에서 신랑, 신부에게 도움이 되는 이야기를 하고 결혼 선서 등을 진행합니다.
• 결혼식을 마친 후 폐백실에서 신랑, 신부 양쪽 집안 어른들께 폐백을 드립니다.

2 ①, ②는 오늘날의 결혼식, ④는 옛날의 결혼식 모습입니다.

3 (1)은 결혼하지 않은 자녀와 부모가 함께 사는 핵가족이고, (2)는 결혼한 자녀와 부모가 함께 사는 확대 가족입니다.

4 오늘날에는 결혼을 한 후에 직장이나 자녀 교육 등 여러 가지 이유로 부모님과 따로 떨어져 사는 경우가 많습니다.

5 오늘날에는 옛날보다 가정에서 남성과 여성의 역할 구분이 없어졌습니다.

6 남녀를 차별하지 않고 동등하게 대우하며 똑같은 참여 기회를 주는 남녀 평등 의식이 높아졌습니다.

7 가족 간에 갈등이 발생했을 때는 대화를 나누면서 서로의 생각을 이해하고 배려하며 협력합니다.

8 행복한 가정을 만들기 위해서는 가족 구성원으로서 자신의 역할을 바로 알고 실천해야 합니다.

1회 실력을 쌓아요
96~98쪽

1 ④　　2 ⓛ → ⓒ → ⓔ → ⓜ → ⓙ　　3 야외
4 ㉠ 턱시도 ㉡ 드레스(웨딩드레스)　5 예 한복을 입고 신랑, 신부 양쪽 집안 어른들께 폐백을 드린다.　6 ④, ⑤　7 대추, 밤　8 (가) 확대 가족 (나) 핵가족　9 (1) 예 결혼한 자녀와 부모가 함께 산다. 가족의 수가 많은 편이다. (2) 예 결혼하지 않은 자녀와 부모가 함께 산다. 가족의 수가 상대적으로 적은 편이다.　10 (가)　11 핵가족　12 ②
13 ②　14 어머니　15 ④　16 ⑤　17 ①, ⑤
18 ②　19 ④　20 예 모든 가족이 각자 역할을 나눠 집안일을 한다.

풀이

1 오늘날에는 결혼식을 주로 결혼식장에서 하지만 옛날에는 신부의 집에서 했습니다.

2 옛날에는 결혼식을 신부의 집에서 치렀으며, 결혼식은 '혼례 치르기 → 신랑의 집으로 이동하기 → 폐백 드리기' 순서로 진행되었습니다.

3 오늘날에는 야외 결혼식 외에도 이색 결혼식, 전통 혼례 등 결혼식의 모습이 다양해지고 있습니다.

더 알아볼까요!

오늘날의 다양한 결혼식 모습
- 결혼식장에서 가족, 친척, 친구들이 모여 결혼식을 합니다.
- 실내뿐만 아니라 공원, 정원 등 야외에서 결혼식을 합니다.
- 바닷속에서 스쿠버 다이빙 복장으로 결혼식을 하는 등 색다른 결혼식을 합니다.
- 우리 조상들처럼 전통 혼례복을 입고 전통 혼례 방식으로 결혼식을 합니다.

---

4 오늘날에는 결혼식 때 남자는 턱시도, 여자는 웨딩드레스를 입습니다.

5 폐백은 결혼식을 마치고 신부가 신랑의 집안 어른들께 첫인사를 올리는 것으로, 오늘날에는 신랑도 함께 절을 올립니다.

6 ①, ②, ③은 옛날과 많이 달라졌습니다.

7 폐백에서 대추나 밤을 던져 주는 것은 '자식을 많이 낳고 부자가 되라'는 의미가 담겨 있는데, 대추와 밤을 많이 받을수록 자식을 많이 낳고 부자가 된다고 믿었습니다.

8 (가)와 같이 결혼한 자녀와 부모가 함께 사는 가족은 확대 가족, (나)와 같이 결혼하지 않은 자녀와 부모가 함께 사는 가족을 핵가족이라고 합니다.

9 (가) 가족은 할아버지, 할머니, 어머니, 아버지, 삼촌, 아들, 딸 등으로 이루어졌고, (나) 가족은 어머니, 아버지, 아들, 딸로만 이루어졌습니다.

10 농사를 주로 짓던 옛날에는 확대 가족이 대부분이었지만, 오늘날에는 핵가족이 더 많습니다.

11 준수네 가족은 결혼하지 않은 자녀와 부모가 함께 살고 있으므로 핵가족에 해당합니다.

12 주로 농사를 짓던 옛날에는 일손이 많이 필요했기 때문에 확대 가족이 많았습니다.

13 옛날 가정에서 아버지는 주로 농사일이나 바깥일을 했습니다.

14 옛날에는 어머니가 주로 집안일을 했습니다.

15 오늘날에는 예전보다 남성과 여성의 역할 구분이 없어졌습니다.

16 오늘날에는 집안의 중요한 일을 부부가 의논해 결정하거나 부모와 자녀가 함께 결정하는 경우가 많아졌습니다.

17 예전보다 여성의 사회 진출이 활발해지고 가족 구성원의 수가 줄어들면서 집안일에서 가족 구성원의 역할도 변화했습니다.

18 각 구성원의 생각과 입장이 달라 갈등을 겪고 있습니다.

19 가족 간의 갈등을 해결하기 위해서는 대화를 통해 생각을 나누고 가족 모두가 서로 존중하고 배려하는 마음을 가져야 합니다.

20 가족회의를 통해 가족이 가지고 있는 문제를 알고 해결 방법을 찾을 수 있습니다.

2회 실력을 쌓아요

99~101쪽

1 ① 2 폐백 3 (1) 예 신랑 집에서 신랑의 집안 어른들께 폐백을 드렸다. (2) 예 결혼식장에 있는 폐백실에서 신랑과 신부 양쪽 집안 어른들께 폐백을 드린다. 4 전통 혼례 5 결혼식장 6 (1) 나무 기러기 (2) 예 기러기는 죽을 때까지 사랑을 지키는 새로 알려져 있기 때문에 신랑은 신부에게 오래도록 행복하게 함께 살자는 의미로 기러기를 주었다. 7 ④ 8 핵가족 9 (1) 핵 (2) 확 (3) 핵 10 ③ 11 (1) 확대 가족 (2) 예 옛날에는 주로 농사를 지어 일손이 많이 필요했기 때문이다. 12 핵가족 13 ④ 14 ② 15 ④, ⑤ 16 ③ 17 평등 18 ④ 19 ②, ④ 20 ①

풀이

1 결혼식 후 신혼여행을 가는 것은 오늘날의 결혼식 모습입니다.

2 폐백 때 신부와 신랑이 집안 어른들께 큰절을 올리면 어른들은 절을 받은 후 자식을 많이 낳고 부자가 되기를 바라는 마음을 담아 신부의 치마에 대추와 밤을 던져 줍니다.

3 오늘날에는 남녀 평등의 확산으로 폐백을 생략하거나 신랑, 신부의 부모님 모두에게 폐백을 드리는 경우가 많으며 신랑도 함께 절을 올립니다.

4 오늘날에는 전통 혼례복을 입고 전통 혼례 방식으로 결혼식을 하기도 합니다.

5 오늘날에는 결혼식을 주로 결혼식장에서 합니다.

6 신부와 오래도록 행복하게 살기를 바라는 뜻으로 신랑이 신부에게 나무 기러기를 주었습니다.

7 두 사람이 부부가 되어 새로운 가정을 이루는 중요한 의식이라는 결혼식의 의미는 옛날이나 지금이나 같습니다.

8 결혼하지 않은 자녀와 부모가 함께 사는 가족을 핵가족이라고 합니다.

더 알아볼까요!

확대 가족과 핵가족의 차이점

• 확대 가족은 결혼한 자녀가 부모와 함께 살지만 핵가족은 부모와 결혼하지 않은 자녀가 함께 삽니다.

• 확대 가족은 가족의 수가 많은 편이지만 핵가족은 가족의 수가 상대적으로 적습니다.

9 3세대 이상이 함께 살면 확대 가족이고, 부모와 자녀로만 구성된 가족은 핵가족입니다.

10 옛날에는 확대 가족이 많았고, 오늘날에는 핵가족이 많습니다. ④는 확대 가족, ⑤는 핵가족에 대한 설명입니다.

11 옛날에는 주로 농사를 지어 일손이 많이 필요했기 때문에 확대 가족이 대부분이었습니다.

12 오늘날에는 결혼을 한 후에 직장이나 자녀 교육 등 여러 가지 이유로 부모님과 떨어져 사는 핵가족이 더 많습니다.

더 알아볼까요!

오늘날에 핵가족이 많은 까닭

• 산업이 발달하면서 도시가 만들어지고 다양한 일자리가 생겼기 때문입니다.

• 새로운 일자리를 찾아 도시로 오면서 가족 규모가 작아졌습니다.

• 자녀가 학교에 들어가면서 편의 시설이 많은 도시로 이사를 가기 때문입니다.

• 개인 생활을 위해 독립하는 경우가 늘었기 때문입니다.

13 옛날에는 아버지가 주로 농사일이나 장사 등 바깥일을 했습니다.

14 옛날에는 남성과 여성의 역할 구분이 엄격해 남성은 주로 바깥일을 하거나 집안의 중요한 일을 결정했고, 여성은 집안일을 했습니다.

15 오늘날에는 남녀가 평등하다는 의식이 높아지면서 가정에서도 예전보다 남성과 여성의 역할 구분이 없어졌습니다.

16 오늘날에는 여성의 교육 기회가 확대되면서 여성의 사회 진출이 활발해졌습니다.

17 오늘날에는 남녀 평등 의식이 높아지면서 남자도 집안일을 함께 합니다.

18 ④는 가족 간 갈등을 예방할 수 있는 방법입니다.

19 가족 간의 갈등은 누구나 겪을 수 있으며, 갈등을 극복하기 위해서는 서로 존중하고 배려해야 합니다.

더 알아볼까요!

행복한 가족으로 지내기 위해 필요한 노력

• 가족 구성원으로서의 자신의 역할을 바로 알고 실천해야 합니다.

• 대화를 나누면서 서로의 생각을 이해하는 것이 필요합니다.

• 가족 모두가 서로 존중하고 배려하는 마음을 가져야 합니다.

20 동생을 잘 도와주고 사이좋게 지내야 합니다.

1 탐구 서술형 평가

1 (1) **예** 기러기는 죽을 때까지 사랑을 지키는 새로 알려져 있기 때문에 신랑은 신부에게 오래도록 행복하게 함께 살자는 의미로 기러기를 주었다.

(2) **예** 신부 집에서 며칠을 지낸 후에 신랑은 말, 신부는 가마를 타고 신랑의 집으로 간다.

2 (1) **예** 결혼한 자녀와 부모가 함께 사는 가족을 확대 가족이라고 하고, 결혼하지 않은 자녀와 부모가 함께 사는 가족을 핵가족이라고 한다.

(2) **예** 핵가족, 오늘날에는 취업이나 자녀 교육을 위해 다른 지역으로 이사를 가거나 개인 생활을 위해 독립하는 경우가 늘어났기 때문이다.

3 (1) ①(나), ②(다), ③(가)

(2) **예** 오늘날에는 남녀의 역할 구분이 없어지고, 집안일을 가족 구성원이 함께 나누어 한다.

4 **예** 일정 시간을 정해 가족들과 대화를 나누거나 가족회의를 한다. 인터넷이나 스마트폰 사용을 줄이고 가족들과 대화를 자주 한다.

풀이

1 (1) 기러기는 한번 짝을 맺으면 죽을 때까지 사랑을 지킨다고 알려져 있습니다.

(2) 옛날에는 혼례를 치르고 신부 집에서 며칠을 머문 후 신랑의 집으로 갔지만 오늘날에는 결혼식을 마친 후에 신혼여행을 갑니다.

상	옛날의 결혼식 모습과 그 속에 담긴 의미에 대해 잘 알고 있습니다.
중	옛날의 결혼식 모습은 알고 있지만 그 속에 담긴 의미에 대해서는 알지 못합니다.
하	옛날의 결혼식 모습과 그 속에 담긴 의미에 대해 알지 못합니다.

2 (1) 확대 가족은 3세대 이상이 함께 사는 가족을 의미하며, 핵가족은 부부와 미혼의 자녀로만 이루어진 가족을 말합니다.

(2) 요즈음에는 취업이나 교육 등의 이유로 핵가족이 증가하고 있습니다.

상	확대 가족과 핵가족의 의미와 오늘날에 많이 볼 수 있는 가족이 무엇인지 잘 알고 있습니다.
중	확대 가족과 핵가족의 의미와 오늘날에 많이 볼 수 있는 가족 중 일부만 알고 있습니다.
하	확대 가족과 핵가족의 의미와 오늘날에 많이 볼 수 있는 가족이 무엇인지 알지 못합니다.

3 (1) 오늘날에는 집안의 중요한 일을 가족 구성원이 함께 의논해 결정하는 경우가 많아졌습니다.

(2) 옛날에는 집안일을 주로 여성이 하고 바깥일은 주로 남성이 하는 등 가족 구성원의 역할이 구분되어 있었습니다.

상	오늘날 가족 구성원의 역할 변화 모습을 알고 옛날과 비교해 어떻게 달라졌는지 잘 알고 있습니다.
중	오늘날 가족 구성원의 역할 변화 모습은 알지만 옛날과 비교해 어떻게 달라졌는지는 알지 못합니다.
하	오늘날 가족 구성원의 역할 변화 모습을 알지 못하고 옛날과 비교해 어떻게 달라졌는지도 알지 못합니다.

4 가족회의를 열어서 가족이 가지고 있는 문제를 알고 구체적인 해결 방법을 찾아 실천하면 행복한 가정을 만들 수 있습니다.

상	가족 문제를 해결하기 위한 방법을 알맞게 썼습니다.
중	가족 문제를 해결하기 위한 방법을 썼지만 알맞지 않습니다.
하	가족 문제를 해결하기 위한 방법을 쓰지 못했습니다.

2 탐구 서술형 평가

1 (1) ① **예** 옛날에는 신부의 집에서 혼례를 올렸지만, 오늘날에는 주로 결혼식장에서 결혼식을 한다. ② **예** 옛날에 신랑과 신부는 화려한 예복(한복)을 입었지만, 오늘날에는 신랑은 턱시도, 신부는 웨딩드레스를 입는다.

(2) **예** 많은 사람에게 두 사람의 결혼을 알린다. 가족과 친척이 모여 신랑과 신부의 행복한 미래를 축복해 준다.

2 **예** 취업이나 자녀 교육을 위해 다른 지역으로 이사를 가는 경우가 늘어나면서

3 (1) ① 아버지 ② 어머니 ③ 나

(2) **예** 주말에 나들이를 가기로 한 약속을 부모님

께서 지키지 않았기 때문이다. 가족 구성원 간에 서로 생각과 입장이 다르기 때문이다.

(3) 예 가족끼리 대화를 하면서 서로 이해하고 배려하며 협력하는 자세가 필요하다.

풀이

1 (1) 결혼식을 하는 장소, 결혼식 때 입는 옷, 결혼식을 하는 방법은 옛날과 많이 달라졌습니다.

(2) 옛날과 오늘날의 결혼식 모습은 달라도 결혼식에 담긴 뜻과 여러 사람이 축하해 주는 점은 같습니다.

상	옛날과 오늘날의 결혼식 모습을 보고, 달라진 점과 변하지 않은 점에 대해 잘 알고 있습니다.
중	옛날과 오늘날의 결혼식 모습을 보고, 달라진 점과 변하지 않은 점 중에서 일부만 알고 있습니다.
하	옛날과 오늘날의 결혼식 모습을 보고, 달라진 점과 변하지 않은 점을 알지 못합니다.

2 취업이나 교육을 위해 다른 지역으로 이사를 가거나 개인 생활을 위해 독립하는 경우가 늘어나면서 가족의 형태도 많이 변했습니다.

상	오늘날에 핵가족이 많아지고 있는 까닭에 대해 잘 설명했습니다.
중	오늘날에 핵가족이 많아지고 있는 까닭에 대해 바르지 않게 설명했습니다.
하	오늘날에 핵가족이 많아지고 있는 까닭에 대해 설명하지 못했습니다.

3 (1) 이밖에도 누나는 가족과 나들이를 못 가서 서운해 하고 있습니다.

(2) 주말에 가족이 함께 나들이를 가기로 한 약속에 대해 가족 구성원 간에 생각과 입장이 달라 갈등이 발생하였습니다.

(3) 가족 간 갈등을 해결하기 위해서는 대화를 나누면서 서로의 생각을 이해하는 과정이 필요합니다.

상	가족 갈등이 생긴 까닭을 알고 그 갈등을 해결하기 위한 자세를 바르게 썼습니다.
중	가족 갈등이 생긴 까닭과 그 갈등을 해결하기 위한 자세 중 일부만 썼습니다.
하	가족 갈등이 생긴 까닭과 그 갈등을 해결하기 위한 자세를 쓰지 못했습니다.

2 다양한 가족이 살아가는 모습

개념을 확인해요
107쪽

1 가족 2 다문화 가족 3 조손 가족 4 입양
5 다양 6 역할극 7 존중 8 예절 9 가정
10 이산가족

개념을 다져요
108~109쪽

1 ④ 2 입양 가족 3 구성원 4 재혼 가족
5 역할극 대본 쓰기 6 ①, ③ 7 가족 8 예
서로 이해하고 도와 주는 가족, 서로의 부족함을
채워 주는 가족

풀이

1 제시된 그림은 어머니가 외국인인 다문화 가족의 모습입니다.

더 알아볼까요!

이웃의 다양한 가족
• 한 부모 가족: 엄마와 아빠 중에서 어느 한 분과 자녀가 사는 가족입니다.
• 다문화 가족: 국적과 문화가 다른 남녀가 만나 결혼을 하여 이룬 가족입니다.
• 조손 가족: 할머니, 할아버지가 손자, 손녀와 함께 사는 가족입니다.
• 재혼 가족: 사망이나 이혼 같은 이유로 부부가 헤어진 뒤 다른 사람과 결혼해 이룬 가족입니다.

2 입양된 자녀를 '가슴으로 낳은 아이'라고도 합니다.

3 가족 구성원의 특성에 따라 생활 방식이 다를 수 있습니다.

4 부부가 헤어진 뒤 다른 사람과 다시 결혼해 새로운 가족을 이루는 모습입니다.

5 가족의 생활 모습을 역할극으로 표현하기 위해 만든 대본입니다.

6 다양한 가족의 생활 모습을 인정하고 서로를 존중해야 합니다.

7 우리는 가족과 생활하며 사회생활에서 필요한 규칙과 예절을 배우고, 힘들 때 위로를 받기도 합니다.

8 가족끼리 서로 돕고 사랑하는 것이 무엇보다 중요합니다.

1회 실력을 쌓아요
110~112쪽

1 ②　2 (라)　3 (나)　4 ②　5 예 동물이라고 해서 함부로 대하거나 버리지 말고 책임감을 느껴야 한다.　6 ②, ④　7 ②　8 다문화 가족　9 ④　10 가족　11 ⑤　12 ③　13 ④　14 할머니, 할아버지, 손녀　15 예 직접 인물이 되어서 상황을 이해하기 좋다.　16 존중　17 ①, ③　18 ③　19 가정(가족)　20 이산가족

풀이

1 ②는 다문화 가족에 대한 설명으로 제시된 (가)의 입양 가족과는 관계가 없습니다.

2 제시된 (라) 가족은 아버지, 아들, 딸로 구성되어 있습니다.

3 제시된 글은 입양 가족에 대한 설명입니다.

4 오늘날에는 가족 형태가 매우 다양하며, 우리 가족과 다른 형태의 가족도 '가족'이라고 할 수 있습니다.

5 집에서 반려동물과 함께 생활할 때에는 애정과 책임감을 가져야 합니다.

더 알아볼까요!

새로운 가족 '반려동물'
· 개, 고양이, 물고기 등 다양한 반려동물과 함께 생활하는 사람들이 1,000만 명을 넘었습니다.
· 많은 사람이 반려동물을 가족 구성원으로 생각하고 있습니다.
· 동물이라고 해서 함부로 키우거나 버리지 말고 책임감을 느껴야 합니다.

6 가족마다 그 형태나 구성원이 다르므로 살아가는 모습도 다양합니다.

7 할머니가 중국에 계신다는 내용을 통해 중국인임을 알 수 있습니다.

8 중국인과 한국인이 결혼해 이루어진 다문화 가족입니다.

9 중국 사람은 우리나라 사람과 피부색과 생김새가 비슷합니다.

10 가족은 사회를 이루는 가장 작은 단위로, 우리 사회에는 다양한 형태의 가족이 여러 가지 모습으로 함께 살아가고 있습니다.

11 다양한 가족의 생활 모습은 그림, 역할극, 만화, 노래 등으로 표현할 수 있습니다.

12 어떤 내용을 표현할 것인지 그 내용이 나타나 있습니다.

13 다양한 가족의 생활 모습을 역할극으로 표현하기 위해 작성한 대본입니다.

14 제시된 대본에 나타난 가족 형태는 할머니, 할아버지가 손녀(주은)와 함께 사는 조손 가족에 해당합니다.

15 직접 할머니, 할아버지, 손녀가 되어서 연기를 하므로 상황을 이해하기 좋습니다.

16 서로의 다름을 인정하고 존중하는 태도가 필요합니다.

17 가족에게 관심을 가지고 서로의 부족함을 채워 주며 도와주어야 합니다.

18 가족은 가족 구성원들에게 편안한 쉼터가 되어 주고, 사회생활에서 필요한 규칙과 예절을 배울 수 있게 해 줍니다.

19 가족들이 함께 살아가는 가정은 그 가족 구성원들에게 중요한 보금자리입니다.

20 6·25 전쟁 이후 우리나라는 남과 북으로 갈라져 서로 오갈 수 없게 되었고, 이 때문에 많은 가족이 서로 헤어지게 되었습니다.

2회 실력을 쌓아요
113~115쪽

1 ⑤　2 (가) 다문화 가족 (나) 확대 가족　3 (1) 예 자녀가 어머니 나라와 아버지 나라의 말과 문화를 배울 수 있다. (2) 예 어려움이 생겼을 때 가족에게 많은 도움을 받을 수 있다.　4 ⑤　5 맞벌이 가족　6 ②　7 ⑤　8 ⑤　9 ④　10 베트남어　11 다문화 가족　12 ③　13 예 다양한 형태의 가족이 어우러져서 아름다운 사회를 만든다고 생각했기 때문이다.　14 ④　15 ③　16 (1) ○ (2) × (3) ×　17 ②　18 ①　19 ④　20 예 사랑하는 가족과 헤어져 오랫동안 만나지 못해 매우 슬프고 안타깝다.

1 우리 사회에는 부모님 중 한 분만 계시거나 두 분 모두 안 계시는 가족도 있고, 아버지나 어머니가 외국인인 가족도 있습니다.

2 서로 다른 국적이나 인종, 문화를 지닌 사람들로 구성된 가족을 다문화 가족이라고 합니다.

3 다문화 가족은 자녀가 어머니 나라와 아버지 나라의 서로 다른 문화와 말을 이해하고 배우면서 자랄 수 있다는 장점이 있습니다.

4 제시된 그림의 가족은 사망이나 이혼 같은 이유로 부부가 헤어진 뒤 다른 사람과 다시 결혼해 이룬 재혼 가족입니다.

5 오늘날에는 직장을 다니며 일하시는 어머니들이 많아졌습니다.

> **더 알아볼까요!**
>
> **맞벌이 가족**
> • 아버지, 어머니가 모두 직장에 다니는 가족입니다.
> • 부모님의 경우 회사에서 일하고 집에 돌아와 집안일까지 해야 해서 몸이 매우 힘이 듭니다.

6 맞벌이 가족은 자신의 일은 스스로 하고 공동의 집안일은 나누어서 해야 온 가족이 행복할 수 있습니다.

7 오늘날에는 많은 사람이 개, 고양이, 물고기 등과 같은 반려동물을 가족 구성원으로 생각하기도 합니다.

8 김□□ 씨 부부와 입양한 8명의 아이들은 혈연관계가 아니지만 친부모와 친자식의 관계를 맺었습니다.

9 김□□ 씨 부부는 모든 아이가 건강하게 자라도록 사랑으로 보살피고 있습니다.

10 두리 어머니께서는 베트남 사람이기 때문에 베트남어와 한국어를 함께 사용합니다.

11 세계화가 되어 외국인과 만날 기회가 많아지면서 다문화 가족이 늘어나고 있습니다.

12 무지개 아래에 다양한 가족들이 서로 손잡고 있는 모습을 그림으로 표현했습니다.

13 일곱 빛깔이 어우러져 무지개가 아름다운 것처럼 다양한 형태의 가족이 어우러질 때 아름다운 모습을 만들어 낼 수 있음을 표현하기 위해서입니다.

14 일본인 아버지와 한국인 어머니가 결혼하여 이룬 다문화 가족입니다.

15 아빠가 일본에서 살 때 계란말이를 먹었다는 사실을 통해 아버지가 태어나고 자란 곳이 일본임을 알 수 있습니다.

16 다양한 가족의 생활 모습을 살펴보면 우리 가족과 공통점도 있고 차이점도 있으므로 다양한 가족의 삶의 모습을 존중해야 합니다.

17 가족은 가족 구성원들에게 중요한 보금자리입니다.

18 가족은 자녀가 사회에 적응할 수 있도록 기본적인 규칙과 예절을 가르쳐 줍니다.

> **더 알아볼까요!**
>
> **가족이 있어서 좋은 점**
> • 가족은 우리가 실수했을 때에도 이해해 주고 자신감과 용기를 가질 수 있도록 항상 격려해 줍니다.
> • 우리는 가족과 생활하며 사회생활에 필요한 여러 가지 규칙과 예절을 배웁니다.
> • 가족의 형태는 달라도 가정은 그 가족 구성원들에게 중요한 보금자리입니다.

19 두 번째 문장과 어울리는 물건이 무엇인지 찾아봅니다.

20 6·25 전쟁으로 헤어진 많은 이산가족이 60여 년이 지나도록 서로 만나지 못하고 있습니다.

1회 탐구 서술형 평가
116~117쪽

1 (1) 입양 가족-(다) / 재혼 가족-(나) / 조손 가족-(가) / 한 부모 가족-(라)

(2) 예 우리 사회에는 다양한 형태의 가족이 있다. 우리 가족과 다른 형태의 가족도 있다.

2

> 우리 가족은 [예 우산] 와/과 같다.
> 왜냐하면 예 우산처럼 밖에서 어떤 일이 생겨도 막아 주기 때문이다.

3 (1) ① ㉣, ② ㉢, ③ ㉠, ④ ㉡

(2) 예 가족의 형태마다 생활하는 모습이 다르기 때문이다. 아침 식사를 하는 모습이 가족의 형태마다 다르기 때문이다.

(3) 예 각 가족의 특징을 재미있게 표현할 수 있다.

풀이

1 (1) 우리 주변에서 다양한 가족 형태를 살펴볼 수 있습니다.

(2) 우리 사회에는 우리 가족과 같거나 비슷한 형태의 가족도 있고, 다른 형태의 가족도 있습니다.

상	우리 주변의 다양한 가족 형태에 대해 잘 알고 있습니다.
중	우리 주변의 다양한 가족 형태 중 일부만 알고 있습니다.
하	우리 주변의 다양한 가족 형태에 대해 알지 못합니다.

2 가족이 내 자신에게 어떤 의미가 있는지를 생각해 봅니다.

상	내가 생각하는 가족과 그렇게 생각한 까닭을 잘 썼습니다.
중	내가 생각하는 가족은 썼지만 그렇게 생각한 까닭은 쓰지 못했습니다.
하	내가 생각하는 가족과 그렇게 생각한 까닭을 쓰지 못했습니다.

3 (1) ㉠은 한 부모 가족, ㉡은 다문화 가족, ㉢은 조손 가족, ㉣은 맞벌이 가족의 생활 모습입니다.

(2) 위 만화는 집집마다 다른 아침 식사의 모습을 재미있게 표현했습니다.

(3) 만화로 나타내면 상황을 재미있게 표현할 수 있다는 장점이 있습니다.

상	만화에 나타난 다양한 가족 형태와 만화 제목에 담긴 의미에 대해서 잘 알고 있습니다.
중	만화에 나타난 다양한 가족 형태와 만화 제목에 담긴 의미 중 일부만 알고 있습니다.
하	만화에 나타난 다양한 가족 형태와 만화 제목에 담긴 의미에 대해서 알지 못합니다.

1 ③　**2** ①　**3** ④, ⑤　**4** 확대 가족　**5** 예 할아버지네 가족은 결혼한 자녀와 부모가 함께 사는 확대 가족이고, 윤호네 가족은 결혼하지 않은 자녀와 부모가 함께 사는 핵가족이다.　**6** 핵가족
7 ②　**8** ①, ③　**9** 평등　**10** 아버지, 어머니
11 ⑤　**12** ②　**13** (라)　**14** 다문화 가족　**15** 가족　**16** ④　**17** (1) ○ (2) ○ (3) ×　**18** ①, ④
19 예 가족은 내가 실수했을 때에도 이해해 주고 자신감과 용기를 다시 가질 수 있도록 항상 격려해 준다.　**20** ③

풀이

1 옛날 결혼식 때 신랑은 신부 측에 나무 기러기를 건네주었으나 오늘날에는 신랑과 신부가 결혼반지를 주고받습니다.

2 오늘날 결혼식에서 폐백은 결혼식장에 마련된 폐백실에서 이루어지는데, 옛날에는 신랑 집에 가서 폐백을 드렸습니다.

3 결혼식을 하는 장소, 결혼식을 하는 방법, 결혼식을 할 때 입는 옷 등은 옛날과 달라졌으나, 그 속에 담긴 의미는 변함없습니다.

4 확대 가족은 결혼한 자녀와 부모가 함께 살지만 핵가족은 부모와 결혼하지 않은 자녀가 함께 삽니다.

5 할아버지네 가족은 가족 수가 많고 윤호네 가족은 가족 수가 적다는 차이점도 있습니다.

6 오늘날에는 결혼을 한 후에 직장이나 자녀 교육 등 여러 가지 이유로 부모님과 따로 떨어져 사는 경우가 많습니다.

7 옛날에는 남자아이들만 글공부를 했고, 여자아이들은 어머니를 도와 집안일을 하거나 바느질을 했습니다.

8 오늘날에는 개인의 의견을 존중하는 사회 분위기에 따라 집안에서의 중요한 일을 부부가 의논해 결정하거나 부모와 자녀가 함께 결정하는 일이 많아졌습니다.

9 집안일에서 남녀의 구분이 없어지고 역할 분담이 필요하게 되었습니다.

10 주말에 나들이를 가기로 한 약속에 대해 구성원들

의 생각과 입장이 다르다는 것을 알 수 있습니다.

11 어머니의 문제를 해결하려면 집안일을 가족 모두가 나누어 하고, 각자 자기 일을 스스로 해야 합니다.

12 가족 간 갈등을 해결하기 위해서는 대화를 나누면서 서로의 생각을 이해하고, 가족 모두가 서로 존중하고 배려하는 태도가 필요합니다.

13 (라)는 두 가족이 합쳐져 새롭게 한 가족이 된 모습입니다.

14 (다) 그림에서 어머니는 베트남 사람으로, 이처럼 외국인과 결혼해 이룬 가족을 다문화 가족이라고 합니다.

15 우리 사회는 다양한 형태의 가족들이 모여서 구성됩니다.

16 제시된 만화에는 입양 가족은 나타나 있지 않습니다.

17 가족 구성원의 특성에 따라 생활 방식, 대화의 방법과 내용 등이 다를 수 있습니다.

18 다양한 가족의 생활 모습을 인정하고 서로 존중하는 태도를 가져야 합니다.

19 가족은 우리에게 힘과 용기를 주고, 우리는 가족과 생활하면서 사회생활에 필요한 규칙과 예절을 배웁니다.

20 가족끼리는 서로 사랑하고 도와주어야 합니다.

2회 단원 평가 기출

121~123쪽

1 (나) → (다) → (가) 2 폐백 3 ⑤ 4 예 결혼식은 두 사람이 부부가 되어 새로운 가정을 이루는 중요한 의식이다. 5 (1) 핵 (2) 핵 (3) 확 (4) 확 (5) 확 (6) 핵 6 ③ 7 ① 8 ① 9 가족회의
10 (1) ○ (2) × (3) ○ (4) × 11 예 집안일은 여자의 몫이라는 생각으로 모든 집안일을 피곳 부인에게만 강요하고 있다. 12 ④ 13 ③ 14 ②, ③ 15 예 새아버지나 새어머니가 생겼다. 새로운 형제자매가 생겼다. 16 그림 17 예 무지개처럼 다양한 형태의 가족이 어우러질 때 아름다운 사회를 이룰 수 있다고 생각했기 때문이다. 18 ④ 19 솜사탕(사탕) 20 이산가족

풀이

1 옛날의 결혼식은 '혼례 치르기 → 신랑의 집으로 이동하기 → 폐백 드리기'의 순서로 이루어졌습니다.

2 옛날에는 신랑 집에서 신랑의 부모님께 폐백을 드렸으나, 오늘날에는 결혼식장에 있는 폐백실에서 신랑과 신부 양쪽 부모님께 폐백을 드립니다.

3 옛날에는 신부의 집에서 혼례를 치렀기 때문에 결혼하는 날 신랑은 말을 타고 신부의 집으로 갔습니다.

4 남자와 여자가 만나 결혼을 하여 새로운 가족이 만들어집니다.

5 결혼한 자녀와 부모가 함께 사는 가족을 '확대 가족'이라고 하며, 결혼하지 않은 자녀와 부모가 함께 사는 가족을 '핵가족'이라고 합니다.

6 옛날에는 주로 농사를 지어 일손이 많이 필요했기 때문에 가족들이 모여 살았습니다.

7 옛날에는 확대 가족이 대부분이었으나, 오늘날에는 핵가족이 더 많습니다.

8 옛날의 가정에서 어머니들은 사회생활을 하지 않고 집안 살림을 도맡아 하셨습니다.

더 알아볼까요!

옛날 가족 구성원의 역할
• 할아버지: 손자에게 글공부를 가르쳐 주십니다.
• 할머니: 손자, 손녀를 돌봐 주시고 집안일을 하십니다.
• 아버지: 농사일이나 바깥일을 하십니다.
• 어머니: 아이를 돌보고 집안일을 하십니다.
• 남자아이: 할아버지와 글공부를 합니다.
• 여자아이: 어머니를 도와 집안일을 하거나 바느질을 합니다.

9 옛날에는 가장인 아버지의 뜻에 따라 집안의 중요한 일을 결정했으나 오늘날에는 가족회의를 통해 의사 결정을 하는 가족이 많습니다.

10 오늘날에는 남녀가 평등하다는 의식이 높아졌고, 남녀 모두에게 교육 받을 기회가 동등하게 주어지고 있습니다.

11 피곳 부인도 직장에 나가지만 집안일을 혼자서 하고 남편과 두 아들은 집에서는 아무것도 하지 않습니다.

12 남자가 할 일과 여자가 할 일은 따로 정해져 있지 않습니다.

13 오늘날에는 개, 고양이, 물고기 등을 가족처럼 여기고 함께 살아가는 반려동물로 생각하는 사람이 늘어나고 있습니다.

14 제시된 그림을 통해 두 가족이 합쳐져 새롭게 한 가족이 되었음을 알 수 있습니다.

15 두 가족이 한 가족이 되면서 새아버지나 새어머니가 생기고, 새로운 형제자매가 생겼습니다.

16 다양한 가족의 모습을 무지개를 활용하여 그림으로 나타내었습니다.

17 제시된 그림에는 다양한 가족들이 손을 잡고 무지개 아래에 서 있습니다.

18 가족 구성원의 특성에 따라 생활 모습, 식사 방법 등이 다를 수 있지만, 가족의 의미는 같습니다.

19 가정은 가족 구성원들에게 소중한 보금자리입니다.

20 이산가족은 함께 살지 못하지만 가끔 우리나라 정부와 여러 단체가 노력해 이산가족이 서로 만나기도 합니다.

3회 단원 평가 실전
124~126쪽

1 오늘날 **2** ④ **3** ① **4** ② **5** ⑤ **6** 핵가족 **7** ⑤ **8** ㉠ 남자아이 ㉡ 여자아이 **9** 예 옛날에는 가장인 아버지의 뜻에 따라 중요한 일을 결정했으나, 오늘날에는 집안의 중요한 일을 가족 구성원이 함께 의논해 결정한다. **10** ④ **11** ②, ④ **12** ④ **13** (1) ✕ (2) ✕ (3) ◯ **14** 예 많은 사람이 동물을 가족 구성원으로 생각한다. **15** ② **16** 예 아버지가 일본 사람이기 때문이다. **17** ③ **18** 인정 **19** ④ **20** ①, ③

풀이

1 오늘날의 결혼식 때 신랑은 턱시도를 입습니다.

2 오늘날에는 결혼식장에 마련된 폐백실에서 폐백을 합니다.

3 결혼식의 모습은 옛날과 많이 달라졌지만, 그 속에 담긴 의미는 바뀌지 않았습니다.

4 폐백 때 신랑과 신부의 절을 받은 어른들은 신랑, 신부가 자식을 많이 낳고 부자가 되기를 바라는 마음을 담아 대추와 밤을 던졌습니다.

5 결혼한 자녀가 부모와 함께 살면 확대 가족, 결혼하지 않은 자녀와 부모와 함께 살면 핵가족입니다.

6 결혼하지 않은 자녀와 부모가 함께 사는 가족이므로 핵가족입니다.

7 옛날에는 주로 농사를 지어 일손이 많이 필요했기 때문에 확대 가족이 많았습니다.

8 옛날에는 남자와 여자의 역할 구분이 엄격했습니다.

9 오늘날에는 개인의 의견을 존중하기 때문에 가정 내에서도 가족회의를 통해 의사 결정을 합니다.

10 예전보다 가족 구성원의 수가 줄어들고 남녀가 평등하다는 의식이 높아지면서 집안일에 있어 남녀의 구분이 없어지게 되었습니다.

11 자신의 편안함만을 추구하기보다는 가족 안에서 자신의 역할을 바로 알고 실천해야 합니다.

12 행복한 가정을 만들기 위해 내가 할 수 있는 일을 스스로 찾아 합니다.

13 입양이란 혈연관계가 아닌 사람들이 법적으로 친부모와 친자식의 관계를 맺는 것으로, 입양을 통해서도 가족이 될 수 있습니다.

14 제시된 그림은 반려동물과 함께 살아가는 가족의 모습을 나타낸 것입니다.

15 다양한 가족이 살아가는 모습은 그림, 만화, 역할극, 노래 등으로 표현할 수 있습니다.

더 알아볼까요!

다양한 가족 생활 모습 표현하기(예)
• 여러 가족이 사이좋게 지내는 모습을 그림으로 그려 봅니다.
• 다양한 형태의 가족이 서로 돕는 장면을 역할극으로 표현해 봅니다.
• 가족들이 살아가는 모습을 노랫말로 만들어 봅니다.
• 각 가족의 특징을 재미있게 만화로 구성해 봅니다.

16 아버지가 일본에 사셨기 때문에 달걀말이에 소금이 아닌 설탕을 넣어 만들고, 일본 음식을 자주 먹을 수 있다는 내용이 대본에 있습니다.

17 다문화 가족도 우리 사회를 구성하는 가족 형태 중 하나입니다.

18 다양한 가족들이 사는 모습은 서로가 다르기 때문에 서로의 다름을 인정하고 존중해야 합니다.

19 가족은 가족 구성원 누구에게나 소중한 존재입니다.

20 행복한 가족이 되려면 가족끼리 서로 돕고 사랑해야 합니다.

1회 100점 예상문제

130~132쪽

1 ④   2 인문 환경   3 ④   4 (1) × (2) ○ (3) × (4) ○   5 예 바다에서 물고기를 잡는다. 갯벌에서 조개를 잡는다.   6 ③   7 박수훈   8 ①   9 (1)-ㄹ (2)-ㄴ   10 ②, ⑤   11 예 동물의 털과 가죽으로 만든 두꺼운 옷을 입는다.   12 ③   13 ②   14 (1) ㄷ (2) ㄴ   15 ⑤   16 청동   17 ②   18 아파트   19 ③   20 ④

풀이

1 산, 들, 하천, 바다와 같은 땅의 생김새와 날씨에 영향을 주는 눈, 비, 바람, 기온 등을 자연환경이라고 합니다.

2 인문 환경은 인간이 자연환경을 토대로 만들어 낸 환경입니다.

3 하천의 물은 농사를 짓거나 공장에서 물건을 생산할 때 이용하는 중요한 자원입니다.

4 논과 밭에서 열매를 수확하는 계절은 가을이며, 눈썰매장에서 썰매를 타는 계절은 겨울입니다.

5 이밖에도 해녀들은 바다가 나가서 전복, 멍게, 해산물 등을 직접 구합니다.

6 백화점이나 할인점에서 물건을 파는 일은 도시에 사는 사람들이 주로 하는 일입니다.

7 강에서 낚시를 하고 산에서 등산을 하는 것은 자연환경을 이용한 여가 생활의 모습이고, 운동장에서 축구를 하는 것은 인문 환경을 이용한 여가 생활의 모습입니다.

8 밥은 의식주 중 식(음식)에 해당하고, 나머지는 의(옷)에 해당합니다.

9 여름에는 더위를 피하려고 바람이 잘 통하는 소재로 만든 옷을 입고, 겨울에는 추위를 막기 위해 두꺼운 옷을 입고 장갑을 낍니다.

10 날씨와 계절의 변화에 따라 사람들의 옷차림이 달라집니다.

11 얼음으로 뒤덮인 고장에서는 추위를 이겨 내기 위해 동물의 털과 가죽으로 만든 두꺼운 옷을 입습니다.

12 서산 근처 바닷가에서는 굴이 잘 자라서 어리굴 젓을 많이 담급니다.

13 여름철에 홍수로 집이 물에 잠길 위험이 있는 고장에서는 땅 위에 터를 돋우어 높은 곳에 터돋움집을 지었습니다.

14 (1)은 터키에서 볼 수 있는 동굴집이고, (2)는 땅 위에 터를 돋우어 높은 곳에 집을 지은 터돋움집입니다.

15 돌을 깨뜨려서 만든 주먹도끼를 이용했던 사람들은 열매를 따거나 동물을 사냥해 먹을거리를 얻었고, 주로 동굴이나 바위 그늘에서 살았습니다.

16 청동은 구리와 주석을 섞어 단단하게 만든 금속입니다.

17 토기를 사용하면서 토기 안에 물과 조개를 넣고 삶아 따뜻한 국물이 있는 음식을 먹을 수 있게 되었습니다.

18 오늘날에는 많은 사람들이 시멘트와 철근으로 지은 아파트에 살고 있습니다.

19 우리 조상들은 온돌을 사용해 추운 겨울을 따뜻하게 보낼 수 있었습니다.

20 여자들은 집의 안채에서 생활했고, 남자들은 집의 사랑채에 머물며 글공부를 하거나 손님을 맞이했습니다.

2회 100점 예상문제

133~135쪽

1 ①   2 자연환경   3 (1) 염전 (2) 소금   4 가을   5 ②   6 스키장   7 여가 생활   8 예 면담을 하기 전에 주제에 맞는 질문을 미리 준비한다.   9 ③   10 강원도 평창군   11 ⑤   12 ①   13 ②   14 ①   15 ①   16 철   17 예 익은 곡식을 거두는 데 사용했다.   18 ⑤   19 가마솥   20 ⑤

풀이

1 산, 들, 하천, 바다는 땅의 생김새, 즉 지형과 관계가 깊습니다.

2 자연환경은 땅의 생김새와 날씨와 같이 자연적으로 만들어진 환경입니다.

3 제시된 사진은 바닷물을 가두어 소금을 만드는 염전의 모습입니다.

4 단풍이 들고 곡식이나 열매를 수확하는 계절은 가을입니다.

5 산에서 나물이나 약초를 캐는 일은 산이 많은 고장에 사는 사람들이 하는 일입니다.

6 산이 많은 고장의 인문 환경에는 산비탈을 활용해 만든 스키장과 식당, 숙박 시설 등이 있습니다.

7 여가 생활은 남는 시간에 자유롭게 하는 활동으로, 자신의 즐거움을 얻고자 활동을 합니다.

8 예의 바르게 질문하고, 상대방의 대답을 잘 듣고 정리하며, 녹음을 할 때에는 반드시 상대방의 동의를 얻어야 합니다.

9 사람들은 음식을 먹어야 움직일 힘을 얻고 체력을 유지할 수 있습니다.

10 부산광역시는 아직 더운 날씨 때문에 반소매 옷을 입지만, 강원도 평창군은 아침저녁으로 날씨가 서늘해서 긴소매 옷을 입습니다.

11 사막 지역에서는 더운 날씨를 피하고 뜨거운 햇볕과 모래바람을 막기 위해서 흰 천으로 된 옷을 입고, 머리에는 천을 두릅니다.

12 전주는 넓은 들과 산에서 쌀과 채소를 쉽게 구하고 장맛도 좋아 이것을 이용한 비빔밥이 발달했습니다.

13 바다로 둘러싸인 섬 지역에서는 생선을 이용한 음식이 발달했는데 이는 해산물이 많이 잡히기 때문입니다.

14 산간 지역에서는 집의 지붕을 얹기 위해 주변에서 쉽게 구할 수 있는 나무를 사용했습니다.

15 먹을거리를 찾아 이동 생활을 했던 사람들은 농사를 지어 곡식을 얻게 되면서 강가나 해안가에 모여 살게 되었습니다.

16 철로 만든 농사 도구를 사용하면서 농업이 크게 발달했고, 철로 만든 무기를 가진 사람들은 전쟁에서 쉽게 이길 수 있었습니다.

17 얇은 돌을 갈아서 날카롭게 만든 반달 돌칼은 익은 곡식을 자르는 데 사용했습니다.

18 땅을 갈아 논과 밭을 만드는 데 사용했던 돌괭이는 긴 나무 막대기 끝에 뾰족한 돌을 묶어서 만들었습니다.

19 가마솥은 무거운 뚜껑이 솥 안의 뜨거운 김이 빠져 나가지 못하게 하여 쌀을 골고루 익혀 주기 때문에 밥이 잘 됩니다.

20 옷을 만드는 도구가 발달하면서 사람들은 다양한 종류의 옷을 쉽고 빠르게 만들 수 있게 되었습니다.

3회 100점 예상문제
136~138쪽

1 차례 2 ② 3 ⑩ 쥐불놀이와 달집태우기를 하면서 나쁜 기운을 쫓아내고, 새해 소원을 빌었다. 4 단오 5 ② 6 ⑩ 새해를 맞아 인사를 나누고 서로에게 복을 기원해 준다. 7 ③ 8 ② 9 윷놀이 10 폐백 11 ② 12 ⑤ 13 ⑩ 옛날에는 주로 농사를 지어 일손이 많이 필요했기 때문에 확대 가족이 대부분이었다. 14 ③, ④ 15 ①, ③ 16 ④ 17 ⑩ 자녀가 어머니 나라와 아버지 나라의 서로 다른 문화와 말을 이해하고 배울 수 있다. 18 ④ 19 무지개 20 ④

풀이 ▶

1 명절날 아침에는 가족들 모두가 정성스럽게 음식을 준비해서 조상들께 차례를 지내는 세시 풍속이 있습니다.

2 추석처럼 해마다 일정하게 지키어 즐기거나 기념하는 때를 명절이라고 합니다.

3 이밖에도 정월 대보름에는 풍년을 기원하며 오곡밥을 먹고, 건강을 빌며 부럼을 깨물기도 했습니다.

4 씨름, 그네뛰기, 부채 주고받기, 창포물에 머리감기 등은 단오에 행했던 세시 풍속입니다.

5 동지에는 나쁜 기운을 쫓는 의미로 팥죽을 만들어 먹었습니다.

6 옛날이나 오늘날의 설날 아침에는 깨끗한 옷을 입고 어른들께 세배를 드립니다.

7 여름의 삼복에는 영양이 풍부한 음식을 먹었고, 가을의 추석에는 추수한 곡식과 과일로 차례를 지냈습니다.

8 오늘날에는 직업이 다양해지면서 농사를 짓는 사람들이 줄고, 계절과 날씨의 영향을 적게 받으면서 세시 풍속의 모습이 많이 바뀌었습니다.

9 윷을 던져 나온 결과에 따라 윷말을 옮겨 네 개의 윷말이 먼저 출발지로 들어오는 편이 이기는 놀이입니다.

10 오늘날에는 남녀 평등의 확산으로 폐백을 생략하거나 신랑, 신부의 부모님 모두에게 폐백을 드리는 경우가 많습니다.

11 오늘날에는 결혼식을 할 때 신랑 신부가 결혼반

지를 주고받습니다. 옛날에는 신랑이 신부 측에 나무 기러기를 건네 주었습니다.

12 주례가 신랑, 신부에게 도움되는 이야기를 해 주는 모습은 오늘날의 결혼식에서 볼 수 있습니다.

13 옛날에는 주로 농사를 지어 일손이 많이 필요했기 때문에 자녀가 결혼한 후에도 부모와 함께 사는 경우가 많았습니다.

14 오늘날에는 산업이 발달하면서 도시로 이동하는 사람들이 증가하고 핵가족이 늘어났습니다.

15 가족 간의 갈등 문제를 해결하려면 대화를 하면서 서로 이해하고 배려하며 협력하는 자세가 필요합니다.

16 여행이나 학업, 직장 생활 등으로 외국인과 만날 기회가 늘어나면서 다문화 가족이 늘어나고 있습니다.

17 다문화 가족은 국적과 문화가 다른 남녀가 만나 구성된 가족으로, 부모님 중 한 분이 외국인인 경우가 많습니다.

18 다양한 형태의 가족들이 손을 잡고 무지개 아래에 있는 모습을 그림으로 나타냈습니다.

19 다양한 형태의 가족이 어우러져서 아름다운 사회를 만드는 모습이 무지개와 비슷하다고 생각했습니다.

20 가족 구성원의 모든 일에 참견하는 가족은 바람직한 가족의 모습이 아닙니다.

4회 100점 예상문제

139~141쪽

1 세시 풍속   2 단오   3 ①, ⑤   4 ②   5 (1) ㉮ 아침에 차례를 지내고 어른들께 세배를 한다. (2) ㉮ 오늘날에는 재미로 윷놀이를 하지만 옛날에는 윷놀이로 한 해의 운세를 점치기도 했다.   6 재훈   7 단오선   8 결혼식장   9 ②   10 ㉡ → ㉠ → ㉢   11 핵가족   12 ②   13 ㉮ 가정에서 남성과 여성의 역할 구분이 없어지고, 집안일도 함께 나누어 하는 경우가 많아졌다.   14 가족회의   15 (다)   16 (가)   17 ㉮ 사회 생활에 필요한 예절과 규칙을 어른들께 배울 수 있다   18 ①   19 ㉡   20 ②

풀이 ▶

1 '세시'란 한 해의 절기나 달, 계절에 따른 때를 의미하고, '풍속'은 옛날부터 그 사회에 전해 오는 생활 전반에 걸친 습관을 뜻합니다.

2 단오에는 그네뛰기와 씨름 등의 다양한 놀이를 즐겼고, 창포물에 머리를 감았습니다.

3 단오는 음력 5월 5일로, 곧 더위가 시작되는 시기입니다.

4 찬 음식을 먹는다고 하여 '한식'이라는 이름이 붙여졌고, 사람들은 씨를 뿌리는 시기인 한식이 되면 한 해 농사가 잘되기를 기원하며 조상들의 산소에 성묘했습니다.

5 차례를 지내고 어른들께 세배를 하며 서로의 복을 기원하는 풍속은 같습니다.

6 옛날보다 농사짓는 사람이 줄어들었으며, 오늘날에는 대부분의 사람이 회사나 공장 등에서 일하기 때문에 세시 풍속은 계절과 날씨의 영향을 적게 받습니다.

7 단오 부채를 나누어 주는 풍속은 임금이 단오에 신하들께 부채를 선물하던 것에서부터 시작되었습니다.

8 주로 결혼식장에서 결혼을 하지만 요즈음에는 공원, 정원 등의 야외에서 결혼을 하거나 바닷속 등 이색적인 장소에서 결혼을 하기도 합니다.

9 오늘날의 결혼식에서 신랑과 신부는 결혼반지를 주고받습니다.

10 옛날 결혼식은 '혼례 치르기 → 신랑의 집으로 이동하기 → 폐백 드리기'의 순서로 이루어졌습니다.

11 핵가족은 결혼하지 않은 자녀와 부모가 함께 살기 때문에 가족의 수가 상대적으로 적습니다.

12 주로 농사를 짓기 때문에 일손이 많이 필요했던 옛날에는 확대 가족이 많았습니다.

13 오늘날에는 여성도 직업을 가지고 일하는 맞벌이 가정이 늘어나고 있습니다.

14 가족회의를 통해 행복한 가정을 만들기 위해 실천할 수 있는 구체적인 방법을 찾습니다.

15 대부분의 가족은 혈연관계를 통해 이루어지지만 (다)의 입양 가족은 핏줄이 섞이지 않은 사람들을 가족으로 받아들여 이루어집니다.

16 제시된 역할극 대본은 할아버지, 할머니, 손녀가 함께 생활하는 조손 가족을 나타내고 있습니다.

17 가족 수가 상대적으로 많은 확대 가족은 어려움에 처했을 때 가족들에게 많은 도움을 받을 수 있지만, 개인의 사생활이 보장되지 않는다는 단점도 있습니다.

18 제시된 만화는 아침 식사를 하는 모습이 가족마다 다름을 특징적으로 나타내고 있습니다.

19 ㉡의 가족은 프랑스인 아빠와 한국인 엄마, 딸로 이루어진 다문화 가족입니다.

20 6·25 전쟁 이후 우리 민족은 남과 북으로 갈라지면서 많은 가족들이 헤어질 수 밖에 없었습니다.

5회 100점 예상문제

142~144쪽

1 자연환경-(나), (다), (바) / 인문 환경-(가), (라), (마)   2 예 바다에서 물고기를 잡는다. 해녀들이 바다에 들어가 전복, 멍게 등의 해산물을 직접 구한다.   3 ①, ③   4 겨울   5 ①   6 ④   7 ②   8 ④   9 간고등어   10 (1)-㉡ (2)-㉠   11 빗살무늬 토기   12 청동   13 ②   14 예 아궁이에 불을 피우면 뜨거운 열기가 방 아래의 통로로 이동하면서 구들장을 데워 방이 따뜻해진다.   15 ④   16 겨울   17 정우   18 ②   19 예 내가 할 수 있는 집안일을 찾아 스스로 한다.   20 ①

풀이

1 자연환경은 땅의 생김새와 날씨 등 자연적으로 만들어진 환경이고, 인문 환경은 인간이 자연을 토대로 만들어 낸 환경입니다.

2 고장 사람들은 바다의 갯벌에서 조개와 낙지 등을 잡기도 합니다.

3 (바)는 자연환경인 산으로, 고장 사람들은 산에 공원이나 등산로를 만들어 이용합니다.

4 겨울에는 춥기 때문에 난로와 온풍기 등의 난방 도구를 사용합니다.

5 도시에는 많은 사람이 살고 있으며 높은 건물들도 많습니다. 또, 도시에서는 인문 환경을 활용해 사람들이 다양한 일을 합니다.

6 바다에서 수영하기, 강에서 래프팅하기, 숲에서 캠핑하기 등은 자연환경을 이용한 여가 생활이고, 놀이공원에서 놀이 기구를 타는 것은 인문 환경을 이용한 여가 생활 모습입니다.

7 사람들이 잠을 자고 편안히 쉬기 위해 필요한 것은 주(집)입니다.

8 베트남처럼 덥고 습한 고장에 살고 있는 사람들은 바람이 잘 통하는 긴 옷을 입고 챙이 큰 모자를 씁니다.

9 고장마다 발달한 음식이 다른 까닭은 각 고장의 자연환경이 다르기 때문입니다.

10 (1)은 추운 고장에 사는 사람들이 주변 숲에서 쉽게 구할 수 있는 통나무로 지은 이즈바이고, (2)는 화산 폭발이 있었던 고장에서 화산 폭발로 만들어진 단단하지 않은 바위의 속을 파서 만든 동굴 집이다.

11 그릇의 바깥 면에 빗살무늬가 있어 빗살무늬 토기라 불립니다. 곡식을 저장하거나 식량을 담아 두는 데 이용되었습니다.

12 제시된 사진의 청동 검이나 청동 거울, 청동 방울은 하늘에 제사를 지냈던 제사장이 쓰던 도구입니다.

13 소의 힘을 이용한 쟁기를 만들어 사용하면서 사람들은 이전보다 힘을 덜 들이고도 논이나 밭을 갈 수 있게 되었습니다.

14 데워진 돌이 오랜 시간 동안 식지 않고 열기를 방 바닥으로 전달해 방을 따뜻하게 유지할 수 있었습니다.

15 우리 조상들은 동지에 나쁜 기운을 쫓는다는 의미로 팥죽을 만들어 먹었습니다.

16 우리 조상들은 날씨와 계절을 중요하게 여겼으며, 계절마다 다양한 세시 풍속을 통해 농사가 잘 되기를 빌었습니다.

17 옛날과 오늘날의 결혼식에서 축하해 주는 마음은 같지만 결혼식을 하는 장소와 결혼식을 하는 방법은 달라졌습니다.

18 오늘날에는 남녀에게 교육 기회가 동등하게 주어지면서 여성의 사회 진출이 활발해졌습니다.

19 이밖에도 가족들과 일정 시간을 정해 대화를 나누거나 가족회의를 합니다.

20 제시된 그림은 두 가족이 합쳐져 새롭게 한 가족이 되는 재혼 가족의 모습을 나타낸 것입니다.

6회 100점 예상문제

145~147쪽

1 인문 환경   2 (가)   3 예 더위를 피해 해수욕을 즐긴다. 얇은 옷을 입는다.   4 ⑤   5 ㉠ → ㉡ → ㉣ → ㉢   6 ③   7 ㉠ 햇볕 ㉡ 추위   8 예 산지에서 소를 키우는 낙농업이 발달했기 때문이다.   9 우데기집   10 (1)-㉡ (2)-㉠   11 ②   12 ㉠ 시루 ㉡ 가락바퀴   13 ②, ⑤   14 삼복   15 ②   16 ㉣   17 ③   18 (1) 예 부모가 함께 자녀를 돌본다. (2) 예 가족회의로 집안일을 의논한다.   19 입양 가족   20 ④

풀이

1 인문 환경은 자연환경을 토대로 인간이 만들어 낸 환경을 말합니다.

2 넓은 들이 있는 고장의 논에서는 주로 벼농사를 짓습니다.

3 7월은 날씨가 더운 여름입니다. 여름에는 물놀이를 하고 에어컨과 선풍기를 사용합니다.

4 산이 많은 고장의 사람들은 눈이 많이 내리는 곳의 산비탈을 이용해 스키장을 만듭니다.

5 우리 고장 사람들의 여가 생활 모습을 조사할 때에는 가장 먼저 면담 내용, 면담할 기간, 조사 기간 등을 정해야 합니다.

6 우리나라의 전통이 담긴 대표적인 의생활 모습으로는 한복을 꼽을 수 있습니다.

7 높은 산이 있는 고장의 사람들은 낮의 뜨거운 햇볕과 밤의 추위로부터 몸을 보호하기 위해 망토와 같은 긴 옷을 입습니다.

8 고장의 땅 생김새와 날씨와 같은 자연환경이 고장 사람들의 식생활 모습에 영향을 미칩니다.

9 우데기는 집에 눈이 들어오는 것을 막으려고 지붕의 끝에서부터 땅까지 내린 벽을 말합니다.

10 동굴에 살면서 이동 생활을 했던 시대에는 돌을 깨뜨려서 생활 도구를 만들었고, 정착 생활을 하며 농사를 짓고 움집에 살았던 시대에는 돌을 갈아서 생활 도구를 만들었습니다.

11 아주 오랜 옛날에 살았던 사람들은 돌을 깨뜨리거나 갈아서 도구를 만들었고, 깨뜨린 돌을 나무에 끼워 도구로 사용했습니다.

12 도구의 발달로 사람들은 다양한 음식을 편리하게 만들어 먹을 수 있게 되었고, 옷을 쉽고 빠르게 만들 수 있게 되었습니다.

13 귀틀집은 통나무를 네모 모양으로 쌓고, 통나무 사이에 진흙을 발라서 만들었습니다.

14 우리 조상들은 날씨가 더워지는 초복, 중복, 말복에는 닭백숙이나 육개장처럼 영양이 풍부한 음식을 먹으며 더위에 지친 체력을 보충했습니다.

15 복조리를 걸어 놓고 복이 많이 들어오기를 빌었던 풍속은 오늘날의 설날에는 거의 볼 수 없습니다.

16 옛날에는 혼례를 치르고 신부의 집에서 며칠을 지낸 후에 신랑은 말을, 신부는 가마를 타고 신랑의 집으로 갔습니다.

17 옛날에는 주로 농사를 지어 일손이 많이 필요했기 때문에 확대 가족이 대부분이었습니다.

18 이밖에도 부모가 모두 일을 하는 경우가 많아지고, 가족 구성원이 역할을 나눠 집안일을 하는 모습으로 변화했습니다.

19 제시된 신문 기사는 많은 아이를 입양해서 키우고 있는 입양 가족의 이야기입니다.

20 대부분의 가족은 피를 나눈 혈연 관계로 이루어지지만 입양 가족은 피를 나누지 않고 사랑으로 받아들여 만들어진 가족입니다.

메모 Memo

변형 국배판 / 1~6학년 / 학기별

★ 디자인을 참신하게 하여 학습 효율성을 높였습니다.

★ 단원 평가에 완벽하게 대비할 수 있도록 전 범위를 수록하였습니다.

★ 교과 내용과 관련된 사진 자료 등을 풍부하게 실어 학습에 흥미를 느낄 수 있도록 하였습니다.

★ 수준 높은 서술형 문제를 실었습니다.

정답과 풀이

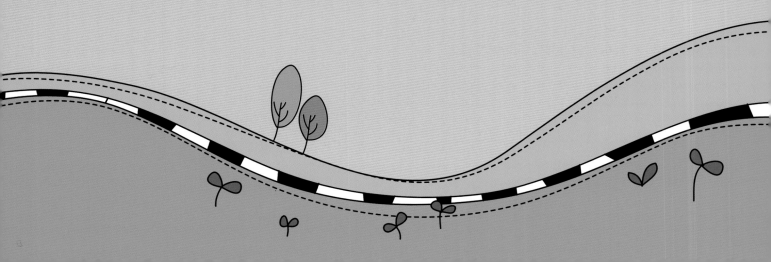